同济大学经济与管理学院资助出版

同济经管
TONGJI SEM

现代重大工程中的项目管理

林祎帆　庞 达　朱金会　著

同济大学出版社
TONGJI UNIVERSITY PRESS

图书在版编目(CIP)数据

现代重大工程中的项目管理 / 林祎帆，庞达，朱金会著. —上海：同济大学出版社，2019.1
ISBN 978-7-5608-8445-5

Ⅰ. ①现… Ⅱ. ①林… ②庞… ③朱… Ⅲ. ①重大建设项目—项目管理—研究—中国 Ⅳ. ①F282

中国版本图书馆 CIP 数据核字(2018)第 301548 号

现代重大工程中的项目管理

林祎帆 庞 达 朱金会 著

出 品 人 华春荣 策 划 吕 炜 陆克丽霞 责任编辑 翁 晗
责任校对 徐春莲 封面设计 陈益平

出版发行 同济大学出版社 www.tongjipress.com.cn
(地址：上海市四平路 1239 号 邮编：200092 电话：021-65985622)
经 销 全国各地新华书店、网络书店
排版制作 南京展望文化发展有限公司
印 刷 江苏凤凰数码印务有限公司
开 本 710 mm×1000 mm 1/16
印 张 14.25
字 数 285000
版 次 2019 年 1 月第 1 版 2019 年 1 月第 1 次印刷
书 号 ISBN 978-7-5608-8445-5

定 价 72.00 元

前言

FOREWORD

随着人类社会的发展，工程项目的复杂度不断提升，对复杂工程的项目管理日益成为学术界和实业界的关注焦点。然而，对于这一问题的研究必须建立在实际项目运作的基础上。受益于我国经济社会的蓬勃发展，重大工程项目层出不穷，为我国的复杂工程和项目管理研究提供了丰富的土壤。

随着我国城市的不断发展，作为城市交通系统核心的大型机场工程数量也在不断增多，对于机场工程的项目管理过程要求也不断提高。传统的方法中采用基于关键路径法的机场总控模型进行大型机场工程进度管理，实际使用中碰到许多问题，主要表现在“刚性”“低效性”等方面。林祎帆运用实证研究法、比较研究法等方法，通过对于项目总控管理理论以及关键链法理论的研究，针对机场进度总控的一般方法进行详细研究分析，发现了一般方法的不足之处：缺乏应对不确定的机制以及忽略了人的行为因素。针对这两点，林祎帆建立了基于关键链法的大型机场工程进度总控模型，然后以浦东机场卫星厅工程为例，利用 Risky Project 软件和蒙特卡洛仿真，将其与一般方法进行对比例证，证明了基于关键链法模型的优势，进而通过加入激励机制，提升项目参与人员的效率，减少人为因素的影响，实现了对一般方法的进一步优化。

当前及今后一段时期，大规模的城市建设和基础设施建设仍然是经济和社会发展的重要动力和支柱，工程项目由单一的项目发展为城市级、区域级的重大项目，规模越来越大，给项目的精确管控和治理带来极大的挑战。重大项目由于建设周期长且复杂程度高，仅仅依靠个体或利益相关者的能力无法解决所面临的问题，需要众多的参建单位和利益相关者相互合作去共同完成项目目标，因此构成了一个巨大的合作网络。但在项目长期实施和动态演化的过程中，众多参建单位在密切合作的同时，也需要去竞争新的项目，什么样的企业具有竞争优势尤其值得关注。同时，针对大型项目组织随着时间演化的治理问题一直没有得到很好的解决。庞达利用社会网络理论和动态网络分析方法，以无锡新区 2008—2013 年的 1 897 个新项目为案例，通过构建重大项目合作网络模型、提出假设和测度指标，对重大项目合作网络的演化规律以及组织竞争力进行全新的定义和分析，并提出有效的网络治理策略和组织竞争策略。一方面，庞达的研究结果极大丰富了现有重大项目的研究，可以帮助业界和管理者能够更好地理解重大项目及其演化过程，更加深入地认识重大项目的合作规律及竞争力；另一方面，这一研究也可以为重大项目的动态治理提供指导和相应政策建议，为同类型项目的治理提供借鉴意义。

海外生产线转移呈现从最初的低端、低技术含量、靠廉价劳动力为主要方向的项目转移逐渐转变为向研发、高新技术和新产品转移的新趋势。近年来由于中国劳动力成本的不断上升，部分制造业生产线项目有向印度、越南等低成本劳动力地区转移的趋势。朱金会分析了制造业生产线转移的特点、现状和未来发展趋势，总结了制造业生产线跨国转移过程中由于其复杂性所引起的风险问题。结合风险管理知识和项目复杂性管理方面的理论知识，建立了基于复杂性理论海外生产线项目转移的风险评价体系。该评价体系充分考虑了项目各个时期的特性以及制造业生产线项目转移所涉及的不同领域的知识，主要用于评价生产线项目转移复杂性的风险状况并提供可行的风险措施，对于制造业企业对生产线跨国转移复杂性引起的风险评估具有一定的借鉴意义。

目录 CONTENTS

第一篇

基于关键链法的大型机场进度总控研究

林袆帆

一、引言

（一）研究背景

1. 机场建设工程及其项目管理的现状

随着我国城市的不断发展，对于城市交通系统的要求也日益增高，而机场作为交通枢纽中重要的一环，对其的需求量不断增加，新建和扩建机场的工程越来越多。而由于机场工程本身投资规模大、政府参与度高、管理程序复杂，其项目管理的过程难度非常大。例如，北京、上海、广州、新疆克纳斯等地机场的扩建工程，吉林、青海、云南等地的新建机场工程，都给机场的建设管理带来了很大的挑战。目前，我国的机场工程采用一种由工程建设指挥部与建设监理结合的管理模式，即“业主＋工程监理”的模式，利用指挥部去集合各方面的力量，加快机场建设的速度。但是由于机场与民航相关业务联系紧密，部门特点非常鲜明，其管理模式趋于形式化。因此，产生了一种基于“业主＋工程监理”模式的项目总控模式，即“业主＋项目总控＋工程监理”的模式，项目总控为业主提供总体目标的策划和控制服务，三方同时运作以满足业主对机场工程的建设目标管理和控制。

2. 项目进度管理技术的发展

作为目标管理和控制的核心，进度管理也是项目管理的核心部分，因此项目进度管理一直以来也是项目管理研究的重点之一。从关键路径技术（CPM）被提出到现在，网络计划技术一直是项目进度管理的普遍工具。而其中最具代表性的就是关键路径技术和计划评审技术（PERT）。

而在实际使用中，现代项目日趋复杂且周期变短，使得对于项目准时完工的要求更高，否则项目延期会导致整个项目甚至项目所在的链条上的项目的延期或者失败，因此需要进度管理更加地准确和稳定。但是在使用上述两种传统方法的过程中，往往会受到多任务争夺资源或者是难以应对风险等不确定因素的影响，这是由于这两项技术本身的缺陷导致的。两者虽然在评价功能上有相当的效用，但在做计划时，由于缺少了对于资源约束和人本身行为因素的考虑，使得其应对多任务、不确定性和风险时计划功能并不够准确。

基于以上分析，对于上述两个技术的缺陷，国内外专家学者进行了长期的优化改善研究。以色列物理学家 Eliyahu M. Goldratt 提出了约束理论，并在其基础上提出了一种柔性的进度计划及控制方法，关键链法（CCPM），受到了广泛的认可并被进一步研究，可以认为是一种优化改善的进度网络计划技术。

3. 上海浦东机场卫星厅扩建工程进度总控方法研究

上海浦东机场三期扩建工程项目因其现有机场吞吐量大，扩建项目规模史上最大而成为前所未有的大型复杂机场项目，其进度总控的难度也是相当大的。笔者因为参与了同济进度课题组，对于机场建设的进度总控过程有所了解，也得到了对浦东机场三期卫星厅项目进行详细研究的机会。通过对浦东机场三期卫星厅项目的研究发现，其虽然利用基于关键路径法的进度管理方法进行了进度计划控制，但是仍然存在着瞒报进度和发生意外导致进度突破的情况，因此，本文对该项目的进度管理方法进行了研究，试图基于关键链法发现一种优化的可能性。

（二）研究目的和意义

项目管理的知识体系本身已经获得了长足的发展，并且在不断地丰富健全，但是其在实际领域中的应用仍处于一个较落后的阶段，在实际项目进度控制的资源约束和不确定性等方面仍然存在很大挑战。本文的研究主要针对浦东机场三期卫星厅建设项目的进度计划和管理，试图将更先进的项目管理技术运用于实际，发现并证明其可以优化和改善实际的项目管理。

关键链法在国际上早已有过很多的相关研究，虽然其本身存在着假设过于简单等局限性，但是 PMI、IPMA 和 Goldratt 学会以及其他学者都对其有相关的优化研究，其也被证明是一种更加有效的进度管理方法。在我国对于关键链法的研究从 21 世纪开始，也有了一定的积累和成果，但对其在实际领域中应用的研究却并不多，特别是对其在机场这样的大型项目中的应用的研究，还处于萌芽阶段。因此，研究关键链法在实际机场建设项目中的应用也有助于推动其在大型项目管理中的应用发展以及进一步研究。

（三）研究方法

本文研究主要采用以下几种方法。

(1) 比较研究法：将传统的机场进度总控管理方法与基于关键链的项目进度管理方法进行了比较分析，更清晰地表现出两者之间的优劣势，突出关键链管理方法的有效以及其在实际工程中的适用性。

(2) 定性与定量结合的方法：在研究项目进度管理技术的过程中采用定性分析的方法，在建立模型与实证的过程中采用定量分析的方法。通过两种方法的结合，将机场进度总控方法阐述得更加清楚深入。

(3) 实证研究法：在建立关键链法进度管理模型的基础上，通过卫星厅建设工程的实例，验证其在进度管理上相对于传统方法的优势；同时利用 Risky Project 软件进行模拟仿真，以进一步论证本文的研究观点。

同时，本文也将以下三种方法作为辅助研究的工具。

(1) 访谈研究法：通过对参与机场项目的机场公司专家以及同济相关课题组的研究专家的访谈，对机场项目目前进度总控方法进行了讨论分析，总结了现有方法的不足之处。

(2) 文献分析法：查阅了研究项目管理技术，并在此基础上聚焦于机场进度管理以及机场总控管理模式方面的国内外文献，对其进行了学习研究，总结前人的经验，提出本文的观点。

(3) 案例研究法：选取了浦东机场三期扩建卫星厅建设项目作为特定对象，通过同济进度课题组对其进度管理方法进行调查研究，发现其中的问题并应用优化方法，更加深入、具体地说明关键链法进度管理的有效性。

(四) 研究内容和研究框架

1. 研究的主要内容

本文各部分研究内容如下。

第一部分介绍本文的研究背景、研究目的和意义，提出利用关键链法进行项目进度总控管理，以实现对机场项目进度总控管理的优化。

第二部分对于项目管理相关知识及文献研究进行回顾，并进一步聚焦于进度管理技术和机场项目管理领域，为之后的研究提供理论支持。

第三部分对目前大型机场进度总控的一般方法进行研究，分析并找出其中存在的问题及原因。

第四部分对关键链法进行回顾，利用关键链法针对大型机场项目进度管理建模。

第五部分将关键链法模型运用到浦东机场三期扩建卫星厅建设项目中进行实证分析，并与现有一般方法进行比较，证明其优势。

第六部分对研究进行回顾总结，总结关键链法模型的优势，同时对进一步的研究进行展望。

2. 研究框架

本文的研究框架如图 1－1 所示。

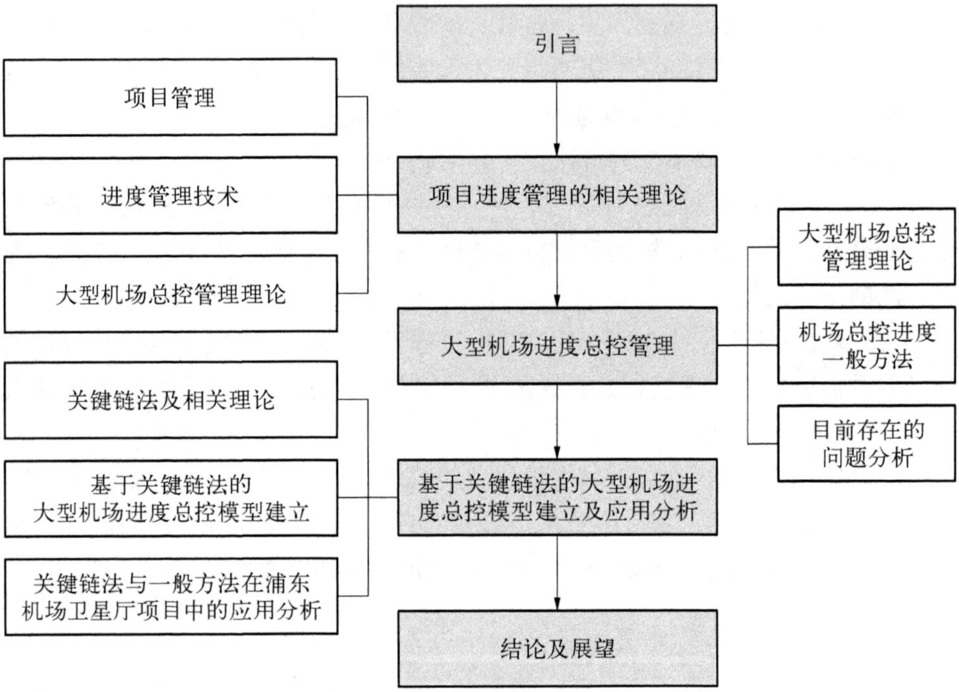

图 1－1　本文研究框架示意图

二、文献综述

（一）项目管理理论

所谓项目管理，就是项目的管理者在有限的资源约束下，运用系统的观点、方法和理论，对项目涉及的全部工作进行有效的管理。即对从项目的投资决策开始到项目结束的全过程进行计划、组织、指挥、协调、控制和评价，以实现项目的目标。

项目管理最早起源于美国，是第二次世界大战后期发展起来的重大新管理技术之一。1941 年，美国“曼哈顿计划”正式提出，负责人 L. R. 格罗夫斯和 R. 奥本海默应用了系统工程的思路和方法，大大缩短了工程所耗时间。这也是第一次“项目管理”作为一种新的管理模式被提出。之后因为项目管理在美国的阿波罗登月项目中获得了巨大的成功，掀起了一股项目管理研究的热潮。而建筑工程行业作为老牌的使用项目管理的行业，也随着项目管理的广泛传播，获得了长足的发展。在我国，20 世纪 50 年代，华罗庚首先引入了项目管理的方法(统筹法)，之后由丁士昭将工程项目管理理论系统性地引入中国，并真正在实际的工程项目中开始使用。

何琪等人(2004)比较了国内外的项目管理现状，提出了目前中国还存在缺少健全的项目管理体系、项目管理手段落后、高素质人才不足、市场不健全等问题，指出中国与国外的项目管理水平还存在着差距，需要进一步的研究发展。

Nicholas G. HALL(2012)认为，在过去 20 年间，项目管理在商业方面获得了显著的发展，这也归功于“项目”种类的巨大增长，而这些新兴的使用项目管理手段的行业也给项目管理带来了更多的挑战。他提出了项目管理技术的一个重要的发展方向——解决不确定性项目给项目管理带来的偏差，使得项目管理的应用更加广泛。

(二) 项目进度管理理论

1. 关键路径法及计划评审技术

1956 年，美国杜邦公司的 Kelly 和 Walker 为了解决项目中工期和费用之间关系的问题，提出了关键路径法。之后，美国海军特种计划局、洛克希德系统工程部以及艾伦和哈密尔顿咨询公司根据研发北极星计划的需要，基于关键路径法共同研究并提出了计划评审技术，该技术成功地将参与北极星计划的 200 多家承包商和 1 万多家分包商有效地组织起来，使得整个项目提前两年完成。随后，计划评审技术也被用于美国“阿波罗”载人登月计划并取得巨大成功且迅速地被推广。关键路径法和计划评审技术在基本原理和关键路径的确定上都是一致的，不同的则是关键路径法是一种刚性的网络计划技术，适用于确定性较强的项目，而计划评审技术则是柔性的，侧重于应对不确定性的项目。而近年来，两者不断融合发展，形成了以关键路径法和计划评审技术为核心的网络计划技术。

罗宓(2007)提出了关键路径法是在大型且复杂的工程项目中合理有效组织项目的方式，针对时间、时间-资源、时间-费用这三个不同的优化目标，通过关键路径法针对计划网络图进行模拟演示以实现计划的优化。罗密同时也指出了关键路径法的不足之处：工序的优先关系不明确时难以作图、时间点估计不准确以及难以减少不确定性带来的偏差。

刘庆(2005)利用计划评审技术对建设项目进行了建模模拟,证明了计划评审技术可以对项目进行分析,得出期望工期和完工概率,并提出将计划评审技术和动态管理相结合可以实现计划评审技术的优化。

王兴等人(2012)将计划评审技术运用于交通基础设施建设项目,通过实例分析,提出在利用计划评审技术的基础上,可以利用项目的完工概率来估计项目的完工风险,根据风险的大小来进行项目进度的控制。

王卓甫等人(2012)针对计划评审技术的局限性,在此基础上提出了改进的网络计划技术:将关键工作和工作关键度的概念引入计划评审技术的控制过程,并针对关键工作进行重点优化控制,以确保按照工期准时完成。之后他们用蒙特卡洛模拟进行了实证,证明了该方法的优化之处,同时提出在这个领域研究的必要性和目前研究深度不足的状况。

2. 关键链法相关理论

1997 年,Eliyahu M. Goldratt 出版了专著《关键链》,将约束理论(TOC)应用于项目管理领域,提出了全新的项目管理方法——关键链法。关键链法认为,项目中最关键的是制约因素,即“瓶颈”因素,通过分析找出瓶颈因素,将瓶颈因素所在的路径,即最长的路径作为关键链,基于关键链进行项目的计划和管理。同时,《关键链》也对人的行为进行了详细的论述,引入学生综合征、墨菲定律、帕金森法则等,考虑人为因素带来的影响。

关键链法提出后,因为其本身考虑了多资源以及人为因素的影响,相对关键路径法和计划评审技术,其无论是在多项目或者是不确定性较大的项目中都有优化之处,这也引起了学者的关注和研究,十几年的研究发展也让关键链法得到了进步和完善。

Herman Steyn(2000)对关键链管理的心理学基础进行了深入的研究。他主张用 50%概率可能完成的时间作为工序的工期估计,尽量压缩估计时的水分,从而将单个工序的风险因素放到关键链最后的缓冲区内考虑;在关键链后设置项目缓冲区(Project Buffer)来保证项目的按时完工,在非关键链与关键链之间设置汇入缓冲区(Feeding Buffer)来保证关键链不会因为非关键链的延误而延误;通过缓冲区来衡量项目的进度情况,确保非关键链上工序服从资源约束的要求,以此来缩短相同置信度水平下的项目计划工期并实现对工期的有效控制。

赵道致等人(2005)在对关键链法基本思想进行阐述的基础上,对于关键链法和关键路径法的区别、时间缓冲量大小的确定以及存在的对于关键链法的误解进行了阐述及澄清。他们认为，关键链就是一条由瓶颈工序组成的工序链，既考虑了工序间的技术约束条件，也考虑了资源约束条件，关键链的长短决定了整个项目工期的长短。最后他们指出，由于关键链法问世时间不长，面对大型复杂项目仍存在使用上的困难，需要去研究解决这些问题。

查京民等人(2014)针对进度管理中的工序混乱、窝工等问题引入关键链法这样一个用于化解项目不确定性的工期预测方法，认为在关键链法中持续时间和缓冲区的设置管理存在着优化的可能。他们提出了对于关键链法改进的想法：结合 PERT 三点估计，对缓冲区的设置进行改进优化。该方法通过将各个活动时间的最乐观时间作为活动的持续时间，用活动的期望工期与最乐观时间的差值作为安全时间，乘上工序完工弹性系数和重要性系数，从而得到缓冲区。将其与改进 PERT 法进行模拟比较后，证明了改进的关键链法确实更优化、更准确。作者提出的方法从工序内部因素和外部因素两个方面分析了工序的持续时间的影响因素，通过这些因素衡量缓冲区的大小，进而较大程度地吸收了工序中的不确定性，可以有效地运用于实际的控制和计划。

李洪庆等人(2009)总结了缓冲区设置的目的，即缩短安全时间、提高项目按期完成的概率，强调了缓冲区设置对于优化工期预测和提高预测完工概率的意义，之后针对现有的方法，认为关键链法的缓冲区设置与管理存在着优化的可能。随后，在传统的缓冲区设置方法(似然估计法、Goldratt 法以及根方差法)的基础上，提出了一种新的缓冲区设置方法：通过专家的预测估计各工作的风险指数，对各工作的缓冲需求量进行等级划分，不同等级的缓冲需求量的系数不同，用安全事件去乘以这些系数，得到新的缓冲时间，再汇总作为新的缓冲区。他们对设置完缓冲区之后的管理方法给出了图解，提供了一种关键链法缓冲区设置管理的新思路。

(三) 项目总控模式理论

国内工程项目的总控模式在 21 世纪初才开始兴起，针对大型复杂项目，尤其是政府项目，提出了很多使用项目总控模式的可能性。

贾广社等人(2003)首先引入了项目总控的概念：项目总控是以项目管理理论和企业控制论为基础，以现代信息技术为手段，对大型建设工程进行信息的收集、加工和传输，用经过处理的信息流指导和控制项目建设的物质流，支持项目最高决策者策划、协调和控制的管理组织模式。之后，在项目总控的基础上提出了进度总控的概念：进度总控是以现代信息技术为手段，对大中型建设工程进行信息的收集、加工和传输，用经过处理的信息流指导和控制项目建设的物质流，支持项目最高决策者策划和控制项目进度。最后，提出了进度总控的任务：总体策划和控制各个建设过程以及建设过程交界面的进度。

张思荣等人（2011）针对浙江中烟杭州制造部“十一五”易地技术改造项目，提出了项目总控在进度总控、投资总控、质量总控和发包与合同总控四个方面的具体方法和工具，并总结了这些方法和工具在实际实施中的显著效果，强调了项目总控在此项目中的意义。

李远（2015）将项目总控理论运用到虹桥商务区的开发建设工程中，以项目总控理论作为指导进行项目进度的跟踪与控制，并通过项目的实际论证，认为项目总控运用到实际项目中可以保证工期目标的实现，避免无序性、盲目性，有利于实现经济利益与社会利益的统一。

邱国林等人（2015）基于已有的项目和研究，在项目总控理论的基础上提出了项目进度总控。在强调进行进度总控的必要性的同时，提出了项目进度总控挣值法和信息管理法两种方法，并指出在大型建设工程中使用这两种方法有利于对项目进行科学化管理和系统性控制。

（四）机场工程相关研究

马强等人（2001）结合大型机场建设项目，阐述了机场项目总进度纲要的编制方法和编制步骤，指出了机场项目因其规模较大、投资较多，项目的进度控制是有利于产生巨大经济效益的必要过程。

刘宏伟（2013）针对目前我国机场工程管理现状，指出了目前机场工程建设的管理趋于形式化，达不到整体的统一性，未来的发展方向为运用更先进的项目管理技术，提升管理人员素质。

陈继平（2015）对目前机场工程管理的特点和问题进行了分析，认为目前机场工程管理的专业化程度不够，并且提出了完善的措施：优化项目管理的组织结构，构建信息化管理系统，实现管理资源的共享。

赖华辉等人（2014）针对机场作为大型复杂项目本身的特殊性（建设要求高，工程规模大；施工工种多，技术难度高；利益主体多，协调范围广等）提出了变化管理模式：① 以项目全寿命周期思想为指导，实践事前控制，指导全局；② 动态管控，稳定进展；③ 积极应对，争优立功，他们通过虹桥机场能源中心工程实例论证了变化管理模式在质量、进度和成本方面获得的卓越的成效，提供了一种大型复杂项目管理的新思路。

三、大型机场工程进度总控现状及问题分析

(一) 大型机场工程进度总控的一般方法

大型机场工程中采用的进度总控方法在2003年由同济大学贾广社等人提出。经过十几年的相关项目经验积累，贾广社等人所在的同济进度课题组对于大型机场项目的进度总控已有了一定的实践和研究，属于行业中位于前端的研究组织，本文也将其对于大型机场工程进度总控的方法作为一般方法进行讨论研究。

进度总控的一般方法由两个过程和四个层次组成。两个过程是指计划的编制和跟踪过程。而因为进度总控计划是针对工程整体，系统综合反映多部门、多平面并且考虑到工程系统边界内外配合的计划，所以考虑了业主角度的工程各项工作的进度以及相应的WBS各层对应的进度，分为以下四个层次。

(1) 关键性控制节点(计划)，是从业主角度考虑的，由建设指挥部使用的表示工程重大进展的计划，其中的各个组成节点都是必须确保的进度。

(2) 总进度计划，是从业主角度考虑的，由建设指挥部使用的表示工程各项工作的进度以及WBS各层对应的进度的计划，其中的各个节点是编制二级计划和专项计划的依据。

(3) 二级计划、专项计划，是由各个部门使用的、将总进度计划中各工作进一步分解后的进度，其中的各个组成节点用于进度控制和协调。

(4) 设计、施工、设备供应单位等各参与方计划，是由工程实际实施的各参与方将计划进一步分解为实施性任务的进度，其中的各个组成节点用于指导工程的具体实施。

各个层次的计划见表1-1。

表1-1　各层次计划

层　次	计划名称	内　　容	使用层面	作　　用
第一层次	关键性控制节点(计划)	从业主方角度表示工程重大进展	建设指挥部	必须确保的进度
第二层次	总进度计划	从业主方角度表示的工程各项工作的进度和相应的WBS各层对应的进度	建设指挥部	编制二级计划和专项计划的依据

续 表

层 次	计划名称	内 容	使用层面	作 用
第三层次	二级计划、专项计划	将总进度计划中各工作进一步分解后的进度	各个部门	二级计划主要用于进度控制;专项计划主要用于进度协调
第四层次	工程实施各参与方计划	分解为实施性任务的进度	工程实施各参与方	实施性计划

同时,一般方法中对于整个项目也存在一些假定,具体如下。

(1) 项目的进度总控中,上报的计划以及真正完工都是建立在保证工程质量和安全的前提下,因此质量管理包含于总进度中。

(2) 工作负责人上报的计划都是完工概率很高的计划,考虑了计划的波动性但是不考虑大部分的不确定性,如果不确定性发生则作为问题处理。

(3) 计划完成后,所有的关键性控制节点在项目顺利的情况下都是不可突破的,责任人会尽一切努力完成计划。

(4) 由于项目的目标完成非常重要,因此项目指挥部会调用一切资源甚至增加资源解决进度问题,所以计划制订时不考虑资源约束。

(5) 机场各个部门是协作关系,本身相互独立,利益不完全相同。

进度总控工作基于上述四个层次和五个假设分为跟踪和控制两个过程展开。

1. 进度总控计划的编制

进度总控计划的编制过程本质上和进度计划编制的过程相同,只是在基于四个层次的分级基础上,为每一个 WBS 或者是活动分配特定且唯一的主要责任部门,同时根据指挥部制订的项目目标,调整每个部门计划,达到进行项目总控的目的。一般方法中主要包含以下五个阶段。

1) 调研阶段

调研阶段是总控进度编制的准备阶段,通过向涉及四个层次计划的各相关部门和单位以及其他外围单位和政府部门收集基础数据作为进度信息。比如向机场集团公司及其下属部门收集部门计划,向设计、施工和设备供应单位等参与单位收集工程工期信息,以及向政府部门(建交委、规土局等)和行业相关部门(民航空管局)收集项目相关的报批程序等,以实现对于项目进度信息整体的把握,并且获得进度的具体数据,为下一步的工作奠定基础。

2）分析阶段

这个阶段建立在调研获得了完整的基础信息之后。首先对项目的进度计划进行系统分析，分析的过程包括系统多维分解、关键元素确定、重点关系分析以及系统的环境分析。通过这一系列系统分析，确定每个层次所对应的部门，并且确定每个项目过程所关注的重要工作，基于分析结果，建立系统模型。建立模型的过程包括基于网络分解、确定WBS、利用确定好的WBS按照四个层次构建多级网络模型。

模型建立之后，利用调研阶段所获得的数据，经过计算，或者依赖以往经验以及与同类项目的比较，将数据处理为确定且可信度高的数据。之后，将所需要的数据，如各项工作进度信息、必须确保的进度目标、各项工作关系等输入到模型中，并进行计算，确定关键线路。在确定关键线路的基础上，进行相关模拟分析，分析关键线路变化的可能性以及工期变动的可能性。

3）初步成果阶段

在模拟分析完成之后，根据分析结果确定总体进度计划（包括第二、三、四个层次），同时为计划中的每项工作确定唯一的责任部门，如果出现同一项工作有多部门参与的情况，则选取其中的一个核心部门（参与工作时间最长或者牵头部门）作为责任部门，负责协调完成这项工作。同时如果出现计划超出目标的情况，一方面通过工序的调整进行工期的优化，另一方面则作为待反馈的问题，在下一阶段反馈给具体的责任部门。在进度计划细化完成后，对于总进度计划进行关键性控制节点（计划）的初步提取，形成一个完整的多层次计划。

4）反馈平衡阶段

在这个阶段，进度计划已经基本完成，但是完成的过程仅仅是单方面的，还没有得到各个层次各个部门的反馈。通过将初步编制的计划提供给业主方各相关部门和单位以及其他外部相关单位和政府部门，一方面给各参与方一个自我分析的过程，发现计划优化的可能性或者是不合理的地方，另一方面借由计划的下发的同时下发上一阶段待反馈的问题，与相关部门协调解决，并且将责任部门不明确的工作明确责任部门。各部门分析计划之后，也会对计划中的问题进行反馈。

针对这些反馈，往往采用协商解决的方式，采用一种由本部门到本层次再到上级层的过程。本部门可以自行调整解决的问题，就在本部门内解决。如果无法解决，则由综合部门，如业主部门、集团公司等在第二或第三层次通过工序的调整补充或是资源调整解决问题。仍然无法解决的，则通过业主方领导层，如集团公司、建设指挥部等通过项目基本的决策过程解决问题。通过这三种层面的解决方式，形成进度计划最终的动态平衡。

5）最终成果阶段

在解决了进度问题，实现了计划的平衡之后，基于反馈的调整确定最终的整体计划，并将原有可能存在责任部门不明确的工作在反馈过程中明确的结果录入计划中。之后，在最终的总体进度计划中提取关键性控制节点，完成最终各层次的进度计划。图 1-2 表示了总控进度计划编制各个过程的大致工作流程。

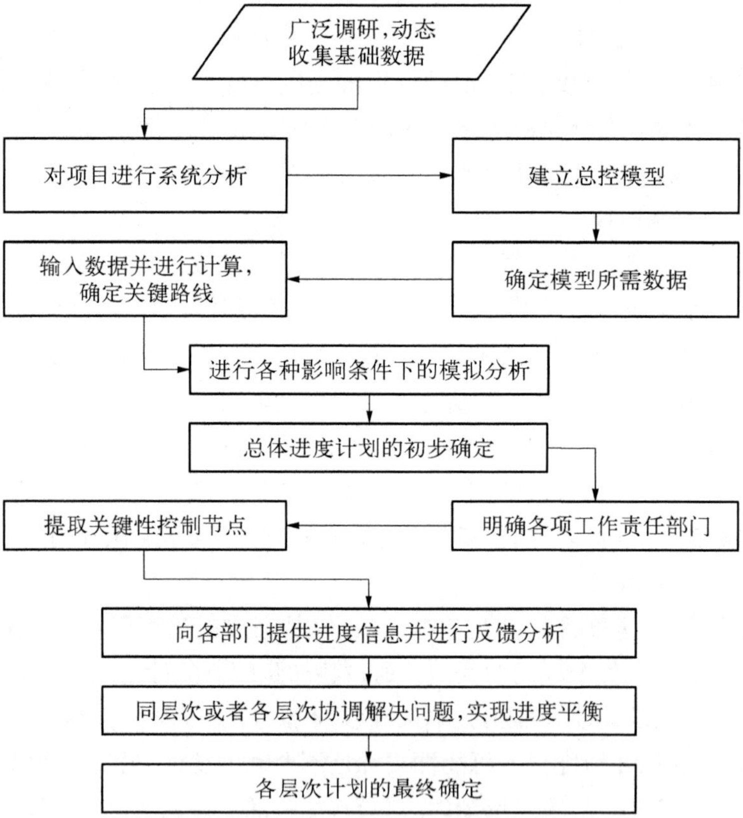

图 1-2 总控进度计划编制流程

2. 进度总控计划的跟踪与控制

在进度总控计划编制完成项目实施的过程中，进度总控通过以下几个过程进行项目的进度跟踪和控制。

1）收集进度信息

通过向指挥部、各部门、施工单位以及监理单位等收集图片、文件参与重要会议等形式收集项目进度的相关信息(通常以月为单位),确保信息的及时获取。

2) 建立统一的进度信息文件

在收集信息的基础上,通过向各个部门、各个单位提供统一的信息输入表格,形成一个统一的进度信息汇报及问题检查表,实时跟踪项目的进度情况,并通过将进度信息具体到每个活动,使得上报进度部门或人员难以作假(进度的跨越式完成会视为问题,需要详细地解释),同时也给相关部门汇报问题和困难,以及自己汇报解决方案的途径,进度信息收集的同时也起到了相当于各个部门的进度自查表的作用。

3) 处理进度信息

通过收集的进度信息与各部门上交的统一进度信息文件进行比较分析,进行数据一致性的检查,同时对于存在疑问的信息前往现场复核并与相关人员访谈确认,确保获得的进度信息能够可靠地反映真实的项目进展情况。

4) 分析相关进度信息

在处理进度信息后,将进度信息录入项目管理软件 P6 中,将实际情况与原有进度总控计划进行比较,经由第四层次依次到第一层次,分析是否有进度的突破、进度分析处理过程是否会影响关键路径、是否存在关键性控制节点的突破,从而推断本期的进度计划对于整个项目的工期是否存在影响。

5) 问题处理

在分析完进度信息之后,如果发现存在错误的进度信息或者是存在影响关键路径的工作延期的情况,一方面通过警告指挥部存在关键节点突破目标的情况,由指挥部进行专题会议得出应对措施,另一方面也通过关键路径法对原有进度计划进行调整优化,主要有以下三种方式。

(1) 强制缩短工作的工时。针对出现进度问题的路径,发现其影响的整条关键路径,通过合理地压缩此条路径上之后的工作用时,达到整条关键路径按时完工的目的。

(2) 调整工作关系。通过对出现问题的工作的路径上的工作的关系再排列,将一些原本存在先后关系的工作进行搭接,或者增加资源实现平行施工,实现该路径上进度的补足。

(3) 加大资源投入。由于大型机场工程对于项目的完成节点要求非常高,所以当出现无法通过上述两种方式解决的问题时,加大资源的投入,不惜代价按时完成项目。

在实际工程中,总控进度的跟踪与过程一般以月为单位进行,每月进行一次进度的分析和问题的处理。

（二）目前大型机场工程进度总控存在的问题分析

1. 目前大型机场工程进度总控存在的主要问题

尽管一般方法作为机场项目进度管理的方法已经使用了多年，但是在实践的过程中，仍然存在着一些问题，无法通过一般方法解决。本文通过对参与机场项目的机场公司专家以及同济课题组的研究专家的访谈，对一般方法存在的问题进行了讨论分析，认为主要问题有以下几点。

1）项目估计时间过长

项目估计时间过长是目前方法中存在的最主要的问题。通过与专家的访谈分析，认为造成估计时间过长的原因主要有以下三种。

（1）责任人高估工作的持续时间

对于正常的工序，因为责任人相关经验丰富，往往对于其工期估计有一个较好的把握，存在着一个最乐观时间，一个最悲观时间和一个最可能完成时间的估计。而在实际的工作过程中，因为风险发生的概率相对较小，工作的实际持续时间更大的概率会在最乐观时间和最可能完成时间之间。而最悲观时间可能会考虑到很多因素，甚至包括无法完成项目的可能性，所以会被负责人拉长。这样就导致了责任人为了保证工作一定能完成，考虑很多的不确定因素，在上报工作持续时间时不会上报最有可能完成的时间，而是上报拉长了的最悲观时间。最可能完成时间的提前，最悲观时间的延后，以及责任人的保守心理，使得工作时间被高估。

（2）为了绩效原因设置安全边界

一般方法的四个层次中，因为都是从业主方考虑的，所以其中的三个层次都属于管理部门的计划。由于管理部门都由建设指挥部或者是机场集团管理，因而存在一个绩效考核的过程，并且这些考核会直接与本部门的奖金挂钩。这导致了在收集了各参与方的工作历时估计后，管理部门为了自己一定能在绩效考核中获得好的成绩，会增加一些安全边界。比如在有三个下属单位参与的情况下，每个单位给出了各 3 周的工作历时估计，责任部门最终会加上一个额外的安全时间，上报的计划可能是 10 周、11 周而不是 9 周，形成对自己的保护。

（3）考虑到高层人员削减项目时间，额外增加项目估计时间

在第一、第二层次审核各部门上报的计划的过程中，往往存在着这样一个事

实：指挥部和集团公司的高层管理人员只认可工作能够顺利地快速完成，而不认可不确定因素会发生。基于此事实，高层管理人员在检查进度计划时，会削减历时较长任务的估计时间。而下层责任部门考虑到这个因素，在上报计划之初就会加入一个这样的“虚历时”，以备在高层管理人员削减其计划用时的情况下，仍能获得足够的计划时间。

以上三种方式的综合影响，导致了项目估计时间过长和考核制度的变味：在考核中获得奖励的很少是真正提前完成本职工作的部门，而往往是自我保护成功的部门。

2）项目实际工期突破计划工期

由于机场项目的计划都十分紧凑，项目实际工期突破计划工期的现象并不少见。但是，排除计划本身的原因，还存在着一些人为因素导致计划的突破。尽管发生的情况并不多，但这些突破仍是进度管理过程中存在的需要解决的问题。

（1）学生综合征浪费了自己的安全时间

学生综合征的基本思想即拖延，人会尽最大努力将任务拖延至最后时间完成。

图 1－3 表示了历时百分比与项目完成百分比的关系，“完美世界”模型表示了一种理想的状况，即从项目开始到结束，完成工作的效率是不变的。但是，实际上人们完成工作的过程大都符合学习曲线模型的规律——尽可能地拖延工作的开始时间，将时间用于其他即时的工作或事情上，最终，在项目临近关键性控制节点时，工作量开始明显增长，效率上升。

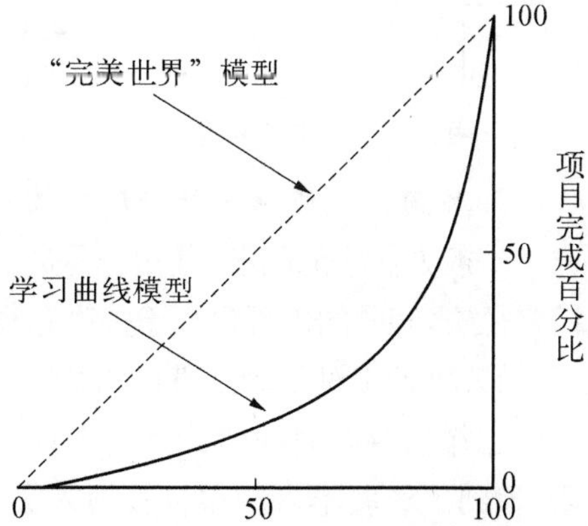

图 1－3　学生综合征模型

学生综合征模型反映了实际中项目完成的过程。首先，当存在多任务或者多事件时，人们倾向于先完成先截止的任务，而忽略那些虽然历时较长、工作量较大但是很久之后才截止的任务；其次，因为在项目估时的过程中增加了几层安全时间，搁置任务不去开始仍然不会影响自己的考核结果，进一步降低了尽早完成任务的动力，使得安全时间已经不再是应对不确定因素的安全时间，而是被浪费的时间。

(2) 工作的延迟会继续积累,而工作的提前则不会继续

这种现象主要体现在多任务的衔接中。当A、B两个任务串联时,A任务本身不会被提前完成,因为作为单个任务A,提前完成对于参与人员来说并没有多余的报酬,反而可能导致下一次计划时,上层管理部门因为这次的提前削减其估计时间,增加了参与人员下次的工作强度,所以A任务参与人员并不会努力去提前完成A任务,反而会下意识地拖延任务持续时间,导致延迟。而延迟在B任务中也会得到体现,同时又因为延迟来源于A任务,B任务或者之后的任务人员并不为延迟负责,所以延迟会被积累,而不会被争取消化掉。即使A任务提前完成,由于原有计划的问题,可能B任务的参与人员还未到达或者在从事其他任务,导致虽然A任务已经完成,但该链上的任务仍然需要等待至B的开始时间才能继续进行,A任务的提前被浪费了。

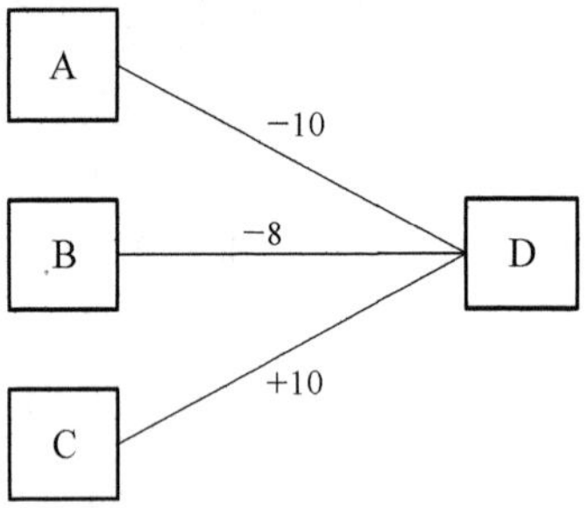

图1-4 多任务并联

而多任务并联时的情况如图1-4所示。假设A任务提前了10天,B任务提前了8天,C任务延后了10天。很显然,因为工序的关系,D任务并不会提前10天或者提前8天开始,而是延后10天开始,提前仍然会被浪费,延迟依旧会积累。事实上,无论串联还是并联,都证明了维持单个任务或者局部的最优是无效的,重要的是保持整体进度的最优。

2. 目前大型机场工程进度总控存在的问题分析

一般方法中的问题,其实也是进度管理中一直存在的难题,但因为其基础是关键路径法,问题的出现也源于关键路径法这个技术本身的缺陷。主要有以下两点。

1) 缺乏应对不确定性的机制

工作的持续时间估计是进度计划编制的依据之一,但是事实是尽管做了调研,找到了经验丰富的项目管理人员,仍然无法做到对于工作持续时间百分之百准确的估计。不确定事件不是必然会发生,但是必然存在,这就导致工作的持续时间会出现偏差。而由于关键路径法是一种刚性的进度管理方法,工作的持续时间在计划中是确定不变的,不确定因素真正发生后才会去应对,因此项目管理人员在进行进度计划时,会留出一些多余的时间作为不确定性的储备。而在这样的机制下,如果不确定事件没有发生,这些时间仍然会因为上一节所提出的现象被消耗掉。如果不确定事件发生的时间接近工作的结束时间,不确定性的储备时间也可能已经被消耗掉。事前的储备会被人为地消耗掉,事后的应对仍然

会导致项目的延迟，这是关键路径法应对不确定性时存在的缺陷。

2）忽略了人为因素

以关键路径法为核心的网络计划技术注重的是工作和技术本身，忽略了人的行为因素，而实际上项目估时的不准确、项目安全时间被浪费，都是源于人的自我保护心理或懒惰。但一般方法中却没有对此现象有所考虑，没有相应的对策，而在组织行为学的研究中，帕金森定律、学生综合征、墨菲定律等都对人的行为进行了研究，并将其应用于项目管理。

四、基于关键链法的大型机场工程进度总控模型建立

（一）关键链法及相关定义

1. 约束理论

约束理论由以色列物理学家 Eliyahu M. Goldratt 提出，是一种新的管理理论。约束理论认为局部的最优并不代表全局的最优，关键链法植根于约束理论，必须从系统的角度来考虑问题。通常情况下，项目进度只是受到一部分资源的影响，而不是受到所有资源的影响。影响项目进度的部分资源被称为瓶颈资源或者关键资源，其他的资源称为非瓶颈资源或者非关键资源。瓶颈资源上的工序被称为瓶颈工序或者关键工序，非瓶颈资源上的工序被称为非瓶颈工序或非关键工序。对于瓶颈资源的利用越高效，项目的进度就越快，而瓶颈工序的延误则会导致项目进度的延误。基于以上观点，约束理论的应用步骤如图 1－5 所示。

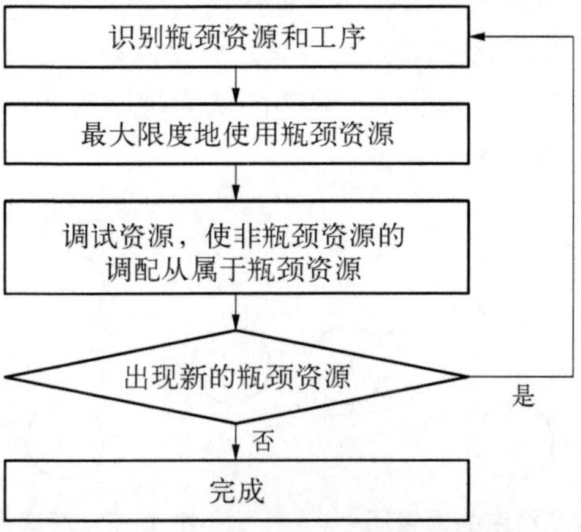

图 1－5　约束理论的应用步骤

2. 关键链法基本思想

基于约束理论，Eliyahu M. Goldratt 在 1997 年提出了将约束理论运用于项目进度管理的关键链法（Critical Chain Project Management，CCPM）。该方法沿用了约束理论的核心思想，从瓶颈和整个系统两方面考虑，强调项目整体的效率以及项目管理过程中对不确定性的思考与处理。基于“项目必须争取整体优化而非局部优化的思想”和人的行为因素理论，Goldratt 博士将关键路径法中各个任务都是尽早开始（ASAP）改为遵守目标完工日期的尽晚开始（ALAP）。同时对项目估时进行压缩，删去会被浪费的安全时间，而这些压缩掉的时间则作为项目后置的时间缓冲，一方面确保工期被压缩时仍然存在应对不确定因素的缓冲时间，另一方面利用缓冲控制工期的延误。

关键链法在项目估时、工序安排以及过程控制三方面对关键路径法进行了改进，消除了一些导致人为因素发生的条件，同时将项目对于不确定性的储备集中到一起，增加了应对不确定性的机动性，提高了项目的整体效率。

3. 关键链法的基本假定

关键链法存在着一些基本假定，具体如下。

1）关键链即项目约束

关键路径法认为，关键线路是项目工期的制约因素，而关键链理论则认为项目资源约束与工序间逻辑关系是同等重要的，工作的持续时间及逻辑关系和资源约束共同决定了项目的总工期，基于三者的确定的关键链决定了项目整体的周期。图 1－6 所示的网络图中，假设 2 和 3 存在着资源冲突，无法使任务并行，传统的关键路径法仍会认为 1→2→4→6 或者 1→3→5→6 为关键路径。但在关键链法中，如图 1－7 所示，会认为 1→2→3→5→6（或 1→3→2→4→6）为项目中制约工期的最长链（路径）。因此，关键链法认为关键链为项目的制约因素，而不是仅由工序关系连接而成的关键路径。

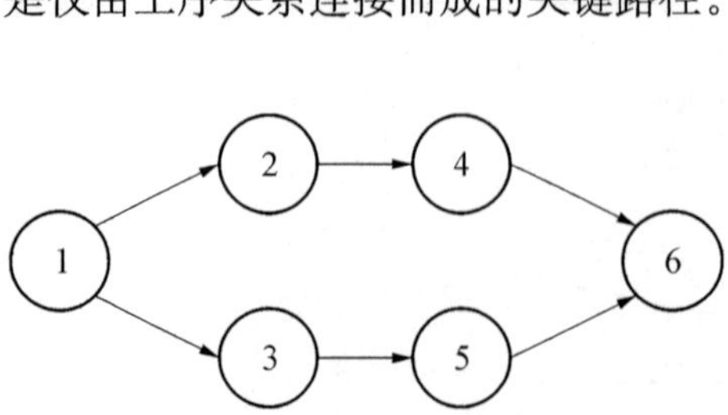

图 1－6　不考虑资源约束的网络图

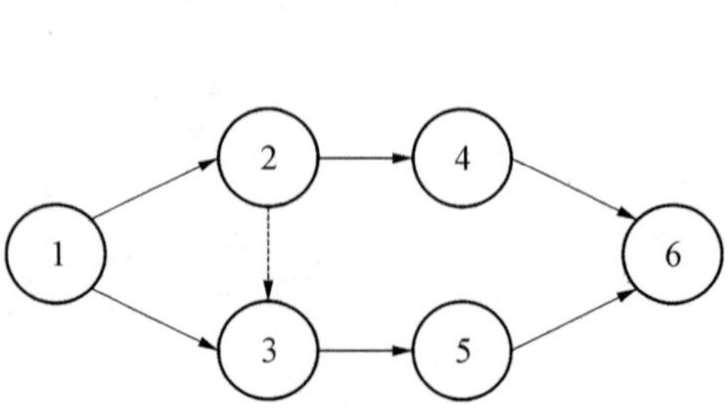

图 1－7　考虑资源约束的网络图

2）项目计划阶段的行为假定

在对项目计划工期估计过长原因的分析中，已经提到项目计划人员在给出每个任务估时的过程中都会留下一定的安全时间来保护自己。其中主要的原因就是项目的高层管理者总是希望项目能提前于计划完工。基于这个想法，大部分下属的项目计划人员就会给出完工保证率较高的工作估时 t_1，而不是完工概率较高的估时 t_2。但是在实际中因为不确定因素发生的可能性一般较小，所以 t_1 往往会大于 t_2，并且会大出相当的比例。在这样的行为假定下，关键链法认为任务估时会远远大于实际的持续时间，需要采取一定的手段去消除多余的安全时间，或者对安全时间进行统一的管理。

3）项目实施阶段的行为假定

在项目估时上增加安全时间来保证项目如期完成，其本身的目的其实并不违背项目的顺利进行，但是在项目实施的过程中，项目的安全时间往往没有得到很好的使用，而是被浪费了。关键链法针对这些浪费有如下假定。

（1）由于增加工作的估时只是起到一个保护作用，所以不会影响项目实际完工日期的概率分布。

（2）人的行为受到帕金森法则和学生综合征的影响。帕金森法则认为“工作总是拖到规定的时间才能完成，从来不会提前完成”。也就是说，人在完成任务时，总会呈现一种前松后紧的状态，只要时间富足，就不会在任务的前期全力以赴完成任务，而是会在任务接近完成日期时集中精力和资源去赶着完成。但是在这样的情况下，安全时间就会被浪费掉，真正出现不确定状况时，没有了安全时间，必然会导致工作和项目的延迟。而学生综合征的影响则和帕金森法则类似，两者的总和作用也体现在项目的时差中，被称为 Lewis 时差法则。Lewis 时差法则认为，只要给人时差，他就会利用时差。最直接的体现就在于，不仅前一项任务不会提前完成，即使前一项任务提前完成，后一项任务的参与人员往往也不会提前开始，因为按照计划，他们的工作几天后才开始。因此，时差的存在本身不会对项目的提前完工有利，反而可能导致一些工作的延期。

（3）项目参与人员倾向于隐瞒不报任务的提前完成。项目的过程中存在一些因为不确定性因素而延误的工作，但是也存在一定量的提前完成的工作，而这些提前往往不能体现在整个项目中。这主要有以下两个因素。一方面，对于负责人来说，这次的提前完工可能会削减下一次自己的项目估时，增大自己的工作压力。由于“能者多劳”，这会给自己在本项目中带来更多的工作，而提前完工本身可能不会给自己带来任何利益；另一方面，负责人也要保证自己工作的质量，富足的时间可以用来提升完工质量，而完工质量是可能带来利益的。因此，每个任务的负责人关注的是保证自己的任务目标的实现，这其实减少了项目效益增加的可能性。

4. 关键链法的实施步骤

关键链法是在关键路径法的基础上改善优化而来的，因此它本身也是网络计划技术的一种，和传统的进度管理方法一样，通过网络图来实施，具体步骤如下。

1）绘制网络图，识别关键路径

这个过程和关键路径法一样，已经非常成熟，不再赘述。

2）对任务重新估时

对每个任务重新估时，删去各责任人的保护时间，削减安全时间，使得任务估时对负责人来说是相对紧迫的估时，提升其效率。

3）化解资源冲突，识别项目关键链

考虑项目资源的冲突，针对关键路径，均衡配置关键路径和非关键路径上的资源，调整各个工作的开始时间。在第二个步骤的基础上，重新计算资源限制下各个任务的开始和完成时间以及工序关系，找出最长的链条作为关键链。

4）设置缓冲区

由于第二个步骤删去了大量的安全时间和心理因素造成的工作估时，根据墨菲定律，为了补偿一些时间以应对工期的不确定性，基于风险聚合原理，在项目中设置三类时间缓冲：项目缓冲、资源缓冲和汇入缓冲。项目缓冲处于项目最后的位置，用于应对整个项目中（特别是关键链中）的不确定性。而资源缓冲位于非关键链上的工作之前，用于平衡关键链与非关键链上的资源冲突。汇入缓冲处于非关键链接入关键链的位置，用于保证非关键链的完成，不影响关键链（整个项目）的完成。

常用的设置项目缓冲的方法有以下三种。

（1）Goldratt 法

Goldratt 法是在《关键链》中提出的方法，将关键链中所有任务完工概率50%估时的一半作为项目缓冲，将非关键链中该链上所有任务完工概率 50%估时的一半作为汇入缓冲，即

$$\text{Buffer}=\frac{1}{2}\sum t_{50\%}^{i}$$

式中，$t_{50\%}^{i}$ 表示任务 i 在完工概率 50%可能性下的估时。

这种方法是一种线性的方法，虽然简便易行，但是在缓冲区随着任务的增多而增大，使得其在面对大型项目时过于保守，使计划缺乏竞争力。

(2) 剪切-粘贴法

该方法利用了两个工作估时，一个是完工概率为 50%的工作估时，另一个则是完工概率为 90%的工作估时，取两个估时的差值之和的一半作为缓冲，即

$$\text{Buffer} = \frac{1}{2}\sum\left(t_{90\%}^{i} - t_{50\%}^{i}\right)$$

式中，$t_{90\%}^{i}$ 表示任务 i 在完工概率 90%可能性下的估时；

$t_{50\%}^{i}$ 表示任务 i 在完工概率 50%可能性下的估时。

剪切-粘贴法和 Goldratt 法类似，也是一种线性的方法，容易产生缓冲区过大或者过小的情况。

(3) 根方差法

根方差法同样需要两个时间估时，一个是任务的估时，另一个是消除安全时间之后的任务估时。之后将安全时间的一半作为任务工期的标准差，再以两倍的关键链上所有任务的标准差作为缓冲区，即

$$\text{Buffer} = 2\left[\sum\left(\frac{\Delta t_i}{2}\right)^2\right]^{1/2} = \left[\sum(\Delta t_i)^2\right]^{1/2}$$

根方差法是一种建立在各任务是独立的条件之上的方法，在面对大型、链路任务较多的项目时，缓冲区的大小更加合理，符合非确定性的任务估时累加的统计规律，可以避免缓冲区估计太大或太小的情况。但是其前提是在估计各个任务的时间时是相互独立的，现实中存在着一些局限性。

5) 建立缓冲管理机制

在项目实施的过程中，通过对缓冲区的管理，一方面保证非关键链的完成不影响关键链，另一方面对项目缓冲进行监控管理，保证控制项目如期完成。

5. 关键链法在项目进度管理上的改进

关键链法相对于传统的进度管理方法，主要有以下几个改进之处。

1) 在项目估时上的改进

在传统的进度管理方法中，工作负责人往往会选取一个完工保证概率较大

的日期作为工作的估时。这虽然有利于单个任务的完成，但是对于项目整体而言，每个任务的高概率完成并不是整个项目高概率完成的充分条件。项目可以通过各个任务之间的时间调配，在每个任务完成概率相对较小的情况下，实现整个项目仍然有较高的完成概率，而在这样的调配下，项目的估计工期显然是小于所有任务都以高概率完工估时的估计工期的。同时，不确定因素同时发生的概率很小，在这样的低概率下，关键链对每个任务的估时进行压缩，提高项目整体的效率。同时在非关键链汇入关键链的末端设置汇入缓冲，在关键链之后设置项目缓冲，以此来应对估时本身包含的对不确定性的准备，保证项目的完工概率。

2）在计划制订方面的改进

不同于关键路径法中将关键路径作为项目的工期，关键链法将考虑了资源约束之后重新建立的工序关系网络中的最长链作为代表项目工期的链条。关键链法在工序的安排以及路径的选取上都做了改进。

(1) 在进度控制方面的改进

在项目进度的控制上，关键链法围绕缓冲区进行了一系列的改进。

① 资源缓冲(Resource Buffer)

通过在关键链上每一种资源开始的工作之前设置一个资源缓冲，使得每个任务开始之前能有一个预警机制使资源提前到位。确保在关键链上的工作在开始之前资源已经到位，可以保证每个任务按时开工。

② 项目缓冲(Project Buffer)

由于项目估时被压缩，为确保项目仍然能够在计划日期内完成，关键链法在关键链之后设置了一个项目缓冲，如果关键链上的工作出现延误，就会消耗项目缓冲区的时间，作为一个安全时间的补偿，来实现压缩工作估时后的平衡。而在项目实施过程中，项目缓冲可以视为一种项目进展情况的指针，当项目缓冲消耗较工期进行较少时，说明项目进行得较顺利；而当缓冲消耗过多时，则要寻找相应的措施控制工期。

③ 汇入缓冲(Feeding Buffer)

汇入缓冲的大致原理同项目缓冲一样，设置在非关键链与关键链接入的末端，相当于把非关键链视为一个项目，汇入缓冲则是控制其按期完工，不影响关键链的方式。

图 1-8 为缓冲区设置的示意图。

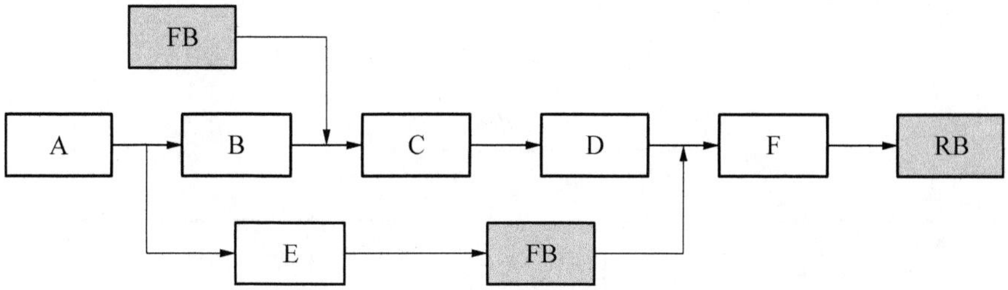

图 1－8　缓冲区设置示意图

（二）基于关键链法的大型机场工程进度总控模型

根据上一节的内容，我们可以看出关键链法的核心在于约束，一方面是怎样发现约束条件下的新的工作关系，另一方面是利用工作间的约束，实现项目的整体管理。而实现方式则是通过识别关键链来设置缓冲区和管理缓冲区。

在大型机场项目中，项目总控在服务于整个项目各个层次的同时，主要服务于建设指挥部。站在建设指挥部的角度，关注的重点是项目目标的实现。特别是大型机场，由于往往都是一个城市的重点工程，完工的质量与时间是指挥部第一追求的目标，其他的因素则是相对次要的，可以向前两者妥协。因此，在本模型中主要考虑的是对进度总控方法的优化，而不考虑资源、资金等的安排（同上一部分假设一致）。

基于现有的大型机场进度总控方法和关键链以及大型机场总控的特点，建立模型的步骤如下。

1. 进度总控计划的编制

基于关键链法建立的大型机场进度总控模型沿用一般方法中的四个计划层次（表 1－1），具体的计划编制过程也仍然按照五个阶段进行。不同的是在关键路径法的实施过程中加入关键链法的技术，使得原本的刚性计划变为柔性。其本质也就是将单一确定计划变为三类计划：第一类代表有可能但不一定能完成的计划，即争取完成的计划；第二类代表完成概率较高，需要一定的控制手段才可以完成的计划，称为需要控制的计划；第三类代表完成概率很高，且一定要完成的计划，即必须完成的计划，这个计划即一般方法中的计划。同时设置缓冲区，用于对项目的整体把握以及应对不确定性，借由缓冲区确定需要控制的计划，引入激励机制，使得项目人员能够自发地为项目的提前完成努力。

具体的编制过程如图 1－9 所示。

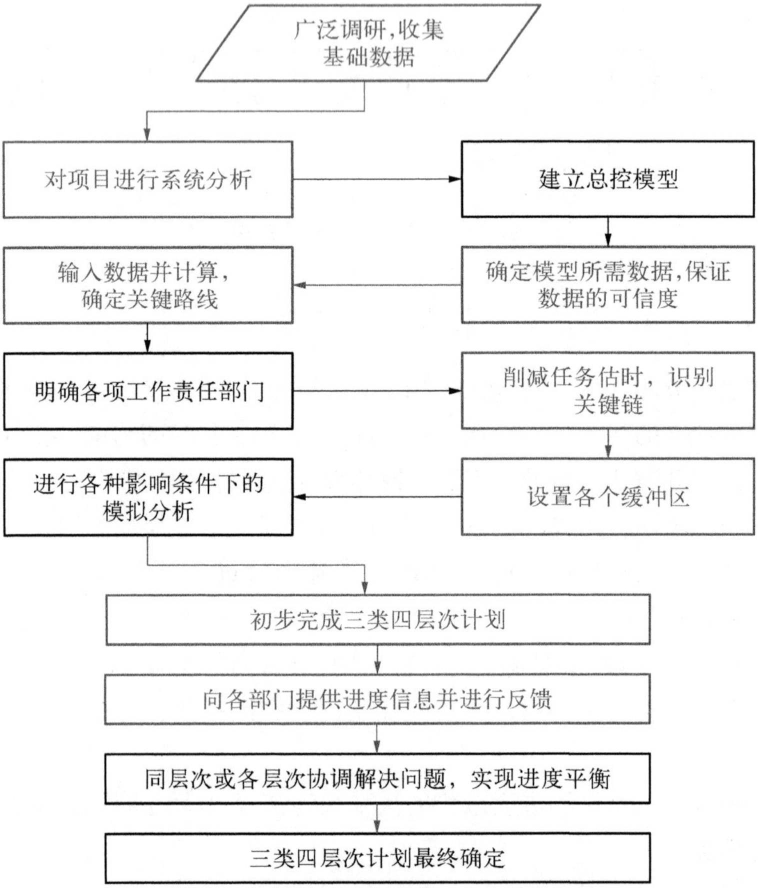

图 1－9　关键链法模型的计划编制过程

图中灰色部分为本模型与一般方法的不同之处,下面针对这些不同进行具体的说明。

1) 调研阶段

在原有调研方法的基础上,在收集各部门各任务的项目估时过程中,设置两项时间作为项目估时的数据,分别为最乐观时间和最可能时间。最乐观时间代表了完工概率大致在 50%可能性下工作的持续时间;最可能时间则代表任务负责人认为最有可能完工的时间,即一般方法中对于工作的估时,用于之后关键链法的实施。收集两个估时,一方面是保证两个估时之间存在跨度;另一方面是由于最可能时间被认为是项目必须完成的日期,所以不再询问更加保守的估时,以免对责任人造成项目可以延期的暗示。

2）分析阶段

分析阶段中基本的逻辑仍然是一个“建模→录入→计算→模拟”分析的过程，但是针对每个步骤相应地有所改变。

（1）确定模型所需数据，保证数据的可信度

即使模型引入了两个时间估时的概念，但是仍然会因为估计的不准确而失去最乐观时间的意义，所以要对收集的数据进行一个可信度的初步筛选。对于外部任务，其估时相对确定，任务负责人很难主观上缩减其任务历时，保证其两个估时几乎一致。而对于内部任务，则要确保两个估时的跨度合理，保证其能客观反映完工的可能性。

（2）输入数据并计算、确定关键路线

识别关键链的第一步是识别关键路径，在关键路径的基础上进行约束和估时优化后识别关键链。因此在输入数据的过程中先把最可能时间放入总控模型中进行计算，确定关键路线，以备之后作为必须完成的计划。

（3）削减任务估时，识别关键链

在利用最可能时间制订计划、确定关键路线之后，对项目中的内部任务削减估时，以尽量消除其安全时间，采用最乐观时间作为其削减后的估时，确保项目高效完成，之后识别计划中的关键链。由于总控的重点是项目目标的完成，资源被认为是可以增加的，不存在限制，所以项目中最长的链仍然是关键路线，识别出的关键链也就是关键路线。

（4）设置各个缓冲区

削减任务估时后，就出现了两类计划，一类是以最可能时间作为任务估时的必须完成的计划；另一类则是以最乐观时间作为任务估时的争取完成的计划。但是以最乐观时间作为任务估时完全忽略了不确定性发生的可能性，项目的实际完成概率很低，因此，需要在项目之后设置缓冲区，提高争取完成的计划实现的可能性，形成需要控制的计划。

首先，在关键链之后设置项目缓冲作为项目完成的一个保障。因为大型机场项目的任务估时都由特定的任务责任部门给出，虽然各个工作存在工序上的衔接，但是认为其时间估计是独立的，紧前或者紧后的工作不会影响这个任务的估时，同时大型机场项目规模都较大，因此选用根方差法作为设置缓冲区的方法。即

$$\text{Project Buffer}=\left[\sum(\Delta t_i)^2\right]^{1/2}$$

$$t_i=t_{i1}-t_{i2}$$

式中，t_{i1} 表示关键链上任务 i 的最可能时间；

t_{i2} 表示任务 i 的最乐观时间。

汇入缓冲(FB)的设置同项目缓冲(PB)，利用每条非关键链上的任务的两个估时，决定每条非关键链的汇入缓冲。

这样的缓冲设置，一方面使得争取完成的计划变得相对宽松，对于高层管理者而言，有了一种完成概率较高的计划；另一方面缓冲区的设置也遵循统计学规律，符合应对不确定性的估计方式。

3) 初步成果阶段

在分析完成之后，完成初步的三类计划：争取完成的计划、需要控制的计划和必须完成的计划。同时，提取出相应的关键性控制节点(即关键链上的部分节点)作为原有的第一层次的计划。

4) 反馈平衡阶段

这个阶段在向部门提供进度信息时，对于第一、第二层次，即建设指挥部使用层面，提供三类计划。而对于第三、第四层次，则仅仅提供争取完成的计划以及必须完成的计划，并且在反馈过程中，一方面平衡解决存在的进度冲突问题，另一方面向各层次责任人告知两类计划的不同之处。争取完成的计划要激励参与人员完成任务，对实际完成该计划的部门在考核中设立奖励机制。而必须完成的计划则是在完成任务的最晚时间，如果没有完成该计划，在考核中设立相应的惩罚机制。各类计划的不同之处如表 1-2 所列。

表 1-2 各类计划

计划类型	使用层次	用途	性质
争取完成的计划	一、二、三、四	激励项目参与人员提前完工，考核依据	可以突破的计划，激励员工的计划
必须完成的计划	一、二、三、四	项目必须按时完成的计划，考核依据	不能突破的计划
需要控制的计划	一、二	项目可以顺利完成的计划，提醒上层管理人员是否要进行进度控制	可以突破的计划，实施项目整体控制的标志

5）最终成果阶段

在解决了进度问题，实现了计划的平衡之后，基于反馈调整确定最终的整体计划，并将原有可能存在责任部门不明确的工作在反馈过程中得到的结果录入计划中。最后，在最终的总体进度计划中提取关键性控制节点，完成最终三类四层次的计划。

2. 进度总控计划的跟踪与控制

在项目实施的过程中，以关键链法为模型的进度跟踪与控制沿用一般方法的思路，即发现问题—分析问题—解决问题，但是在实施的过程中，其可分为两个过程：对于整个计划的监控和基于机场建设的组织架构进行的部门监控。通过对整个计划的监控，保证项目能够至少按照必须完成的计划完成，同时，当实际进度出现延期时，对于计划的跟踪能实时提醒下一任务的责任人工作开始时间的延后，使得整个计划保持弹性的状态，每个任务能够环环紧扣，保证时差不会被随意使用。而对于部门的监控则是对于各个负责人的激励机制，一方面确保项目参与人员能够努力去完成争取完成的计划，实现项目的提前完成；另一方面保证存在大量延迟的部门能受到警告，并体现在考核机制中，具体如图 1－10 所示。

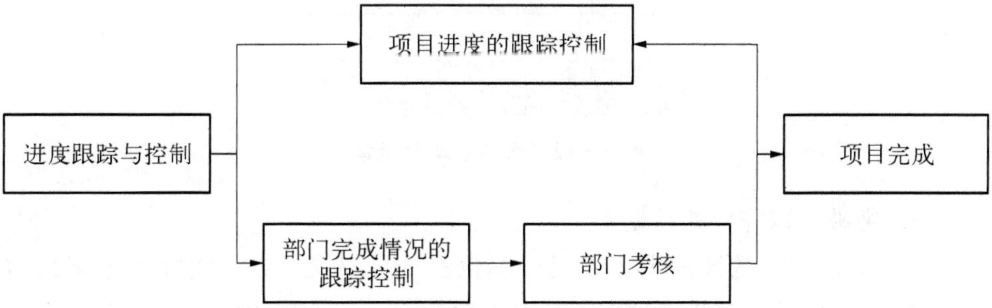

图 1－10　关键链法模型的跟踪控制过程

1）项目进度的跟踪控制

对于整个项目进度的跟踪控制过程如图 1－11 所示。可以看到，在三类计划设置的情况下，进度的突破强调的不是一般方法中由下层至上层各层次的过程。这个过程被淡化了，更强调的是各类计划的突破过程，而这个过程正是项目计划由放松到紧迫的过程。其中，需要完成的计划是一个整体的概念，本身难以发现是否突破，因此需要进行如图 1－12 所示的操作，将需要完成的计划中的缓冲时间均匀分配到整个项目中。计划的四突破分为以下三个过程。

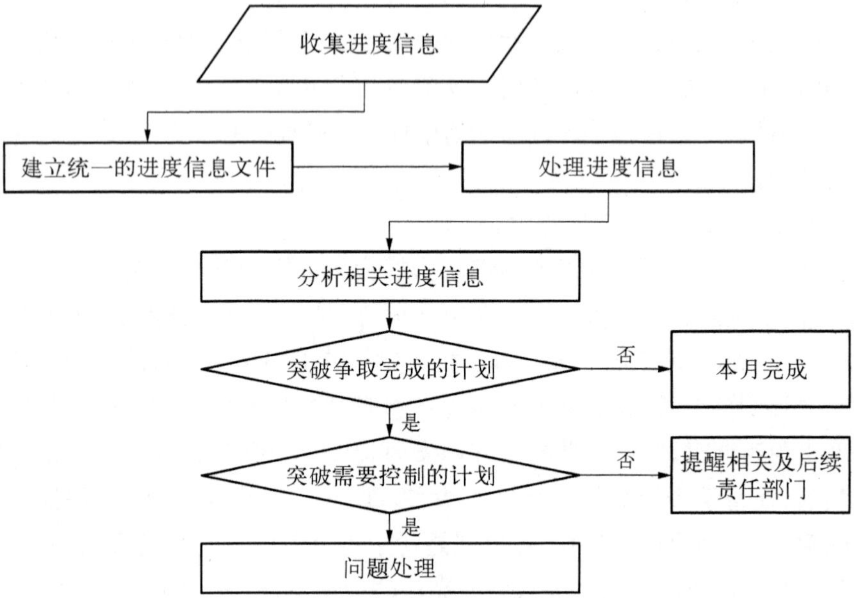

图 1 - 11　项目跟踪控制过程

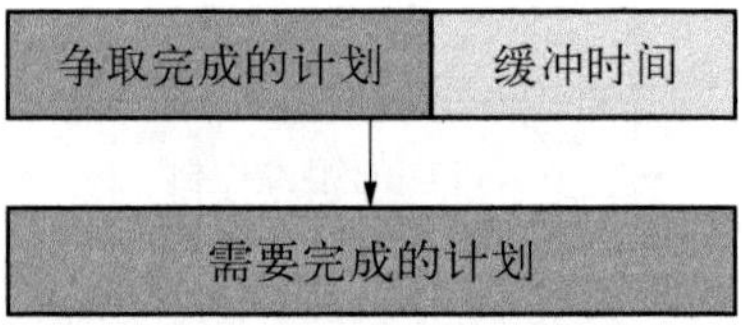

图 1 - 12　缓冲区均分示意

(1) 突破争取完成的计划

由于争取完成的计划本身完工概率仅在 50%左右，对于实际实施来说过于理想化，突破的可能性很大，所以当争取完成的计划突破之后，要向相关责任部门收集完工的具体日期，只要此时的估计日期不超过需要控制的计划，就不需要进行特殊的处理，仅仅作为一个信息(争取完成的计划已经突破，需要加快进度，否则会错过考核奖励)，传递到相关实施部门。同时，这个信息也要传递到下一步工作的责任部门中，告知其开始日期相应的延后，实现项目的动态调整。如果此时完工的估计日期超过需要控制的计划，则视为工作突破需要控制的计划。

(2) 突破需要控制的计划

当争取完成的计划突破后，存在两种可能。

① 突破需要控制的计划

此时并不代表项目的实施一定出现了问题，但是由于已经突破了需要控制的计划，因此高层管理人员需要对工作的实施进行控制，一方面对项目实施者施加压力，另一方面把它视为进度问题，进行问题处理。

② 突破必须完成的计划

理论上来说这是不能突破的计划，但是事实中存在不确定性因素大量发生从而突破计划的情况，此时高层管理人员要施加压力加快之后工作的进度，同时该突破作为问题必须处理。

2）部门的跟踪控制

在项目进度跟踪控制的情况下，项目的完成情况已经有了保障。因此部门的跟踪控制的结果主要与考核情况有关，目的是利用三类计划和考核机制，形成一套激励各部门提前完成计划的机制，实现项目的高效完成。针对某部门的跟踪控制过程如图 1－13 所示。

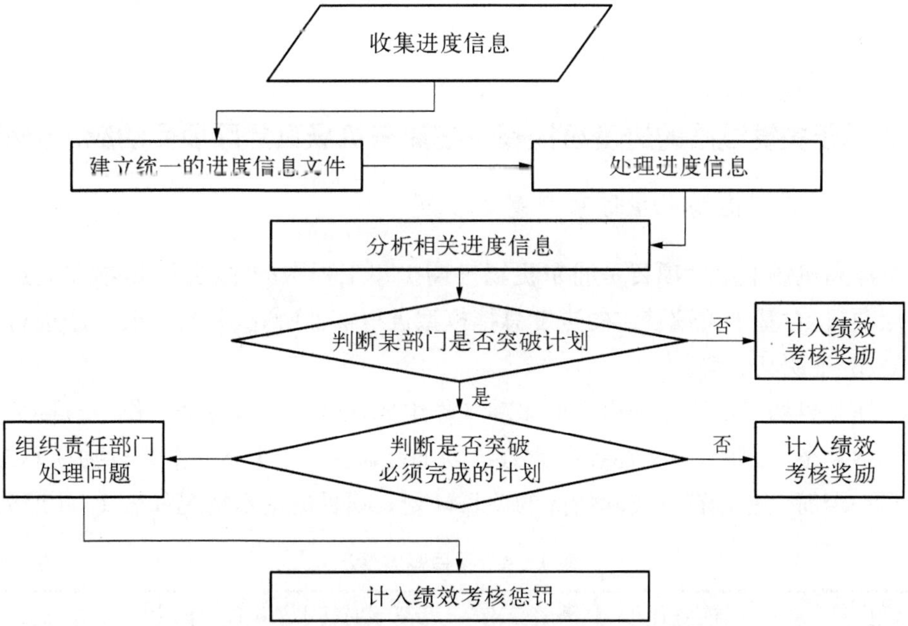

图 1－13　针对某部门的跟踪控制过程示意图

而具体的奖惩机制依照实际项目参与公司的绩效考核制度改变，以表 1－3 为例。表中突破百分比表示突破的工期与安全时间的比值。

表 1-3 奖 惩 机 制

责任部门	计划突破情况	突破百分比	考核结果
设计管理部	未突破	/	一级奖励
卫星厅工程部	突破争取完成的计划	10%	二级奖励
信息设备部	突破争取完成的计划	80%	三级奖励
质量安全部	突破必须完成的计划	10%	惩　罚

3. 问题处理

问题的处理过程其实同一般方法一样，通过强制缩短工作工时、调整工作关系和加大资源投入来解决进度问题。但是，由于存在着三类计划以及部门跟踪过程的关系，本模型可以通过在工作突破了争取完成的计划之后提醒相关责任部门，突破了需要控制的计划就进行问题处理的过程，使得进度问题出现时，单个工作以及整个项目仍有一定的时间去解决问题，有一个缓冲的过程。这样使得问题的处理过程融入了计划之中，而不是计划的补足，使得项目超期的可能性大大减小。

五、基于关键链法的进度总控模型在浦东机场卫星厅项目的应用分析

（一）浦东机场卫星厅项目基本情况

浦东机场卫星厅项目是浦东机场三期扩建工程中的主要项目，本文通过卫星厅项目，对基于关键链法的进度总控模型进行实证研究，并与一般方法进行分析对比，证明其优势。

浦东机场卫星厅工程由 800 多项工作组成，规模巨大，各个工作的搭接关系也非常复杂。因此，本文在参照原有计划的基础上，对各个工作进行抽象总结，得出一个简化并且符合实际情况的项目计划。项目的基本情况如表 1-4 所列。

表 1-4 项目基本情况

工作名称	工作代号（单位：日）	紧前工作（单位：日）	最乐观时间（单位：日）	最可能时间（单位：日）	责任部门
前期文件编制	A	—	367	397	计划财务部、卫星厅工程部
前期文件报批	B	A	274	304	卫星厅工程部

续　表

工作名称	工作代号（单位：日）	紧前工作（单位：日）	最乐观时间（单位：日）	最可能时间（单位：日）	责任部门
初步设计文件编制	C	A	194	214	设计管理部
初步设计文件报审及批复	D	B、C	122	122	设计管理部
许可办理	E	B	212	242	计划财务部 卫星厅工程部
施工图设计	F	D	112	122	设计管理部
主楼工程招标	G	E、F	91	91	卫星厅工程部
主楼工程施工	H	G	883	943	卫星厅工程部
设备及系统工程招标	I	E、F	91	91	计划财务部、 信息设备部
设备及系统工程施工	J	I	1 036	1 096	信息设备部、 卫星厅工程部
竣工验收	K	H、J	61	61	质量安全部、 卫星厅工程部

卫星厅项目的计划开工日期为 2013 年 2 月 1 日。由于卫星厅项目是浦东机场三期扩建的一部分，所以其前期工作与设计工作必须同整个扩建项目的前期与设计一同进行、一同完成，因此跨度较大。表 1－4 中的最可能时间都是在考虑了人为因素以及吸取一些经验之后得出的最可能完工日期，但不包括表 1－5 中的不确定因素。

表 1－5　不确定因素

不 确 定 因 素	发生概率	拖延的工期（单位：日）
前期文件报批的不确定性	10%	60
设计文件报批的不确定性	15%	60
按招标法处理投诉方面的不确定性（主楼工程）	15%	30
按招标法处理投诉方面的不确定性（设备及系统工程）	15%	30

续　表

不 确 定 因 素	发生概率	拖延的工期（单位：日）
设备未能及时付款及到货的可能性	5%	30
采购进口设备方面的不确定性	20%	60

因为一般方法中进度计划是柔性的，单纯地与关键链法中的进度计划进行完工概率比较没有太大的意义，所以本文通过考虑表 1-5 中的不确定性来比较两种方法的异同。下面利用一般方法和关键链法对浦东机场卫星厅项目建模，并进行比较分析。

这些不确定性仅用于计划的比较，不会体现在跟踪控制的过程中。

（二）卫星厅进度总控计划的编制

1. 一般方法的计划编制

项目的基本情况相当于调研阶段的进度信息，针对这些信息，分析建立多级网络模型。多级网络模型如图 1-14 所示。简化后的项目情况也比较简单，没有实际复杂，根据多级网络模型和项目各工作情况得出项目的计划，如图 1-15 所示。

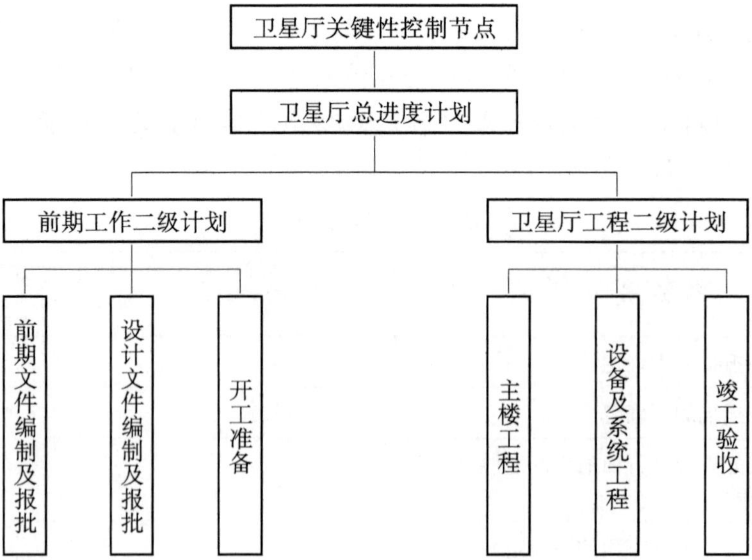

图 1-14　卫星厅工程多级网络图

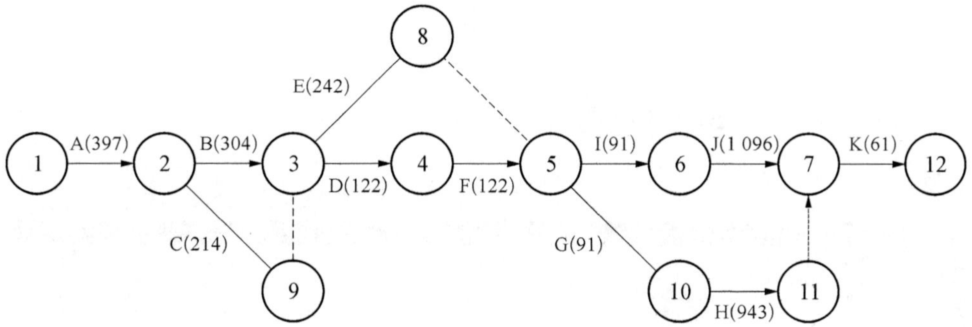

图 1 - 15　卫星厅工程网络计划图

从网络图中可以发现，A→B→D→F→I→J→K 为项目的关键路线，它的项目工期为：

$$397+304+122+122+91+1096+61=2193$$

之后的计划的编制完成过程可以在关键链法的模型中体现，因此在此省略，后文中会指出。

由于本项目基本情况是参照已有的计划而来，因此已经完成了反馈平衡的过程，因为研究条件的限制，在此不再对反馈平衡的阶段进行模拟。

2. 基于关键链法的进度总控模型计划编制

在关键链法的进度总控模型下，与一般方法一样，调研阶段即参照项目基本情况。

首先识别关键链，因为不考虑资源限制，关键路线与关键链一致，参照图 1 - 15，形成网络计划图，识别关键路径及关键链。

确定关键链之后，针对内部任务，采用最乐观时间进行任务估时的缩减，形成争取完成的计划。

然后按照根方差法设置缓冲，即

$$\text{Project Buffer}=\left[\sum(\Delta t_i)^2\right]^{1/2}$$

$$t_i=t_{i1}-t_{i2}$$

式中，t_{i1} 表示关键链上任务 i 的最可能时间；

t_{i2} 表示任务 i 的最乐观时间。

在缓冲区设置完成后，利用安全时间作为权重，将缓冲区均分到各个工作中，形成需要控制的计划，即

$$PB_i = PB \times \frac{ti}{\sum ti}$$

最后利用 P6 形成的计划如图 1－16 所示。

视图: Classic Schedule Layout　过滤: 所有作业

作业代码	作业名称	争取完成的计划工期	争取完成的计划开始	争取完成的计划完成	需要控制的计划工期	必须完成的计划工期	必须完成的计划开始	必须完成的计划结束
浦东机场卫星厅项目		2132	2013-02-01	2018-12-03			2013-02-01	2019-02-01
前期工作二级计划		885	2013-02-01	2015-07-05			2013-02-01	2015-09-02
前期文件编制及报批		641	2013-02-01	2014-11-03			2013-02-01	2015-01-02
WXT1010	前期文件编制	367	2013-02-01	2014-02-02	386	397	2013-02-01	2014-03-04
WXT1020	前期文件报批	274	2014-02-03	2014-11-03	293	304	2014-03-05	2015-01-02
设计文件编制及报批		518	2014-02-03	2015-07-05			2014-03-04	2015-09-02
WXT1110	初步设计文件编制	194	2014-02-03	2014-08-15	214	214	2014-03-04	2014-10-03
WXT1120	初步设计文件报审及批复	122	2014-11-04	2015-03-05	122	122	2015-01-03	2015-05-04
WXT1130	施工图设计	122	2015-03-06	2015-07-05	122	122	2015-05-04	2015-09-02
开工准备		212	2014-11-04	2015-06-03			2015-01-03	2015-09-02
WXT1210	许可办理	212	2014-11-04	2015-06-03	242	242	2015-01-03	2015-09-02
卫星厅工程二级计划		1247	2015-07-06	2018-12-03			2015-09-03	2019-02-01
主楼工程		974	2015-07-06	2018-03-05			2015-09-03	2018-07-02
WXT2010	主楼工程招标	91	2015-07-06	2015-10-04	91	91	2015-09-03	2015-12-02
WXT2020	主楼工程施工	883	2015-10-05	2018-03-05	943	943	2015-12-03	2018-07-02
设备及系统工程		1186	2015-07-06	2018-10-03			2015-09-03	2018-12-02
WXT2110	设备及系统工程招标	91	2015-07-06	2015-10-04	91	91	2015-09-03	2015-12-02
WXT2120	设备及系统工程施工	1036	2015-12-03	2018-10-03	1072	1096	2015-12-03	2018-12-02
竣工验收		61	2018-10-04	2018-12-03			2018-12-03	2019-02-01
WXT2210	竣工验收	61	2018-10-04	2018-12-03	61	61	2018-12-03	2019-02-01

图 1－16　卫星厅各类计划

上图中的必须完成的计划是指一般方法中制订的计划，根据关键路径提取出的节点就是关键性控制节点。

3. 一般方法与关键链法的计划编制比较分析

上述两节应用了两种方法的计划编制过程，可以看到，关键链法的模型比一般方法多出了一个基于关键链法的三类计划概念，从而使得项目建设过程中项目的突破会经历一个缓冲的过程。下面利用 Risky Project 软件对计划进行模拟，比较两者应对不确定性的能力。

1）Risky Project 软件介绍

Risky Project 软件是一项用于风险分析的项目管理软件，对于项目的计划而言，它可以完善对于项目进展的预测，并确定各种风险和不确定因素如何影响项目的时间安排。因此，本文利用该软件来分析两种计划会怎样受到风险和不确定性的影响。

本文会使用到 Risky Project 的两个功能，一个是蒙特卡洛仿真，另一个是风险量算法。蒙特卡洛仿真是一种从概率分布重复抽样以建立输出变量的分布的方法。而在软件中，假定任务的分布属于三角形分布，也是目前认可的相对简单的模拟工程不确定性的分布。而在风险的计算上，因为风险本身只是条件辅

助分析，因此选用较简单的风险量算法来进行模拟，即

$$\text{Risk} = t_{ri} \times p_{ri}$$

式中，t_{ri} 表示风险造成的延误；

p_{ri} 表示风险发生的概率。

2）模拟分析

由于 Risky Project 采用三角形分布模拟工期，因此需要输入三个工期值，即最乐观值、最可能值和最悲观值。在一般方法的模型中，由于是刚性的计划，认为计划工期不会变动，所以三个时间均采用计划工期。在关键链法的模型中，绩效激励的存在理论上会让项目参与人员尽可能去完成最乐观时间，而突破提醒机制和干预机制的存在，会使得需要控制的计划完成概率较大。由于必须完成的工期不能被突破，因此将其作为最悲观时间。最终输入的数据如表 1-6 所列，风险的数据则沿用表 1-5。

表 1-6　输入的数据

工作名称	关键链法			一般方法			紧前工作
	Low Dur	Base Dur	High Dur	Low Dur	Base Dur	High Dur	
A	367	386	397	397	397	397	—
B	274	293	304	304	304	304	A
C	194	214	214	214	214	214	A
D	122	122	122	122	122	122	B,C
E	212	242	242	242	242	242	B
F	122	122	122	122	122	122	D
G	91	91	91	91	91	91	E,F
H	883	943	943	943	943	943	G
I	91	91	91	91	91	91	E,F
J	1 036	1 072	1 096	1 096	1 096	1 096	I
K	61	61	61	61	61	61	H,J

将输入的数据进行模拟，可得到两个工期概率分布图(图 1-17 和图 1-18)。

两种方法各进行了 408 次模拟，可以从图表中直观地看到，在面对不确定性时，同样是 78%左右的完工概率，一般方法耗时 2 224 天，关键链法耗时 2 190

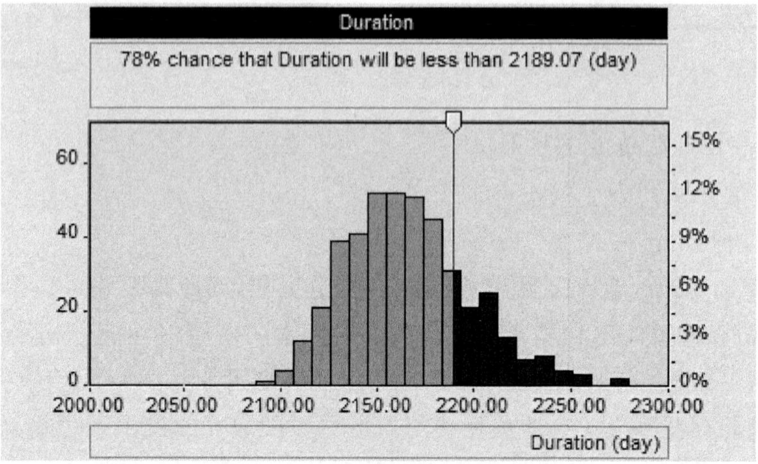

图 1-17　关键链法的工期分布

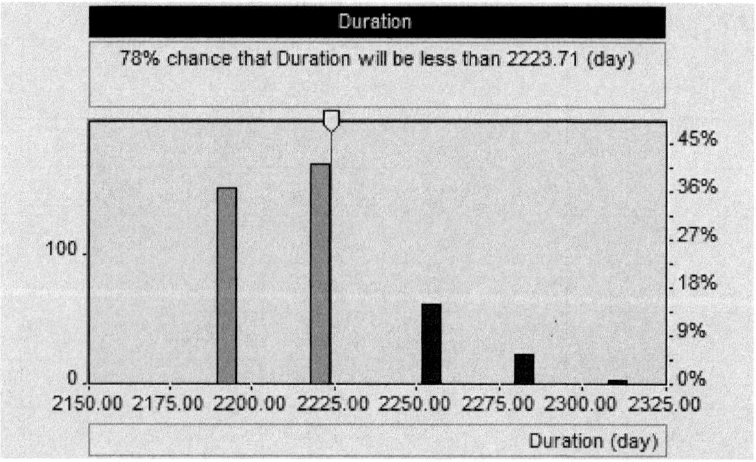

图 1-18　一般方法的工期分布

天，提前了 34 天。而一般方法 100％的完工概率对应的工期是 2 314 天，关键链法 100％的完工概率对应的工期是 2 277 天。针对不同的工期，得出其相应的完工概率，如表 1-7 所列。

表 1-7　完 工 概 率 表

完工概率	一般方法完工工期	关键链法完工工期
50％	2 223	2 164
60％	2 223	2 172

续　表

完工概率	一般方法完工工期	关键链法完工工期
70%	2 224	2 180
80%	2 253	2 192
90%	2 255	2 209
100%	2 314	2 277

从表 1－7 中可以看出，在面对同样不确定性的情况下，关键链法模型在相同的完工概率的要求下完工工期更短，或者说当完工工期相同时，关键链法模型的完工概率会相对更高。而在机场项目对目标控制要求非常高的情况下，即要求工期能够 100%完成的情况下，一般方法用时为 2 314 天，关键链法则相对其提前了 37 天，为 2 277 天。而当完工概率要求没有那么高时，关键链法的优势更加显著：一般方法在完工概率为 70%的情况下工期为 2 224 天，而关键链法则为 2 180 天，提前了 44 天。可以看出，采用关键链法模型进行计划编制更加高效合理。

（三）卫星厅进度总控计划的跟踪与控制

为了便于说明跟踪控制的过程，假设几个处于不同时间点不同项目进展下的情况。

① 工作 C(设计文件编制)目前进展 200 天；

② 工作 I(设备及系统工程招标)出现未预期的提前，81 天完成；

③ 工作 C(设计文件编制)194 天完成，工作 J 遇到问题，预计 1 210 天完成；

④ 工作 H(主楼工程施工)目前进展 900 天。

1. 一般方法的跟踪与控制

一般方法中，对于工作超期的判定是工作是否完成这个考核周期的计划，所以只要工作按照计划执行就不会做任何干预和处理。同时按照计划执行被认为是合理的，项目的提前可以带来利益，但工作的提前不一定能带来利益。一般方法对于这四种情况的应对如下。

① 工作 C 尚未超期，并且处于非关键路线上，只要当时其完成百分比大于等于计划的百分比，不会干预，正常进行。

② 虽然工作 I 提前了，但是，对于信息管理部门和协助参与的卫星厅工程部门来说，并不一定会提前开始工作 J。一方面因为人员资源可能没有准备好，

另一方面则是没有提前开工的动力。而一般方法由于是按照计划执行的，如果准备工作没有完成，由于是未预期的提前，可以接受工作J不提前开始。

③ 工作C提前完成后，其带来的20天的工期提前，一方面会因为负责人的行为因素，在跟踪过程中不上报提前，另一方面计划中没有预计到这样的提前，也会出现和②一样的情况。

④ 工作H处于非关键路线上，只要按计划进行，仅仅跟踪工作进展，不进行控制。

2. 关键链法模型的跟踪与控制

关键链法模型中，由于加入了三类计划机制，形成了一个缓冲区域，只要突破需要控制的计划，就会进入进度控制的过程，这样进度控制就被提前了，处理问题更加从容，同时也避免了工期突破才开始解决问题。同时，因为强调了绩效奖惩的目标，使得项目参与人员会因为激励机制而努力提前完成自己的目标。

① 工作C已经超出了争取完成的计划，存在着超期的可能性，会对其责任部门设计管理部门进行提醒警告，同时分析是否存在问题，是否会超期。一旦有超期的可能性就进行问题处理。当预计完成日期影响到关键链时，则上报指挥部。如果最终C超期，设计管理部门会受到考核惩罚。

② 工作I提前了，如果工作J的准备没有完成，则会对责任部门信息设备部和卫星厅工程部进行提醒，要求其尽快准备开工。而由于奖励机制的存在，信息设备部会努力提前开始工作J，不会浪费I的提前，使得信息设备部的绩效考核获得更好的成绩。

③ 工作C提前完成后，其带来的20天的工期提前，对于设计管理部门而言，会上报其进度的提前，以期在绩效考核中获得更好的成绩。这样计划就按照争取完成的计划进行，在J遇到问题时，由于多出了20天的处理日期，使得J的计划虽然不能按照争取完成的计划进行，但是仍然可以提前，而不是因为问题而延后。

④ 即使工作H是按照必须完成的计划按比例执行且处于非关键链上，但是因为工作H已经突破了争取完成的计划，要对其进行提醒警告，并跟踪是否存在问题，确保其不会延误影响关键链的执行。同时，即使项目按照争取完成的计划完成，卫星厅工程部因为H任务超出争取完成的计划，还是不能得到与争取完成的计划相对应的奖励。

3. 一般方法与关键链法的计划跟踪控制比较分析

根据对这四种情况的分析可以发现，关键链法由于加入了三类计划的机制，使得项目的控制过程提前，起到了一个问题出现后缓冲的作用，实现了计划的改进。相比一般方法，具体有如下几点。

(1) 工期的延误不仅仅由计划完成百分比发现，还会通过设置保险计划(争取完成的计划和需要控制的计划)来发现工期延期的可能性，一旦出现可能，就进行提前干预和控制。

(2) 前一项工作的提前不会被浪费，由于激励机制的存在，参与人会倾向于提前完成工作，并且上报工作的提前，而前一项工作的提前也可能会带来后一项工作的提前，而不是被白白浪费。

(3) 当一项工作出现延误时，一般方法只能利用后续工作的调整处理解决，但是在关键链法中的模型中，工期的调整可以利用前置任务的提前来实现，出现问题时，是通过整个项目的缓冲时间(应对不确定性的时间)来解决的。

(4) 每个部门的绩效奖励相对独立且分级，消除了有些部门虽然表现不佳，但仍能因为整体项目表现出色而搭便车获得绩效奖励的情况。

六、结论与展望

(一) 结论

关键链法是一种新型的进度管理技术，项目管理学界对于其也展开了很多的研究。笔者在前人研究的基础上，通过分析目前的大型机场总控方法存在的问题，提出基于关键链的进度总控模型，以期弥补一般方法存在的不足。本文在一般方法的基础上，提出了设置三类计划对计划进行优化，同时基于三类计划，加入绩效考核机制，进而实施进度的控制。最后，通过对浦东机场卫星厅工程项目的实证分析，得出了相较于一般方法，关键链法的模型有如下的优势。

(1) 基于关键链法的模型进行计划编制更加高效合理。因为考虑了人的行为因素，模型通过设置三类计划，使原有的刚性计划变为柔性，一方面优化了突破报警机制，另一方面在应对不确定性时，有更高的完工概率以及更短的可能工期。本文也通过了软件模拟证明了计划的优化。

(2) 由于关键链法模型的工期被强制压缩，使得所有工作提前，在出现进度提前时，后续任务可以继续提前而不是浪费；而当出现进度问题时，因为预留了一定处理问题的时间，使得进度控制机制可以被提前触发，有更多的时间解决问题，降低项目延期的可能性。

(3) 关键链法模型中加入的激励机制使得工作负责人更有去追求工作的提前,同时又由于所有工期都被相应地压缩,所有工作从保守估计的角度来说都是提前开工的,因此前端工作的提前可以带来一系列的提前,而作为工作参与人来说,也会去追逐这样的提前从而实现自己绩效的提升。

(二) 展望

由于关键链法本身是一种比较新兴的项目管理方法,虽然在本文中,对于简化的浦东机场卫星厅工程,关键链法展现出了一定的优势,但是关键链法本身还存在很多优化研究的可能性,并不是一种完美的解决方法。在未来的研究中,针对大型机场工程的关键链法进度总控模型还可以在以下方面进行探讨。

1) 削减安全时间,制订争取完成的计划

本文采用的削减安全时间的方法完全依赖于项目负责人的经验估计,只是一种较简单可行的方法,实际上还有安全时间以及为了绩效欺骗的可能性,还可以找出更加合理的方法消减安全时间。

2) 识别关键链

虽然本文认为大型机场项目追求的是目标控制,对于资源并没有那么重视,但是实际中还是会受到资源的约束,各个工作之间的关系出现变化。特别是当项目规模巨大、工作数量特别大的时候,如何识别关键链也是一个需要解决的问题。

3) 设置缓冲区

根方差法固然是一种应对不确定性的比较合理的设置缓冲区的方法,但是从本质上来说只是一种数学方法,还停留在理论的层面。实际使用中需要针对项目以及各个工作的特殊性,对于缓冲区的设置进行更细致的划分、更合理的计算。

4) 软件技术的结合应用

本文中使用的是 P6 和 Risky Project 作为关键链法模型计算模拟的工具,但实际使用时,两者都只是基于网络计划技术而不是基于关键链法的项目管理软件,而大型项目的计算和模拟分析是相当大的工程。因此未来的研究也需要找到一种更加简便易用的关键链法与软件技术结合的可能性。

虽然这只是一次关键链法应用于实际工程的尝试,但是相信随着研究的深入,关键链法会得到更多的完善,有更大的实现的可能性,成为一种经典的进度管理方法运用于实际项目。

参考文献

[1] HALL N G. Project management: Recent developments and research opportunities [J]. Journal of Systems Science and Systems Engineering, 2012, 21(2): 129-143.

[2] STEYN H. An investigation into the fundamentals of critical chain project scheduling[J]. International Journal of Project Management, 2001, 19(6): 363-369.

[3] 查京民,王波.关键链法在项目进度规划中的应用研究[J].工程管理学报,2014(5): 73-77.

[4] 陈继平.机场工程项目管理模式研究[J].科技风,2015(14): 159.

[5] 何琪,陈李斌.国内外工程项目管理现状比较与探讨[J].石油化工技术与经济,2004, 20(4): 39-44.

[6] 贾广社,王广斌.大型建设工程项目总控模式的研究[J].土木工程学报,2003,36(3): 7-10.

[7] 赖华辉,徐峰.上海虹桥机场扩建工程中的变化管理[J].科技进步与对策,2010(19): 130-133.

[8] 李洪庆,陆力,陈光宇.关键链项目管理中的缓冲管理新方法[J].项目管理技术,2009, 7(10): 68-72.

[9] 李远.基于项目总控理论的虹桥商务区开发建设工程进度跟踪与控制研究[J].建材技术与应用,2015(1): 43-46.

[10] 刘宏伟.浅析我国机场工程管理现状及发展[J].城市建设理论研究,2013(36).

[11] 刘庆.计划评审技术在工程项目管理中的应用[J].工程建设与设计,2005(2): 61-62.

[12] 罗宓.关键路径法在项目管理中的应用[J].中小企业管理与科技(上旬刊),2007(6): 67.

[13] 马强,周哲峰.大型机场建设工程项目总进度纲要的编制[J].建设监理,2001(4): 52-53.

[14] 邱国林,茹慧芳.基于项目总控理论的进度总控模式的研究[J].中国新技术新产品, 2015(13): 166-167.

[15] 王卓甫,丁继勇,刘媛,等.基于 Monte Carlo 方法的 PERT 网络关键路线和最关键活动分析[J].系统工程与电子技术,2012,34(8): 1646-1651.

[16] 张思荣,汪炎平,郭珲,等.烟草行业大型建设项目总控管理研究[J].价值工程,2011, 30(2): 88-89.

[17] 赵道致,廖华.对关键链法的几个认识误区[J].工业工程,2005,8(2): 4-6.

第二篇

基于SNA的区域重大项目合作网络演化规律及组织竞争力研究

庞　达

一、引言

（一）研究背景

当前及今后一段时期，大规模的城市建设和基础设施建设仍然是经济和社会发展的重要动力和支柱。但与过去不同的是，工程项目的规模越来越大，由单一的项目发展为城市级、区域级的重大项目或项目群，投资数额大（Flyvbjerg，2014）、建设周期长（李永奎等，2012；Boateng 等，2015）、利益相关者数量众多（Lu 等，2015），复杂性特征日趋明显。例如，上海迪士尼一期工程总投资超过200 亿（Cheng 等，2010），由 9 个园区/片区和配套基础设施构成，数百家中外单位参与。相比中小项目，重大项目由于规模大、周期长、不确定性强，且时刻处于动态演化过程中，为项目的精确管控和治理带来极大的挑战（Zidane 等，2013）。Flyvbjerg（2007）曾指出："成本超支 50%是普遍的，超支 100%也是正常的"。

Aritua 和 Smith（2009）认为，超过 90%的复杂项目都在项目群的环境下进行。重大项目由于建设周期长且复杂程度高，依靠个体或利益相关者的能力已经无法解决所面临的问题，需要众多的参建单位和利益相关者相互合作去共同完成项目的目标，因此构成了一个巨大的合作网络。在建筑业，这种合作对于项目的有效实施显得愈发重要。同时，在项目的实施和动态演化的过程中，众多参建单位也需要去竞争新的项目，因而什么样的企业具有竞争优势尤其值得关注。

针对重大项目合作网络的演化以及网络中企业竞争力的研究将有助于提升项目的绩效和项目治理能力。当前针对该问题的研究主要以单个静态项目为主，忽视了重大项目动态演化的特征和参建单位之间以往的合作关系，缺乏从跨项目视角来研究重大项目合作网络的演化规律和企业竞争力。该问题的解决将帮助我们更好地从微观层面理解重大项目的演化过程以及从网络视角来认识企业的竞争力，为提升组织的网络竞争力、重大项目的治理提供指导和政策建议。

因此，能否通过构建重大项目合作网络模型和相关指标，基于动态演化过程和实际案例分析，对重大项目合作网络的演化规律和组织竞争力的有效测度，进而提出有效的治理策略、政策建议和组织竞争策略，是本文研究的核心内容。

（二）研究目的和意义

1. 研究目的

针对本研究的核心内容，即重大项目合作网络演化规律及组织竞争力，基于社会网络理论和社会网络分析方法，本文利用 Ucinet、ORA 等平台，从动态视角出发，结合无锡国家高新技术开发区的案例进行实证探究。

本文的研究目的可概括为以下 4 个方面：① 在总结重大项目合作网络、社会网络分析、组织竞争力以及项目治理等现状的基础上，构建重大项目合作网络概念模型和测度指标，对重大项目合作网络的动态演化规律进行对比分析；② 针对组织竞争力提出 3 个研究假设，对重大项目合作网络动态演化过程当中的企业竞争力进行分析；③ 构建新的测度指标“基于业主的合作比率”，对合作网络动态演化过程中业主针对项目合作方的选择规律进行探索；④ 针对分析结果，提出有效的治理策略、政策建议，并为网络中的组织提供差异化的竞争策略和方案。

2. 研究意义

针对重大项目合作网络演化规律以及组织竞争力的研究现状，本文利用社会网络理论和动态网络分析方法，对重大项目合作网络的演化规律以及组织竞争力进行全新的定义和分析，根据建立的合作网络模型，通过 Ucinet 对指标进行测算，对重大项目合作网络演化规律和组织竞争力进行测度与评价，并尝试去发现有效且可实施的网络治理策略和组织竞争策略。这在理论上和实践中都具有重要的意义。

在理论层面，研究结果将在一定程度上丰富现有关于重大项目的研究，使我们能够更好地理解重大项目及其演化过程，更加深入地认识重大项目的合作规律及竞争力，对认识我国重大工程组织复杂性、本质特性和基本规律，突破现有工程管理和项目管理理论具有重要意义；同时，本文的研究方法也将拓展 SNA 的应用，为类似的研究提供新的视角和理解。在实践层面，本文的研究一方面可为重大项目网络的动态治理提供政策指导和治理策略；另一方面，也可为处于网络中不同类型的企业或组织提供差异化的、可有效实施的竞争策略。

（三）研究内容和技术路线

全文分为七个部分。

第一部分为引言，主要交代本文的研究背景、研究目的和研究意义，旨在说明本文的整体写作思路。

第二部分为文献综述，从四个方面展开。首先介绍了重大项目的研究现状，然后介绍了社会网络理论、组织网络及合作网络相关理论和研究，接着对社会资本及组织竞争力的相关研究进行说明，最后阐述了网络治理的相关研究。

第三部分为研究假设、合作网络概念模型及测算指标构建，这也是本文的研究框架和模型基础。首先阐明本文的研究框架，提出三个研究假设和合作网络概念模型方法，并对测算指标进行说明。在此基础上，对项目合作网络概念模型进行构建。

第四部分为案例选取、数据处理及模型计算，首先介绍案例背景及选取理由；然后对所收集到的数据进行处理，编码并构建二维表。接着将二维表导入 Ucinet 进行分析计算，并用 ORA 进行生成相关图表。

第五部分是重大项目合作网络演化分析。基于所建立的网络模型和测算指标，首先对整体网络的演化过程和规律进行总体分析，然后对政府项目网络和非政府项目网络进行对比分析，探索不同投资类型项目网络的演化差异。

第六部分是项目组织竞争力分析，基于三个测度指标，分别对三个研究假设进行验证分析，从不同的维度和视角分析网络中组织的竞争力。

最后一部分为结语，给出本文的研究结论，并针对分析结果提出相应的政策建议、治理策略和竞争策略，同时总结不足之处并对下一步的研究进行展望。

图 2－1 为本文的技术研究路线。

二、文献综述

本文研究的核心问题是重大项目合作网络演化规律及组织竞争力，并基于此提出相应的治理策略和竞争策略。因此，文献综述主要从以下四个方面展开：① 重大项目相关研究；② 元社会网络理论、组织网络及合作网络相关研究；③ 社会资本及组织竞争力相关研究；④ 网络治理的相关研究。

文献综述具体内容框架如图 2－2 所示。

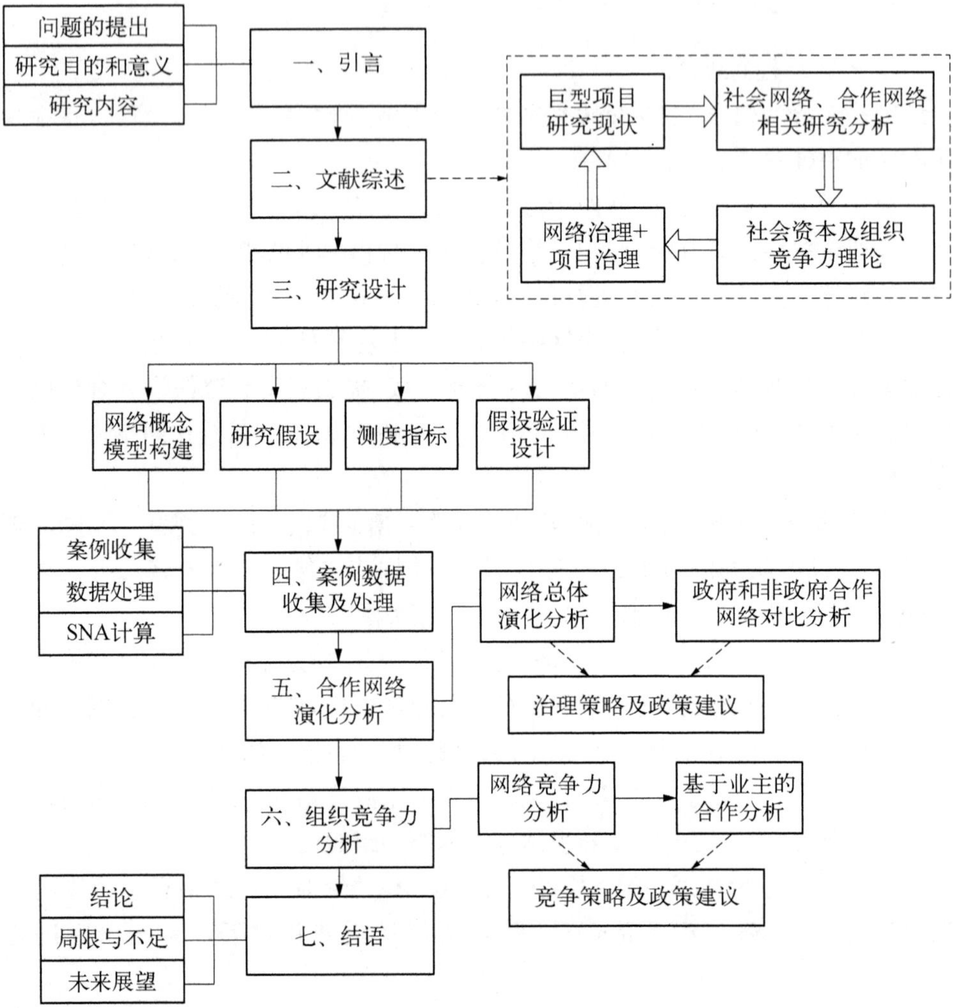

图 2-1　研究技术路线图

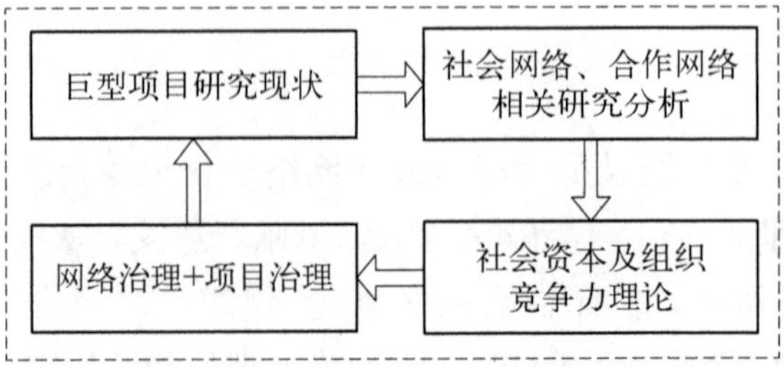

图 2-2　文献综述内容框架

(一) 重大项目相关研究

随着建设项目的规模越来越大,复杂程度越来越高,针对重大项目的研究逐渐成为学术界的热点。然而,关于重大项目的定义到目前为止并没有形成一个统一的标准。学者们从不同的角度和层面对其进行定义。一个重大项目可以从成本、持续时间及复杂性等维度进行定义,例如总投资超过 10 亿美元(Bruzelius 等,2002),持续时间超过一个政治任期(Oliomogbe 和 Smith,2013),业主数量众多(Haynes, 2002),项目体量和范围巨大(Sturup, 2009),参建单位数量众多(Ruuska 等,2009)。从重大项目的定义中可发现,重大项目的管理面临着巨大的挑战。Flyvbjerg(2007)曾指出:"成本超支 50%是普遍的,超支 100%也是正常的。因此,需要针对重大项目的特征进行深入研究进而更精确地对重大项目进行管控和治理。"

当前,学术界针对重大项目的研究主要集中在几个方面,包括利益相关者的价值(Zhai 等, 2009),重大项目的绩效(Kwak 和 Smith, 2009),风险管理(Locatelli 和 Mancini,2010)和项目治理(Müller 等,2014)。然而,针对重大项目合作网络的研究相对欠缺,特别是重大项目的动态演化规律。大多数重大项目的研究集中于单个项目的静态分析而忽视了整个项目合作网络的动态演化过程。重大项目由于建设周期长且涉及众多的参建单位,整个项目合作网络会时刻处于动态演化过程中。因此,对重大项目合作网络的动态演化规律的研究将帮助我们更好地理解重大项目的特征和本质。

(二) 社会网络理论、组织网络及合作网络相关研究

在过去数十年中,针对网络的研究逐渐成为学术界的热点,包括组织网络、合作网络和社会网络等。在建设工程领域,所有的组织都可以被看成社会网络并由一系列的节点通过相互关系连接而成(Liu 等,2015)。对于组织网络的分析有很多种方法,例如数理统计分析、计算仿真和社会网络分析。在这些方法中,社会网络分析被广泛应用到很多领域(Chinowsky 和 Taylor,2012,李永奎等,2016),并为项目合作网络的研究提供了一种新的视角和方法(Li 等,2011;Scott 和 Carrington,2011)。Pryke(2005)采用社会网络分析的方法对项目治理的有效性进行研究,发现适当地设计合同条款、激励机制和信息交流关系可以对项目治理的有效性产生显著影响。Chinowsky 和 Diekmann(2009)建立了社会网络分析模型来分析其对项目团队绩效的影响。Chowdhury 等人

(2011)利用网络理论去识别 PPP 项目中潜在的利益相关者。Park 等人(2010)建立了一个合作网络模型来研究不同的合作模式以及其对项目利润水平的影响。

在众多网络理论中,合作网络被认为是复杂网络理论中的一个重要研究对象。合作网络是指由一系列参与到合作事项中的节点所组成的网络。在过去几十年中,合作网络理论主要应用于科学和研发领域。例如,Newman(2001)在生物医学研究、物理学和计算机科学领域之间构建了不同的合作网络并对其模式进行了对比。Kim 和 Park(2009)通过研究研发合作网络发现,小世界网络是最有效的合作结构,它能够促进知识在网络中有效扩散。近年来,合作网络理论也已经被广泛应用到建筑业当中。Park 等人(2010)构建了一个合作网络模型来探究不同的合作模式对项目盈利水平的影响。Liu 等人(2015)采用社会网络分析方法对荣获鲁班奖的项目及参与方合作网络进行演化分析。

然而,上述建设工程领域的社会网络研究还存在一定的局限性。一方面,大多数项目网络都是通过问卷和访谈相关利益相关者的形式来确定(Pryke, 2005),这就使得项目原始数据受到主观判断因素的影响;另一方面,大多数研究主要集中在某一年的单个项目网络的静态分析(Chowdhury 等,2011),然而,随着项目的不断实施和演化,项目合作网络会有新的参建单位加入,原先的单位也可能会退出网络,整个网络时刻处于动态演化的过程中。

(三) 社会资本及组织竞争力相关研究

在一个网络中,最能够反应某个网络节点所拥有社会资本大小的不是该节点的能力,而是该节点是否与其他网络节点存在联系(Woolcock 和 Narayan, 2000)。社会资本这个名词最开始是用来描述社区公共组织中嵌入人际连接间的关系资源(relational resources),这种关系资源对于个体在组织中的发展具有正向的作用(Jacobs, 1961; Loury, 1977)。后来随着概念的不断发展和丰富,社会资本又有了更多新的含义。Coleman(1988)和 Ronald(1992)认为社会资本代表网络节点利用网络中或其他社会结构中的同伴去获取收益的能力。从组织层面看,这些收益是指获取新项目的优先权、更好的沟通以及知识分享(Tsai 等,2014)、运营成本的降低(Carey 等,2011),以及增进网络成员之间的理解。例如,Bresnen 和 Edelman 等人(2005)通过探索和验证建筑业领域社会资本对知识分享和知识创造的影响发现,社会资本对组织有正向的促进作用,同时也是组织内部价值创造和价值增值的一种重要资源。从个体层面看,社会资本是一种能够为个体创造竞争优势，从而使其实现目标的资本（Burt，2000）。在网络中，连通性好的节点通常更具竞争力并能够获得更高的回报。

自迈克尔波特提出竞争理论以来，企业竞争力及竞争理论受到学术界和实业界的广泛关注和应用。但竞争理论主要应用于经济学、市场营销和企业管理领域（Aiginger 和 Vogel，2015；Dosi 等，2015），在项目管理领域应用较少。然而，传统的竞争力研究主要集中于分析单个组织的竞争力（Aiginger，2006）以及单纯的静态定型分析（Aiginger 等，2013；Sölvell，2015），缺乏在网络情境下的组织竞争力研究。在建筑业领域，特别是在重大项目合作网络中，组织的竞争力对于承包商而言至关重要，因为在项目长期实施过程当中，承包商除了与现有的业主及合作伙伴完成既有项目之外，还需要通过竞争去获取新的项目。对项目组织的竞争力可以从不同的方面进行诠释，例如获取更多资源的能力、通过招标获取更多项目、与客户保持良好的关系等。对于设计方和承包商而言，关键的竞争力主要通过其获取新项目的能力来衡量。在重大项目长期动态演化过程中，对于合作网络中组织竞争力的分析将有助于推进项目的实施以及提高项目的管理水平。

（四）网络治理相关研究

项目网络的治理在重大项目的实施过程中发挥着至关重要的作用（Miller 和 Hobbs，2005），但重大项目网络的治理并非易事。由于重大项目参建方众多且彼此之间关系复杂多样，加上建设周期长和不确定因素多等原因，重大项目的网络治理具有很大的挑战性。不合适的治理将导致项目绩效降低，例如成本超支、进度拖延甚至项目失控（Gordon，2008）。由于项目合作网络并非是静止孤立的形态，而是具有多层次、多属性并随时间而演化的网络结构，在演化的过程中组织间的关系、组织的数量以及组织的类型会不断变化，因此对整个项目合作网络的治理提出了更高的要求，而当前在工程管理领域针对项目合作网络演化的治理研究相对较少。Jones 和 Hesterly 等人（1997）认为网络治理是一个有选择的、持久的和结构化的自治企业（包括非盈利组织）的集合。Provan 和 Milward 等人（2002）认为，组织网络治理的核心问题是治理机制（承诺、契约和合同）。这些研究虽然都对网络治理提出一定的方法，但针对时刻处于动态演化中的重大项目并没有很明显的指导作用（Miller 和 Hobbs，2005）。因此，为了更好地治理重大项目，有必要对重大项目的动态治理策略进行深入研究。需要注意的是，网络治理既不同于公司治理，也不完全同于政府治理，网络治理关注的不再是企业内部单个主体中股东权利的最大化，也不是特定公众的利益最大化，而是网络整体价值的最大化。

（五）小结

综上所述，尽管目前很多学者从很多角度对重大项目进行了研究，但对重大项目合作网络的演化以及网络竞争力和治理策略的研究相对较少。一方面，当前研究主要以静态视角为主，缺乏对重大项目动态演化过程的研究和分析；另一方面，当前的研究以对单个项目的研究居多。因此，本文基于社会网络分析方法和重大项目案例，从动态视角对重大项目合作网络的演化及竞争力进行分析，并提出重大项目合作网络的动态治理策略和组织竞争策略，为重大项目的管控和治理提供新的视角。

三、研究假设、合作网络概念模型及测算指标构建

（一）研究框架及假设

为了解决本文提出的问题，本研究将对重大项目合作网络的演化和竞争力进行研究。首先针对组织竞争力提出 3 个研究假设，再构建网络的概念模型并提出网络演化和组织竞争力的测度指标。网络演化部分的测度指标包括网络密度、聚类系数、平均距离、度数中心度、成分等；组织竞争力部分的测度指标包括标准化度数中心度、k -核及基于业主的合作比率等。然后是案例数据的收集和处理。接着是结果讨论，分别对测度指标的计算结果进行深入的分析，包括合作网络演化规律分析和组织竞争力分析。最后给出政策建议和治理策略。

1. 研究框架

本文的主要研究内容分为两部分，一是重大项目合作网络的演化分析；二是重大项目合作网络中关于组织竞争力的分析，全文研究框架如图 2 - 3 所示。在第一部分，本文将基于构建的 SNA 模型和提出的测算指标，结合实际案例，对重大项目合作网络的演化规律进行深入分析，包括整体网络的分析以及政府和非政府项目网络的对比分析，探寻不同投资类型的合作网络演化差异。在此基础上，针对提出的 3 个假设和 3 个测度指标，对组织的竞争力进行不同维度的验证。其中，假设 1 和假设 2 用来测度网络节点在网络中基于所处网络位置的社会资本；假设 3 则用来测度网络节点在网络中基于以往合作关系所具备的社会资本。组织的竞争力则用该组织参与新项目的数量来衡量。

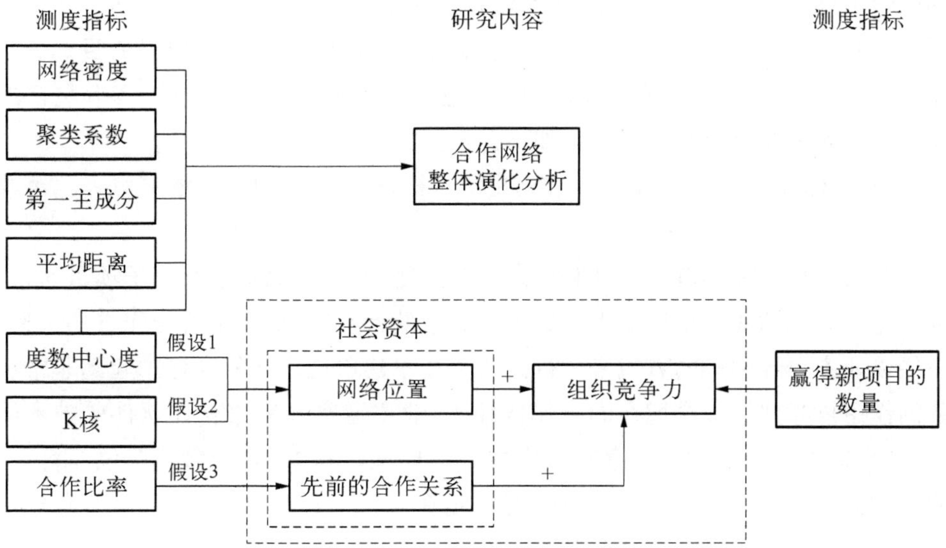

图 2-3　本文整体研究框架

2. 假设

本文针对竞争力的讨论，主要从服务提供方和需求方两个角度进行，服务提供方包括设计单位和施工单位，需求方指业主。并基于此提出研究假设，其中假设 1 和假设 2 针对服务提供方，假设 3 针对需求方。

根据社会网络理论，网络中度数中心度越高的节点，越处于网络的核心，同时拥有越大的权力和影响力(Scott 和 Carrington，2011)。这种优势可以表现为拥有更多的资源(Scott 和 Carrington，2011)、分享更多的投资机会(Hochberg 等，2007)、更高的社会声望(Scott 和 Carrington，2011)等，而在重大项目或者项目群中直接的表现即为能够赢得更多的项目或在项目竞争中容易胜出。因此本文提出第一个假设如下。

假设 1：重大项目合作网络演化中，中心度越高的单位越具有竞争优势，能赢得更多的项目。

通常在谈论竞争时，往往会忽略企业之间的合作关系。在大多数情况下，企业间的竞争与合作是并存的，竞争优势的定位不应忽视企业间合作的网络关系的营造(Echols 和 Tsai，2005)。Castilla(2003)曾利用社会网络分析方法对硅谷的创投机构合作进行分析，研究发现，合作紧密程度越高、合作氛围越好的创投机构，越能够分享更多的投资机会，使其能够利用网络优势地位为企业创造增值，从而获取更高的投资回报。在社会网络理论中，k -核常常用来衡量网络中的凝聚子群，k-核越大，表明该团体凝聚力越高，节点之间合作越密切。在重大项目的实施过程中，众多的参建单位通过彼此的合作共同完成项目的目标。合作越密切的单位，在项目的演化过程中，越有可能延续原先的合作，参与更多的项目。因此本文提出第二个假设如下。

假设 2：重大项目合作网络演化中，k-核越大，处于该 k-核中的单位越具有竞争优势，能赢得更多的项目。

重大项目往往具有独特性和很高的技术复杂性，因而对于每个子项目而言，都会有不同的功能和招标要求。鉴于建筑业的特殊性，对于项目合作方的选择，主要以业主公开招标的方式来进行。业主在参建单位之间的合作中起到非常重要的作用。当评估一个潜在的合作伙伴时，业主通常会考察合作伙伴的技术能力、社会资本以及以往是否存在合作关系等要素。其中，对于参建单位而言，与业主的关系是其重要的社会资本。特别是在重大项目长期建设过程中，参建单位与业主是否能合作往往会受到以往合作关系的影响。因此，本文提出第三个假设如下。

假设 3：当业主为新项目选择合作伙伴时，以往的合作关系会成为重要的参考标准。换言之，业主在长期合作中更倾向于选择已有联系的单位进行合作。

（二）重大项目合作概念模型及测算指标

1. 重大项目合作网络概念模型

项目特别是工程建设项目是一个构成主体多样、关系复杂多变的大系统。一方面，工程项目的参与方由设计单位、施工单位、项目管理单位以及其他利益相关者等众多主体构成，关系复杂多变；另一方面，在项目建设过程中，各个参与主体会进行一系列交互合作，包括沟通、执行任务等，会导致项目合作网络时刻处于动态演变的过程当中。根据社会网络的概念并结合工程建设项目的特点，本研究建立的合作网络概念模型具有合理性和可行性。

为了构建重大项目合作网络概念模型，首先需要确定与项目合作网络模型相关的工程实体单元及其相互关系，而社会网络分析(SNA)用来分析这类社会关系具有显著优势。因此，在构建重大项目合作网络概念模型时，首先要用图论对网络进行界定。

点(node)是网络的最小单位。在建设项目组织网络模型中，行动者为一个建设项目的参建方或利益相关方，这些建设项目组织在网络模型中被称为“点”或“结点”。为了保证数据获取的有效性及准确性，本模型将建设项目组织限制为投资单位(业主)、施工单位(总包)、设计单位、监理单位。

线是网络中两点之间的联系。连线用它的两个端点来定义。在社会网络分析中,关系(tie)代表具体的联络内容或现实中发生的实质性关系,连线可以有方向,也可以没有方向。在建设项目合作网络模型中,用边(edges)表示建设项目组织基于项目产生的关联关系,其关系可以为合同关系、指令关系、协调关系、信息交换关系、绩效激励关系等。本文的研究目标是区域建筑市场重大项目合作网络的演化,以合同关系和项目合作关系为基础,故本文应用无指向性及无权重的简单网络,即一个关系若存在,则为1;若不存在,则为0。

确定了点和线之后,即可构建重大项目合作网络的概念模型,具体如图2-4所示。其中,图2-4(a)表示一个二模网络,它由项目和项目参与方两种节点构成。图2-4(b)表示一个一模网络,它只有一种类型的节点,即项目参与方。一模网络代表项目各参与方之间的关系,也是模型计算的基础。需要注意的是,最开始构建合作网络概念模型时,只能构建二模网络,通过项目把各项目参与方连接起来。之后,通过社会网络计算分析平台 Ucinet 将二模网络转化成一模网络,作为下一步计算和分析的基础。

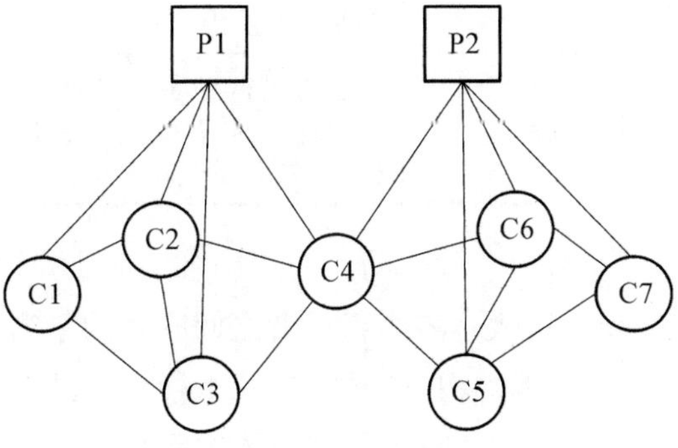

(a) 合作网络概念模型(二模)

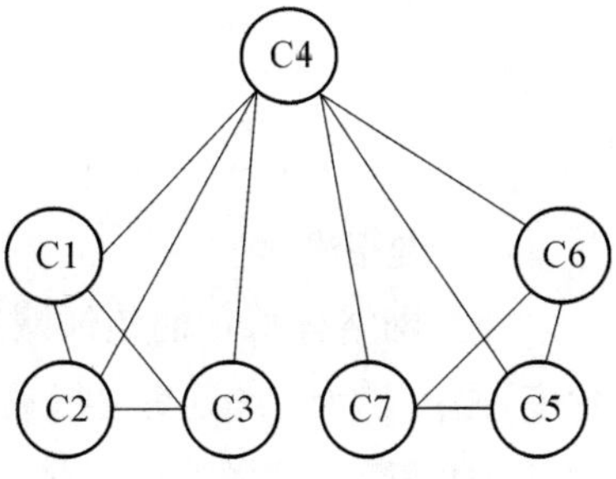

(b) 合作网络概念模型(一模)

图2-4 合作网络概念模型

2. 测算指标

测算指标包括两部分。第一部分为测度重大项目合作网络演化的指标,包括网络密度、聚类系数、平均距离、成分、度数中心度;第二部分为测度组织竞争力的指标,包括度数中心度、k-核、基于业主的合作比率。

1) 演化分析指标

本研究选取的指标仅仅是社会网络分析中部分图形化的分析参数,是揭示重大项目合作网络模型的关键，具体如表 2-1 所列。其中前 4 个为整体网指标，后 1 个为个体网指标。通过这些指标，既可以对合作网络中的组织单元和联系进行定量分析，又可以对企业间社会关系进行整体可视化分析，便于理论研究和实践参考。上述所有参数都可以在进行网络建模后使用 UCINET 软件进行计算。

表 2-1 重大项目合作网络演化分析中的基本指标参数及说明

指　标	符　号	测　　量	意　　义
网络密度	△	简单无向网络中实际存在的连线数量占最大可能连线的比例	一个网络的紧密关系程度
聚类系数	C	一个顶点的邻点中，直接相连的邻点对占所有邻点对的比例。聚类系数越大，表示彼此之间的关系愈加密切	衡量小世界的指标
平均距离	d	网络中任意两点之间的平均距离，距离越近，网络中的节点更容易进行沟通交流	一个行动者到达另一行动者的最短路径
第一主成分	CO	最大的连通子网络	判断网络的连通程度
度数中心度	$C_D(i)$，C_D	每个顶点含有的连线数量	前者衡量行动者 i 在网络中的地位，后者衡量网络中权力、关系等的集中程度

(1) 网络密度

社会网络分析中的整体网络密度(density)表示各个行动者之间联系的紧密程度，密度越大，表明网络行动者之间的关系越密切，该网络对其中行动者的态度、行为等产生的影响可能越大(Noble 等，2011)。联系紧密的整体网络不仅为其中个体提供各种资源，同时也成为限制其中个体的重要力量。在建设合作网络中，网络密度越大，说明各个参建单位受到来自网络结构的约束越明显，各个参建单位之间的互动合作关系越明显，单个参建单位自主能力较弱。因此，适当增强建设合作网络的密度是稳定各组织间关系的有效策略。

密度值介于 0 和 1 之间，密度越大说明个体之间的联系越紧密，组织的凝聚力越高。在社会网络分析中，常常将整体网络的密度作为组织凝聚力的重要参考指标，整体网络密度越高，其代表的跨组织网络的凝聚力越强。网络密度是网络研究中应用最为广泛的描述网络结构属性的变量之一，可用一个网络中结点间实际存在的连线占整个网络最大可能有的连线的比例来衡量。当整体网络密度较大时，说明网络中结点的沟通效率较高，随着网络中组织间联系数量的增加，信息在网络中传递的速度越快。较高的密度有利于各种标准和价值观在网络中扩散，因为高密度的跨组织网络将促使网络内的成员形成趋于一致的共同的行为期望，并建立更多的隐形协调，促使各成员集体化(Pryke, 2004)。

(2) 度数中心度

在社会网络分析中，衡量一个行动者是否拥有权利的关键在于衡量其是否与其他行动者建立关系(Oliver, 1991)。因此，点的度数中心度(degree centrality)是测量网络中各个行动者与其他行动者的联系密切程度的重要指标(Gulati, 1998)。作为一个宏观的描述指标，度数中心度测量了各个行动者在结构位置方面的同质和异质程度。一个行动者具有越高的度数中心度，表示该行动者与网络内其他行动者具有越多的直接联系或间接关系。位于网络中最中心位置的行动者，具有最高的度数中心度，很可能拥有最大的权利并被视为整体网络中的"明星"，它占据着整体网络中最重要的关系信息渠道。

社会网络分析中的度数中心度(centrality)表示为与该结点直接联系的个数，中心度越高，表明可能拥有的权利越大。在无向图中，某点的结点中心度表示为跟它相连的线条数，即绝对中心度，结点数最大的行动者即为整体网络的中心。另外有一种方法用以计算相对中心度，即某结点的结点度与最大可能度数之比。

(3) 聚类系数

聚类系数是衡量小世界网络的一个重要指标(Newman, 2003)。它是指一个顶点的邻点中，直接相连的邻点对占所有邻点对的比例。聚类系数越大，表示彼此之间的关系越密切。

(4) 平均距离

平均距离是指网络中任意两点之间的平均距离，距离越近，网络中的节点更容易进行沟通交流，节点之间的关系更加密切(Wasserman 和 Faust,1994)。

(5) 第一主成分

如果一个图可以分为几个部分，每个部分的内部成员之间存在关联，而各个部分之间没有任何关联，在这种情况下，我们把这些部分称为成分(component)。成分通常用来判断网络的连通程度(Liu 等,2015)。第一主成分则代表网络中最大的连通子网络。

2) 组织竞争力指标

基于合作网络概念模型及前文提出的假设，本部分提出3个测度指标，分别为标准化度数中心度、k -核及合作比率，来验证提出的假设并研究重大项目网络的竞争性及演化规律。

度数中心度表示网络中与某点直接相连的其他点的个数(Quinn 等，2012)，是评价某个节点在其所处的社会网络中的权力、影响力及社会声望的重要指标(Scott 和 Carrington，2011)。考虑到重大项目网络动态演化的特征，为了在具有不同规模的网络间比较度数中心度，本文采用 Freeman(1979)提出的标准化度数中心度(normalized degree，以下简称 Ndegree)，计算公式如下：

$$C_{Ndi}=\frac{\sum_{i}p_{ij}}{n-1} \tag{2-1}$$

其中，p_{ij} 表示节点 i 与节点 j 之间的连接关系数；$\sum_{i}p_{ij}$ 表示第 i 个节点的度数中心度；n 表示网络中的总节点数。

针对假设 2，本文采用 k -核来测度网络中企业之间合作的密切程度。k -核是建立在度数基础上的凝聚子群，表示某子网中所有节点都至少与该子网中的 k 个其他节点邻接(Seidman, 1983)。例如，0 -核表示网络本身，3 -核表示该网络中的点的度数至少为 3。k -核越大，表明该团体凝聚力越高，合作越密切。换言之，处于 5 核中的节点比处于 3 核中的节点具有更紧密的合作关系，凝聚力更高。需要注意的是，在本文的计算中，将分别对不同 k -核中度数中心度仅为 k 的节点进行研究。

由于建筑业的特殊性，参建单位之间的合作是基于业主通过招标的方式来实施的。对于具有跨年度多项目的业主而言，会面临持续选择合作伙伴的问题。例如，有些业主连续好几年都会有新项目，从而需要连续选择合作伙伴。因此，本文提出基于业主的合作比率 C_j 来测度业主在长期合作中是否会选择已有联系的单位进行合作。计算公式如下：

$$C_j=\frac{\sum_{i=1}^{n}N_{ij}^{Return}}{\sum_{i=1}^{n}M_{ij}^{Total}} \tag{2-2}$$

其中，i，j，n 都是整数；i 表示不同的年份，最小值为 1(即第一年)，$i\geqslant 1$；j 表示不同的业主，编号从 1 开始，$j\geqslant 1$；n 代表业主 j 拥有新项目的年数，$n\geqslant 2$；

C_j 为基于业主 j 的合作比率；M_{ij}^{Total} 表示业主 j 在第 i 年拥有新项目的数量，这里假设每个项目都有一个设计方和一个施工方，例如，如果一个业主在某年有 5 个新项目，则该业主最多需要选择 5 个不同的设计方。N_{ij}^{Return} 表示在业主 j 的第 i 年所有新项目中，由曾经与业主有过合作关系的设计方（或施工方）完成的项目数量，例如，业主 j 的第 i 年中有 5 个新项目，其中有 3 个项目选择曾经合作过的设计方进行设计，则 N_{ij}^{Return} 为 3。

对于业主 j 在第 i 年的所有项目合作伙伴中，与业主曾经有过合作关系的合作伙伴数量 Q_{ij}^{Total} 可以用式(2－3)来计算：

$$Q_{ij}^{Total}=P_{ij}\cap[P_{1j}\cup P_{2j}\cup\cdots\cup P_{n-1j}] \quad (2-3)$$

其中，P_{ij} 代表业主 j 在第 i 年的所有合作伙伴。例如，业主 j 在第二年中有 4 个新项目，选择 3 个设计方进行合作。其中，有两个项目由设计方 X 负责，另外两个项目分别由设计方 Y 和设计方 Z 负责，设计方 X 与业主 j 在第一年中曾经有过合作关系。因此，N_{2j}^{Return} 为 2，Q_{2j}^{Total} 为 1，M_{2j}^{Total} 为 4。

值得注意的是，在本文中，针对业主第一年的所有新项目，所有的合作伙伴对业主来说都是新的合作伙伴，不存在与业主易发生合作关系的合作伙伴。因而，当 $i=1$ 时，$N_{1j}^{Return}=0$。

（三）假设验证方案

针对假设 1，由于业主是发包方，因而不考虑是否参加更多的项目。同时，在项目的实施过程中，设计单位和施工单位起到最关键的作用，因此，在验证假设 1 时，只考虑设计单位和施工单位参与新项目的情况。本文将以标准化度数中心度为指标，采用分段的方法，以 10 为一段，分别取每一年中度数中心度排名前 10、第 11—20、第 21—30 的设计单位和施工单位参加下一年新项目的平均数量来验证假设 1。

针对假设 2，将以 k-核为指标分别测度网络中设计单位、施工单位参加每一年新项目的情况。其中，针对每一年的网络，将分别计算最大 k-核、第二大 k-核、第三大 k-核及第三大 k-核以下中，设计单位、施工单位参与下一年新项目的平均数量。如果某一年网络中最大 k-核为 4 核，则第二大 k-核为 3 核，以此类推。k-核中单位只取度数为 k 的单位。例如，处于 4-核中的设计单位表示度数为 4 的设计单位，不包含度数大于 4 的单位。这样处理的依据是，若直接采用 k-核的原始定义，则在计算处于不同 k-核的单位参与下一年新项目的数量时会造成结果出现误差，因为某些处于 3 核中的点也同时属于 4 核。将 k -核的数量限定在某一具体数字，一方面不仅能够将数据进行准确分层，另一方面也使计算结果更加准确，符合本研究的要求。同时，该处理也不会导致有任何数据遗漏的现象出现。

针对假设 3，首先用 Excel 筛选出有 2 年及以上新项目的业主，再通过 Matlab 分别计算每个业主在面对新项目时，选择已有联系的设计单位、施工单位进行合作的比率。若业主有多年的新项目，则该合作比率由每一年合作比率加权求和获得，然后计算业主选择设计单位及业主选择施工单位的合作比率的均值并进行对比分析。

经过计算，得出的结果将在下一部分进行深入讨论。

四、案例选取、数据处理及模型计算

（一）案例选取

无锡国家高新技术开发区成立于 1992 年，1995 年在高新区的基础上正式成立无锡新区。截至 2013 年，经过近 20 年的发展，无锡新区已进入国家级高新技术开发区行列。无锡新区下辖无锡高新技术产业开发区、太湖国际科技园、空港产业园、中国工业博览园、中国吴文化博览园、国际生活社区六大功能区以及旺庄、江溪、硕放、梅村、鸿山、新安六条街道，行政管理区域从最初的 5.4 平方公里发展到 220 平方公里，常住人口 60 余万人。无锡新区以占全市 6%的人口、土地，创造了占全市 15%以上的地区生产总值和地方一般预算收入、25%的规模以上工业产值、40%的服务外包产值、45%的高新技术产业增加值、50%的到位外资、60%的进出口总额、90%的高新技术产品出口，对全市经济社会转型升级发展起到了强劲的辐射和带动作用。无锡新区的跨越式发展可分为三个阶段。第一个阶段从 1992 年至 1997 年，为初创阶段，这个阶段主要是修建招商引资的基础设施，营造优秀的招商环境，至 1997 年，共有 20 个国家和地区在高新区投资 191 个项目，累计利用外资 10 亿美元；第二个阶段从 1998 年至 2004 年，无锡新区进入了快速发展阶段，特征为大力发展外向型经济，把新区打造成国际先进的制造业基地，在这个阶段，无锡新区行政区域扩展到 141 平方公里；2005 年起至今，无锡新区进入了转型提升阶段（又可以称二次创业阶段），伴随着转型和提升，园区各类建设需求也大大增加。

截至目前，无锡新区的总面积已经拓展到220平方公里。在2013年，无锡新区的国内生产总值（GDP）达到1 213亿元。在过去的八年中，无锡新区工业和科技产出值已位列江苏省第二位以及国家所有高新开发区的第一位。选择无锡新区作为本文的案例，一方面能够为本地高新区的建设和管理提供新的视角和政策建议，增进对重大项目合作网络演化规律的理解；另一方面，也能够为国内其他同类型项目或新区的建设提供借鉴。

（二）数据收集、处理及编码

1. 数据收集及处理

以2008—2013年为观察区间，研究团队通过对无锡新区建设环保局内部系统的实时跟踪、数据提取和整理，建立数据库，筛选参建单位及项目信息，剔除部分信息严重缺失及项目金额极小的项目，在保证数据有效性的前提下，遴选了2008—2013年这一区间段内无锡新区的1 897个建设项目。这些项目总投资612亿元，包括946个民用建筑项目（50%）、189个市政建设项目（10%）、762个工业建设项目（40%）。在本文中，我们将这6年中的1 897个项目视为一个重大项目。另外，由于中国的基础设施建设往往实行双轨制，一方面是由政府主导投资的项目，另一方面是由非政府主导投资的项目，因而本文所选取的1 897个项目将分成政府投资项目和非政府投资项目两类来进行讨论和分析。2008—2013年，政府投资项目的数量分别为53、71、89、63、64、33；非政府投资项目的数量分别为279、217、345、352、205、126。

为了完成这些项目，共有1 000多家参建单位参与到项目的建设过程中。这些单位和业主及其相互关系就构成了一个复杂的合作网络，并时刻处于动态演化过程中，这无疑给项目的治理带了巨大的挑战。

通过整理这1 897个建设项目的详细建设信息，筛选出参建单位共计1 450家，其中投资单位（业主）680家、设计单位174家、施工单位541家、监理单位55家。项目涉及民用建筑工程（50%）、市政工程（10%）和工业建筑工程（40%），同时又涉及政府的财政、规划、建设、环保等多个部门，构成了一个开放的复杂系统。

2. 确定主体及编码

为便于表示及之后分析、建模，需要对参建单位和建设项目进行编码，具体编码规则如表2-2所示。

表 2－2　参建单位和建设项目编码方法

<table>
<tr><th></th><th>参　建　单　位</th><th>建　设　项　目</th></tr>
<tr><td>示例</td><td>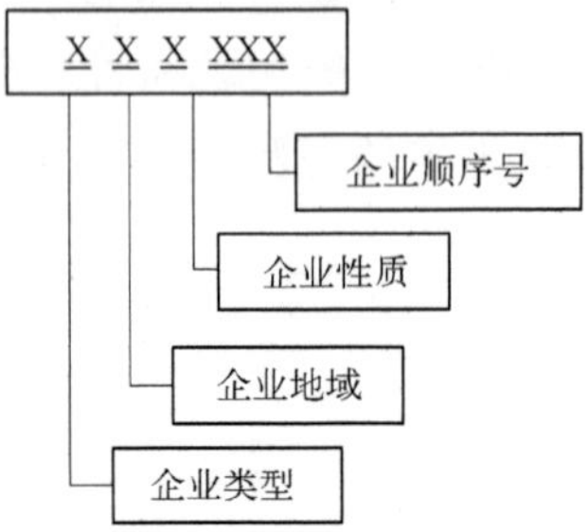
</td><td>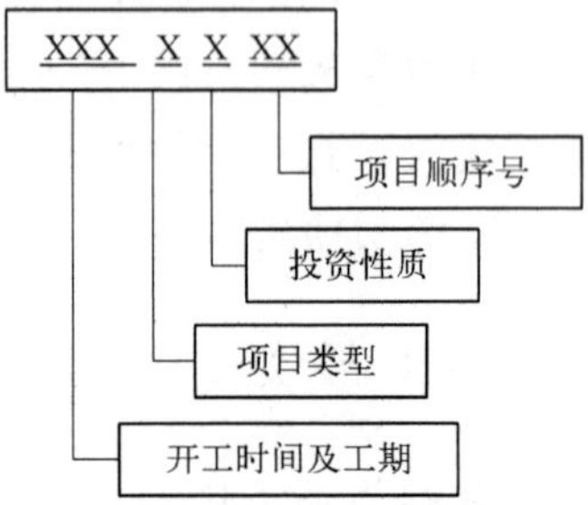
</td></tr>
<tr><td>编码说明</td><td>企业类型包括建设单位(M)、设计单位(A)、施工单位(C)、监理单位(S)；第二位数字表示该企业的地域(无锡市本地企业 1/外地企业 2)，第三位数字表示该企业的性质(政府 1/国企 2/民企 3/外企 4/其他 5)，最后的三位阿拉伯数字代表企业顺序号，例如业主单位：无锡市顺丰速运有限公司，M13XXX</td><td>前三位数字表示项目开工时间(08—13)及工期(1/2/3)，第四个字母代表项目类型(A 民用建筑工程、B 市政工程、C 工业建筑工程)，第五位数字表示项目投资性质(政府 0/非政府 1)，最后的两位阿拉伯数字代表项目顺序号</td></tr>
</table>

在编码的基础上，需要分别构建二模网络和一模网络。二模网络表示建设项目与建设单位之间的关系，一模网络表示参建单位之间的关系。

首先建立建设项目参建单位与建设项目群构成的矩阵 $\boldsymbol{B}_{ij}$，其中 $i=1\,897$，$j=1\,450$。横坐标代表建设项目或项目群，以 1，2，…标志，共计 1 897 个；纵坐标代表建设项目参建单位。在矩阵 $\boldsymbol{B}$ 中，若 $\boldsymbol{B}_{ij}=1$，则表示建设参建单位 j 参与了建设项目 i，反之 $\boldsymbol{B}_{ij}=0$。由于本文旨在研究建设项目组织间的网络关系，因此需要根据 $\boldsymbol{A}_{ik}=\sum \boldsymbol{B}_{ij} * \boldsymbol{B}_{ji}$，将上述二模网络(two-mode network)转化为一模网络(one-mode network)。邻接矩阵 $\boldsymbol{A}$ 可用于识别建设项目组织间的合作网络关系，将其输入 UNCINET 6.0 中进行运算，即可得到该网络图。$\boldsymbol{A}=n$ 表示 i 组织与 k 组织建立 n 次合作关系，在图中以双向箭线表示；$\boldsymbol{A}=0$ 表示 i 组织与 k 组织尚未建立合作关系，在图中无箭线相连。

(三) SNA 计算

1. 网络计算工具

社会网络分析由于需要进行大量的运算，一般都要在计算机辅助软件的支持下才能完成。近年来出现了很多种可视化的软件处理工具，如 NetMiner、

NetDraw、UCINET 和 Pajek 等，这些具有很强可视化功能的 SNA 软件极大地提高了 SNA 的直观分析效果，相应地也就促进了 SNA 在组织网络领域中的应用。

在斯科特(J. Scott)和瓦瑟尔曼(S. Wasserman)编著的《社会网络分析的模式与方法》(*Models and Methods in Social Network Analysis*)中，介绍了已经被各个领域的研究者所运用的 23 种 SNA 软件。表 2-3 中罗列了这些软件的名称、版本号、适用对象、数据格式、功能和提供方所能给的其他支持六方面的具体情况。

表 2-3　SNA 软件性能对比表

软件名称	版本号	适用对象	数据格式			功能		提供的支持		
			类型	输入格式	缺省值	可视化	分析类型	付费类型	手册	帮助
Agna	2.0.7	综合	c	m	no	yes	d, sl, sequential	free	yes	yes
Blanche	4.6.4	网络动力学	c	m	no	yes	simulation	free	yes	yes
FATCAT	4.2[5]	关系分析	c	ln	yes	no	d, s	free[1]	no	yes
GRADAP	2.0	图表分析	c	ln	yes	no	d, sl, dt	com[1]	yes	no
Iknow	—	知识网络	c	n	—	yes	d, sl	Free	yes	yes
InFlow	3.0	网络映射图	c, e	ln	no	yes	d, sl, rp	com	yes	yes
KliqFinder	0.05	凝聚子群	c	m, ln	no	yes	sl, s	—	yes	no
MultiNet	4.24	关系分析	c, J	ln	yes	yes[4]	d, rp, s	free	no[7]	yes
NEGOPY	4.30[5]	凝聚子群	c	ln	yes	yes	d, sl, rp	com[4]	yes	yes
NetDraw	1.0	可视化	c, e, a	m, ln	yes	yes	d, sl	free	yes	no
* NetMiner Ⅱ	2.3.0	可视化分析	c, e, a	m, ln	no	yes	d, sl, rp, dt, s	com[5,6]	yes	yes
NetVis	2.0	可视化探测	c, e, a	m, ln	no	yes	d, sl	free[2,5]	no	yes
PermNet	0.94	排列测试	c	m	yes	no	dt, s	free	no	yes
PERAPH	2.7	血族关系网络	c	ln	—	no	d, rp	free	no[8]	yes
Referral Web	2.0	提名链	e	ln	—	yes	d	—[5]	yes	yes
SMLinkAlyzer	2.1	隐藏入口	e	ln	—	yes	d	com[6]	yes	yes

续 表

软件名称	版本号	适用对象	数据格式			功 能		提供的支持		
			类型	输入格式	缺省值	可视化	分析类型	付费类型	手册	帮助
SNAFU	2.0	MacOS 开源软件	c	m,ln	no	yes	d,sl	free	no	no
Snowball	—[5]	隐藏人口	e	ln	—	no	s	free[5]	yes	no
StOCNET	1.4	统计分析	c	m	yes	no	d,dt,s	free	yes	yes
STRUCTURE	4.2[5]	结构分析	c,a,J	m	yes[7]	no	sl,rp	free[1]	yes	no
* UCINET	6.05	综合	c,e,a	m,ln	yes	Yes[4]	d,sl, rp,dt,s	com	yes	yes
* Pajek	0.94	大型数据 网络可视化	c,a,J	m,ln	yes[3]	yes	d,sl, rp,dt	free	no	no
visone	1.0b1	可视化搜索	c,e	m,ln	no	yes	d,sl	free	no	no

注：
本表的版本等信息截至2003年秋；
类型：c=完全，e=自我为中心，a=从属，l=大型网络；
输入格式：m=矩阵，ln=链接/节点，n=节点；
分析类型：d=描述性的，sl=结构和特定区域，rp=角色和位置，dt=二元组和三元组方法，s=统计；
付费类型：com=商业产品，free=自由软件；
1-DOS程序并且很久没有更新过；
2-开源软件；
3-仅有属性缺省值代码；
4-没有绘图程序；
5-Internet自由接入(可能有部分功能缺失)；
6-测试版可用；
7-某些版本的手册可用；
8-注册后可使用手册。

从表2-3可以看出，SNA软件种类繁多，适用对象和运用的分析方法也有较大差异。参照目前各领域研究中的应用情况和对软件自身的深入了解，本研究认为比较适用于组织网络分析的有NetMiner、Pajek和UCINET这三类软件。从软件的获得性来说，Pajek为自由软件，可以免费使用；NetMiner虽然是商业软件，但其测试版基本可以使用；UCINET是一款纯商业软件，但任何版本的UCINET软件都可以免费使用一个月。根据界面友好性、易操作性、数据处理能力和可视化技术四个方面，对NetMiner、Pajek和UCINET三种典型的SNA软件进行了评价，结果如图2-5所示。

在NetMiner、Pajek和UCINET三种软件中，以UCINET软件的使用最为普遍。与UCINET软件相比，NetMiner知名度小很多，但NetMiner的各项功能都很不错，尤其是在可视化技术方面的功能很强，其操作界面也十分直观清

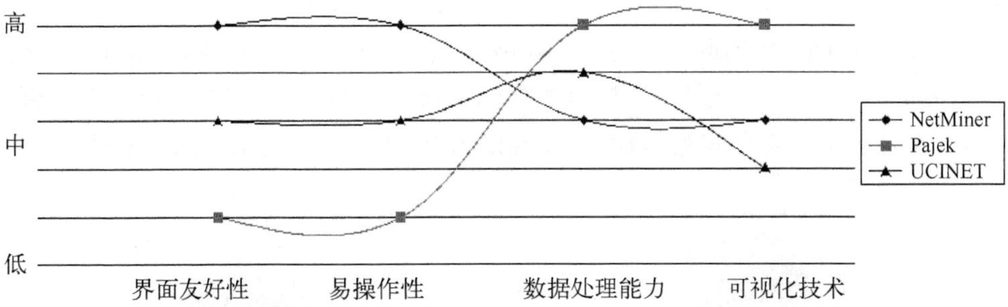

图 2-5　NetMiner、Pajek 和 UCINET 的对比分析

晰，具有较高的友好性，所以在处理小型网络时，如果研究者是 SNA 的新手，则首选 NetMiner 软件。因为 NetMiner 的界面友好性和易操作性在三个典型 SNA 软件中都是最高的，这可以有效地帮助新手研究者较为顺利地开展先期的各种测量与分析工作，有效缩短新手研究者的适应期。作为自由软件的 Pajek 是由斯洛文尼亚(Slovenia)的卢布尔雅那大学(University of Ljubljana)于 1997 年 1 月正式发布的，在斯洛文尼亚语中 Pajek 是蜘蛛的意思。Pajek 是一项基于 Windows 操作系统的免费 SNA 分析软件，功能十分丰富，其数据处理能力和可视化技术是三种典型 SNA 软件中最强的，虽然 Pajek 在界面友好性和易操作性两方面都不尽人意，但因为它在处理大型复杂网络(节点数超过 100 个)方面的能力，十分适用于分析大型社会网络。UCINET 作为一种综合型的 SNA 分析软件，使用最为普遍，其中包括一维与二维数据可视化分析的 Net-Draw 软件，还有正在发展应用的三维数据可视化分析软件 Mage 等，文献资料也比较丰富。

结合本文的实际以及考虑计算工具的适用性，本文将采用 UCINET 对重大项目合作网络的所有指标进行计算。

2. 网络计算过程

本文选取无锡新区建设市场的数据进行实证分析。由于该区域建设项目的工期普遍为 2 年，因而在构建网络时，定义每年的合作网络都由包括本年在内的前两年的企业来构建，这样整个网络就具有延续性和连贯性。例如，当构建 2012 年的合作网络时，所有参与 2011 年和 2012 年项目的单位都会包含在 2012 年的合作网络当中。依据此方法，从 2008 年到 2013 年构建了 5 年的合作网络。

结合我国政府-市场的二元体制，建设项目往往又被分为政府投资项目和非政府投资项目，二者的对比也是学术界关注的重点。因此，本文按照政府投资项目和非政府投资项目将项目数据一分为二，然后对各时点的网络密度、聚类系数、平均距离、第一主成分的比例、平均中心度进行对比分析，找出政府投资项目和非政府投资项目合作网络随时间演进的规律，再针对非政府项目网络的组织竞争力进行深入分析，最后得出实证结论。所有的指标都通过 UNCINET 6.0 进行计算分析。图 2-6 为不同年度的非政府项目合作网络图以及同一年度的不同 k-核图。

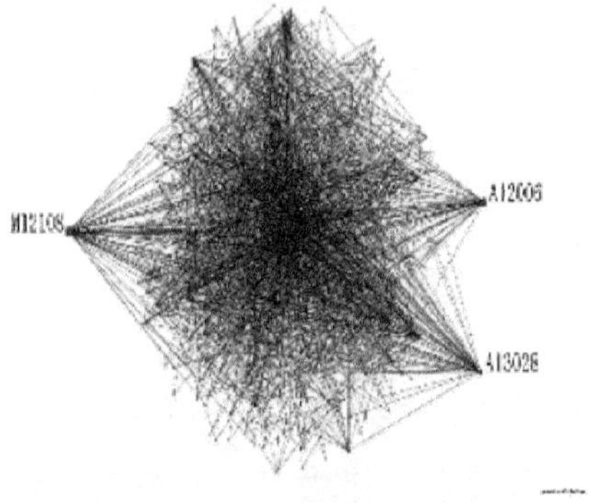

(a) 2011年(节点数：742，关系数：5 003)

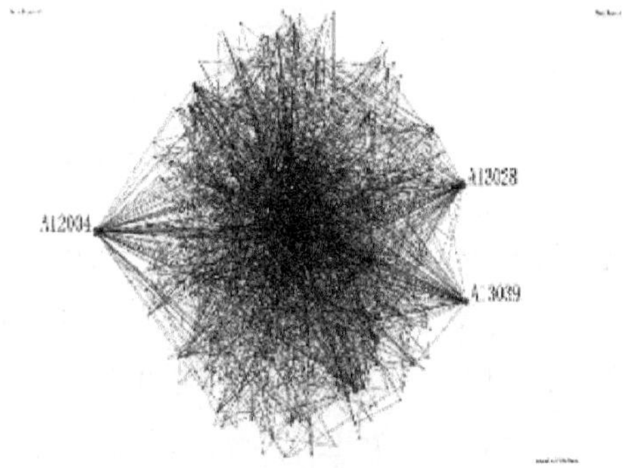

(b) 2012年(节点数：794，关系数：5 289)

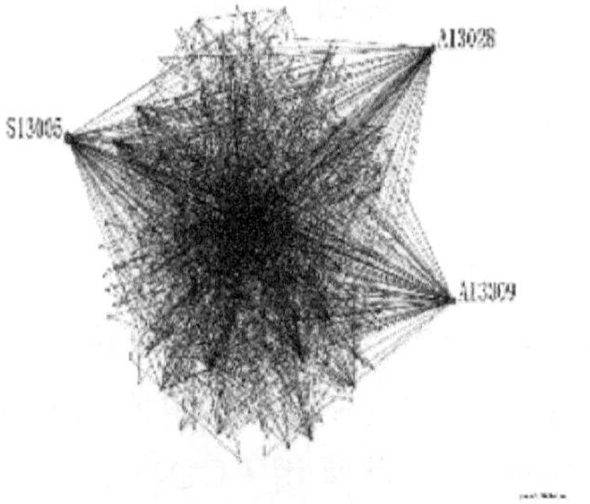

(c) 2013年(节点数：714，关系数：4 582)

(d) 2013年非政府项目合作网络(4核)

(e) 2013年非政府项目合作网络(5核)

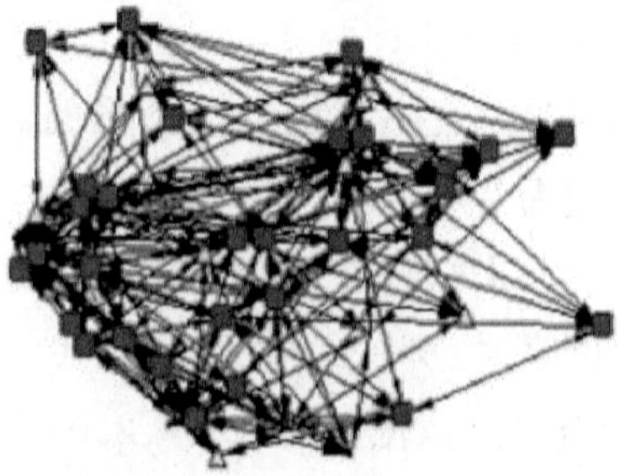

(f) 2013年非政府项目合作网络(6核)

图 2-6　不同年度的非政府项目合作网络图以及同一年度的不同 K 核图

（中心度最高的三个点被分别标记在网络中；图中三角形表示外地企业，正方形表示本地企业）

五、重大项目合作网络演化分析

针对整个区域建设项目合作网络的演化分析，将分为政府与非政府投资项目网络总体演化分析、整体网指标对比分析和个体网指标对比三部分。各指标在分析之前都进行了标准化处理，以保证对比的有效性。

（一）整体网演化过程

从表 2-4 可以看出，非政府项目在项目数量和企业数量上都远大于政府项目网络，从 2009 年到 2013 年，两者的项目数量和企业数都呈波动上升的趋势。政府项目网络节点增加了 46 个（增加 34%），关系数增加了 96%。非政府项目网络节点增加 110 个（增加 18%），关系数增加 94%。但从网络中心度均值看，政府项目的中心度均值均高于非政府项目，合作关系相对更加密切。这主要是由政府投资项目的投资体制决定的，政府投资项目往往是由少数几个公司承担区域开发建设任务，即政府主体与项目之间是一对多的关系，从而形成基于业主的更为紧密的网络关系；而在非政府投资项目中业主与项目之间往往是一对一的关系。

表 2-4　政府网络和非政府网络整体对比

网络类型	政府投资项目合作网络					非政府投资项目合作网络				
年　份	2009	2010	2011	2012	2013	2009	2010	2011	2012	2013
项目数量	125	185	192	175	140	497	662	826	734	531
单位数量	137	178	201	212	183	604	751	742	794	714
关系数量	568	1 033	1 166	1 208	1 112	2 367	3 661	5 003	5 289	4 582
平均度数中心度	0.277	0.182	0.241	0.225	0.371	0.05	0.026	0.033	0.056	0.099

从图 2-7 可以看出，2008—2013 年无锡新区政府投资项目合作网络规模（网络主体的数目）呈逐年增大趋势，随着时间的推移，节点间的连接开始增加，各参建企业间的合作开始加强，网络逐渐成形并稳步发展。同时，网络中的企业可以分成两部分，一部分处于网络的稠密区域，另一部分处于网络的边缘。随着时间的推移，处于网络边缘的企业呈逐渐减少的趋势。值得注意的是，每个阶段都有少数企业仅跟个别企业建立连接，而且游离边缘。这些企业多数是刚刚进

入建筑市场的企业，他们参与项目少，导致只跟个别的企业建立了连接，而且这些企业随着年份增加，跟其他企业建立关系的频率增长很弱。可以看出，政府投资市场的地域偏好更强，这应该跟政府以及政府背景的国企在选择承建方时对本地企业的偏好是分不开的。另外，本地的一些核心企业根基深厚，企业资源、信息占有量、人际关系都比新进入的企业要强很多。

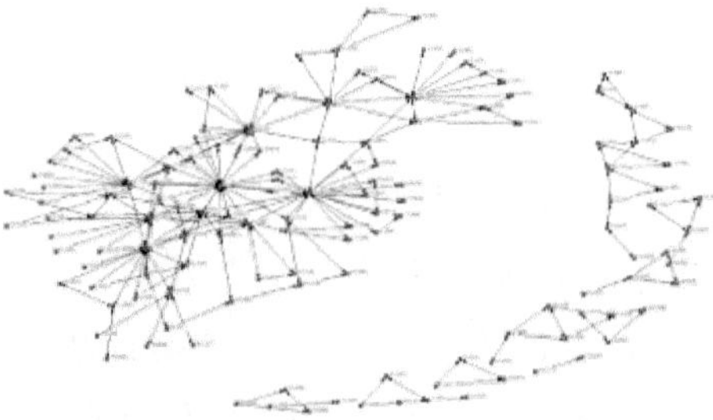

2009年(节点数: 137,关系数: 568)

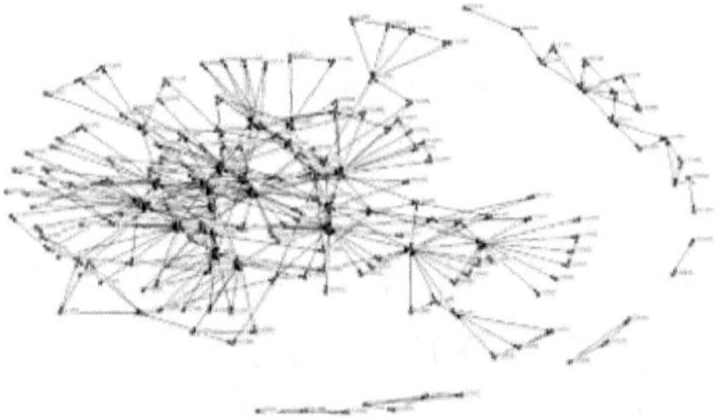

2010年(节点数: 178,关系数: 1 033)

2011年(节点数: 201,关系数: 1 166)

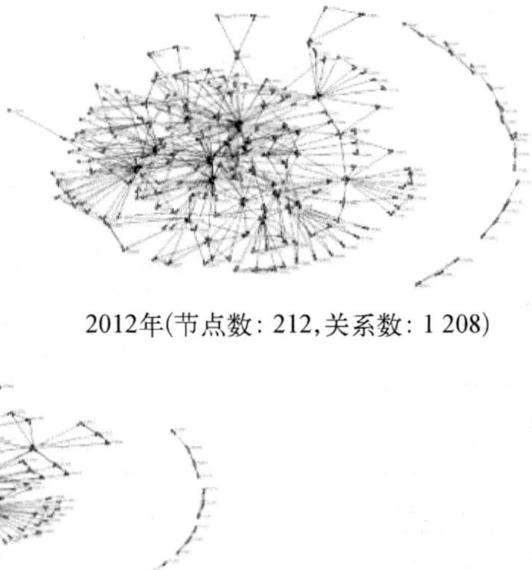

2012年(节点数: 212,关系数: 1 208)

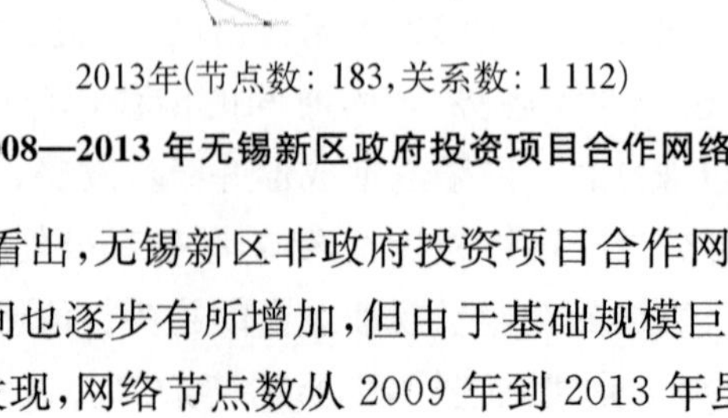

2013年(节点数: 183,关系数: 1 112)

图 2-7 2008—2013 年无锡新区政府投资项目合作网络的动态演化

从图 2-8 可以看出，无锡新区非政府投资项目合作网络规模从 2008 年开始就比较密集，7 年间也逐步有所增加，但由于基础规模巨大，所以增加量不是特别明显。但可以发现，网络节点数从 2009 年到 2013 年虽然只增加了 100 多个，但关系数却增加了一倍，整个网络联系程度越来越密切。网络也呈现中间密集、四周稀疏的整体情况。所以非政府投资市场网络规模和结构都是比较均匀的，这一点也符合无锡作为东部沿海城市的特性，其建筑市场相对而言是比较成熟完备的，竞争性相对政府投资项目的建筑市场较强。

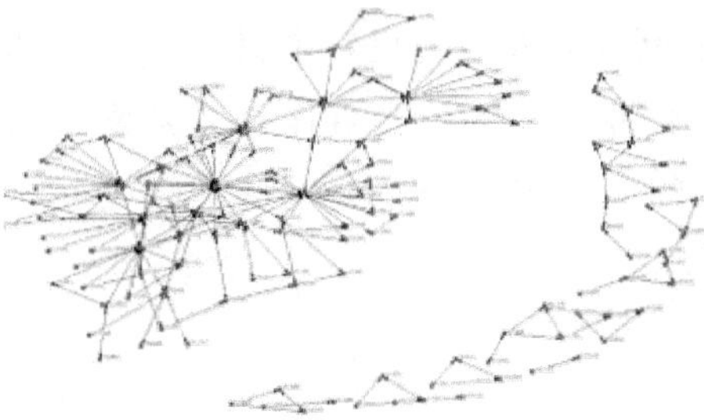

2009年(节点数：137,关系数：568)

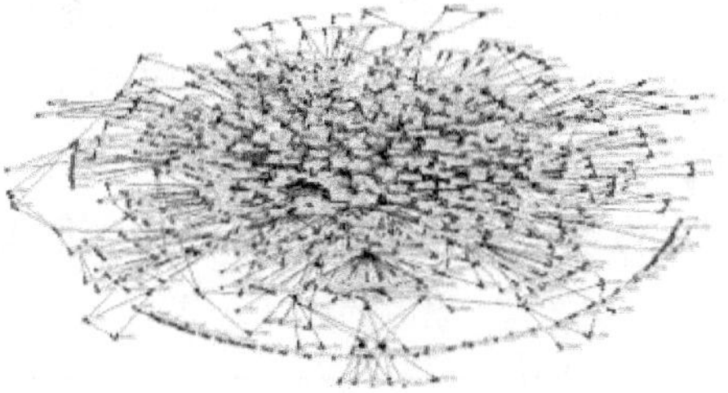

2010年(节点数：751,关系数：3 661)

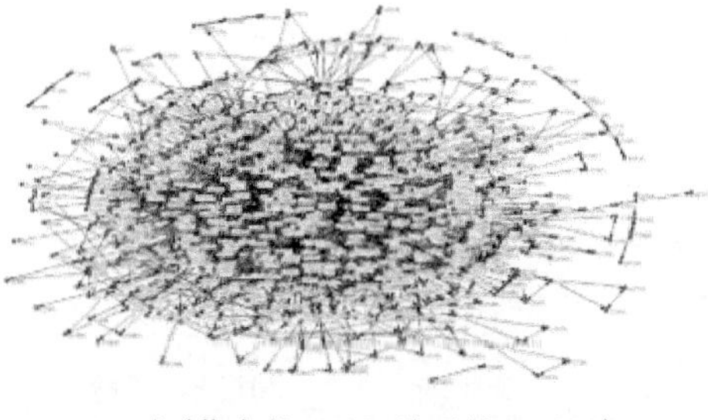

2011年(节点数：742,关系数：5 003)

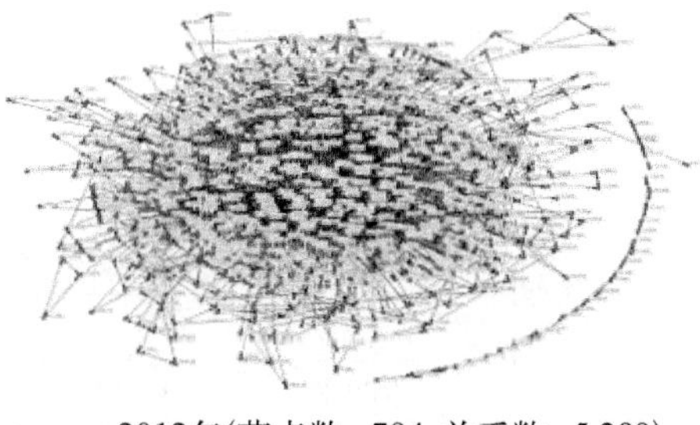

2012年(节点数：794,关系数：5 289)

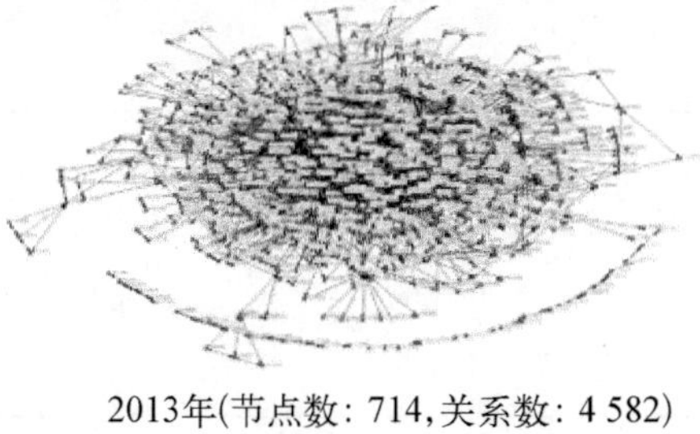

2013年(节点数：714,关系数：4 582)

图 2-8　2008—2013 年无锡新区非政府投资项目合作网络的动态演化

以上都是每个时间点两年累计重大项目合作网络拓扑结构图的图形规律，要更准确、深入地了解 6 年间基于政府和非政府投资建设项目合作网络的详细规律还要通过计算各个网络图的相关参数进行比较分析。本节第二部分将选取 5 个参数对两个网络的演化规律进行对比分析。

（二）政府项目网络和非政府项目网络对比分析

1. 整体网对比

通过网络密度、聚类系数、平均距离和第一主成分 4 个整体网指标对网络演化进行计算，主要结果如图 2－9 所示，具体结论如下。

（1）根据图 2－9(a)，政府投资项目企业网络和非政府投资项目企业网络都属于稀疏网络，这表明建设工程项目市场内企业之间的项目合作并非紧密。这主要是受到招投标制度的影响，即基于项目的合作单位是由业主选择的而非参建单位的自主组合，这限制了合作联盟的形成。

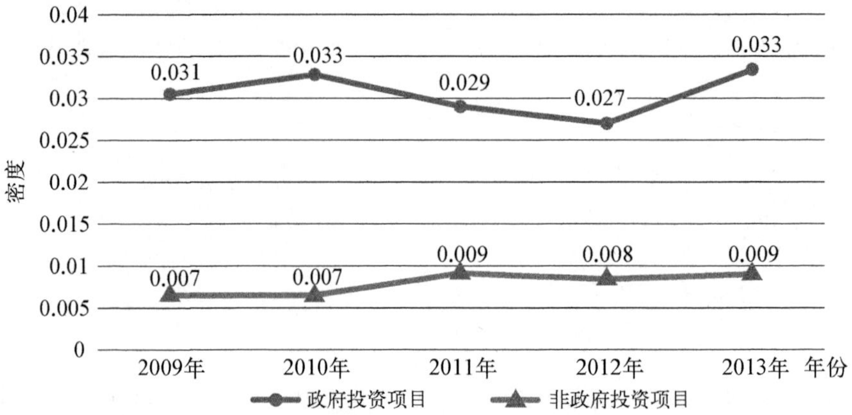

(a) 整体网指标对比分析—网络密度

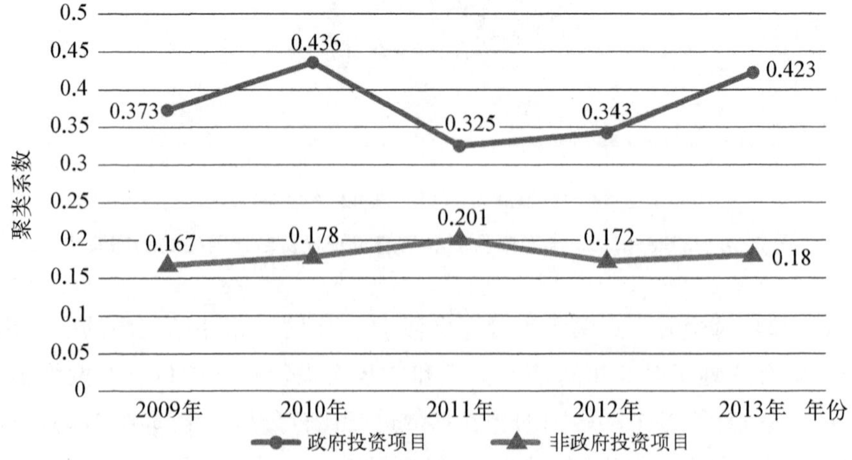

(b) 整体网指标对比分析—聚类系数

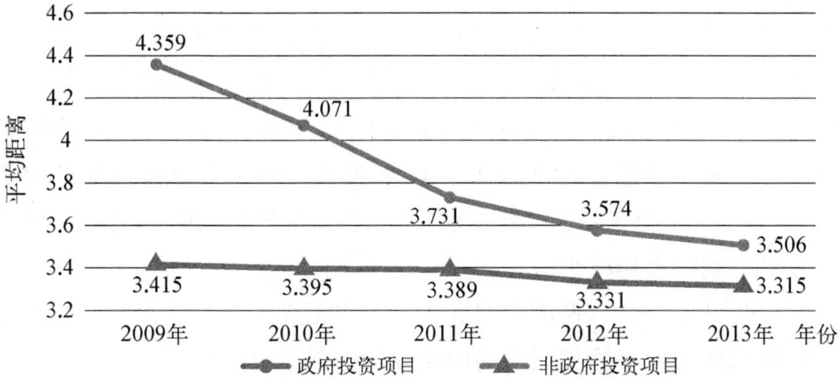

(c) 整体网指标对比分析—平均距离

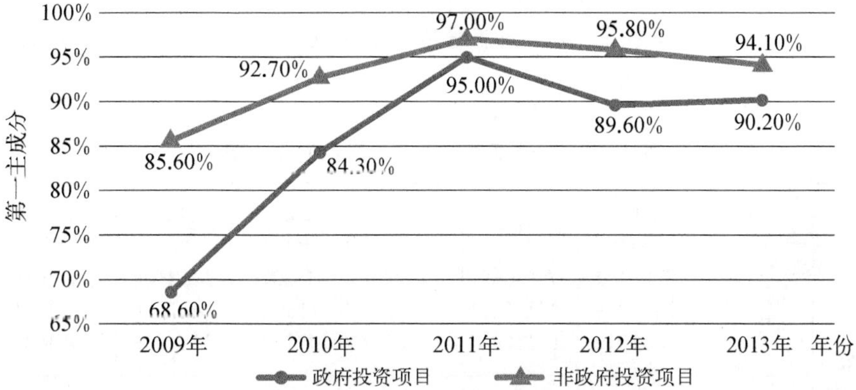

(d) 整体网指标对比分析—第一主成分

图 2-9　整体网指标对比分析

(2) 政府投资项目网络密度[图 2-9(a)]和聚类系数[图 2-9(b)]高于非政府投资项目，即合作更为紧密且网络聚集程度更高，这主要是由政府投资项目的投资体制决定的，即政府主体与项目之间是一对多的关系，从而形成基于业主的更为紧密的网络关系；而在非政府投资项目中业主与项目之间往往是一对一的关系。

(3) 在 5 年内，非政府投资参建单位合作紧密程度相对稳定，而政府投资项目中则出现一定程度的波动[图 2-9(a)、图 2-9(b)]，且二者的趋势并不一致。这是由于非政府投资项目主要受市场因素驱动，受行政因素干扰较少，对政府政策、区域制度等因素敏感度较政府投资项目低，因而市场机制较为稳定。而政府投资项目由于起到带头作用，会率先使用全新的技术或管理模式，以致网络出现波动和变化，例如 BIM 技术、PPP 模式的应用等。

(4) 根据图 2-9(c)，非政府投资项目中企业间的网络距离逐渐减小，且趋势明显，即网络关系趋向紧密，随着时间的增加，企业间寻求合作的渠道更为便捷；政府投资项目中虽然也有此趋势，但变化较为微小，总体上政府投资项目中企业合作更紧密。除此之外，在 2009 年，两类项目中企业合作网络平均距离差别较大，分别为 4.4 和 3.4，但 2013 则分别为 3.5 和 3.3，说明两类项目网络企业密切程度的差别在逐渐减小。

(5) 根据图 2-9(d)，两类项目企业网络的连通程度都在逐渐增加，连通的第一子网络越来越大。该子网络内的企业形成一个合作联盟，关系密切。

2. 个体网对比

本部分将在每一年的合作网络中，选取中心都排名前三的单位进行进一步演化分析，并对比政府投资项目和非政府投资项目的演化规律，具体如表 2-5 所列。

表 2-5　位于度数中心度前三位的企业情况

		2009	2010	2011	2012	2013	节点频率
度数中心度	前三点（政府）	A13039 M11219 M11013	A13039 M11219 M11016	A13039 M11016 M11219	M11016 A13039 M11219	M12108 M11016 M11219	A13039(4) M11219(5) M11016(4)
	前三点（非政府）	A12004 A13031 A12009	M12108 A12004 A12006	M12108 A12006 A13028	A12004 A13039 A13028	S13005 A13009 A13028	A12004(3) A13028(3)
无锡市建筑设计研究院有限责任公司（A12004） 无锡轻大建筑设计研究院有限公司（A13031） 信息产业电子第十一设计研究院有限公司（A12009） 无锡市新区经济发展集团总公司（M12108） 无锡市政设计研究院有限公司（A12006） 无锡轻工设计研究院有限公司（A13028） 无锡市民用建筑设计有限公司（A13039） 江苏赛华建设监理有限公司（S13005） 江苏华电工程设计院有限公司（A13009） 无锡市新区旺庄街道办事处（M11219） 鸿山镇人民政府（M11013） 江溪街道办事处（M11016） 江苏五星建设集团有限公司（C23174） 无锡太湖国际科技园投资开发有限公司（M12126） 南通五建建设工程有限公司（C22017） 无锡北大建筑工程有限公司（C13026）							

注：节点频率较高的单位我们给出了具体单位名称，其余的以编码表示。

(1) 度数中心度表示一个顶点含有的连线数量，能够衡量该点在网络中的地位。从度数中心度可看出，在非政府投资项目中，长期处于前列的大部分为设计单位，其中以无锡市建筑设计研究院有限责任公司（A12004）和无锡轻工设计研究院有限公司（A13028）两家设计单位为主，其余排名前列的单位变化较大；在政府投资项目中，长期处于前列的大部分为业主（建设单位），其中无锡市新区旺庄街道办事处（M11219）、江溪街道办事处（M11016）和无锡市民用建筑设计有限公司（A13039）三家单位长期处于网络的核心，变化不大。

（2）对于政府投资项目而言，由于政府投资项目往往由少数几个国有企业主导实施，从而导致一个业主往往对应着多个项目，从而形成了以业主为中心的合作网络。因此，在政府投资项目合作网络中，业主一直占据着网络的核心位置。

（3）对于非政府投资项目网络而言，根据表 2－5 和项目数据发现，少数本地的设计单位承接了大部分的项目，因而这些单位的中心度排名相对靠前。一方面，从技术能力角度出发，本地的设计企业具备驾驭本区域所有项目的设计能力；另一方面，非政府投资项目往往采用公开招标、最低价中标的方式来选择合作伙伴，本地企业由于交易成本相对较小而具有竞争优势。除此之外，有些项目是分阶段分标段实施，但统一由一个设计单位负责设计，不同标段不同阶段可能对应不同的施工单位，导致设计单位的中心度相对较高。

（三）小结

通过对政府投资项目合作网络和非政府投资项目合作网络的演化分析，我们得出如下结论。

（1）政府投资项目的参建单位合作网络的紧密程度较非政府投资项目高，企业间寻求合作具有更便捷的机会，聚类指数更高。这主要和政府投资项目的投资体制、管理模式和招投标采购制度等有关，政府投资项目往往是由少数几个政府公司承担区域开发建设任务，因此业主更有机会延续优秀的合作伙伴，参建单位也更有希望获得稳定的项目机会。非政府投资项目业主较为分散，且诸多业主可能仅有一个项目，因此市场较为稳定，参与单位之间的合作紧密程度也较低。

（2）从演化趋势看，区域性项目合作紧密程度在提高，企业间网络距离在逐渐缩小，且政府投资项目表现更为明显。这是因为政府投资项目业主为了更好地实施项目、提高项目绩效，往往对参与单位进行后评估，对后评估较好的企业设置招投标优先权，以提高再次合作的可能性。

（3）政府投资项目企业间合作网络变化较为波动，而非政府投资项目则较为稳定。现行政府投资项目的招投标体制也可能会影响到这种合作意愿的形成，并且对政府投资项目的波动较为明显。因为目前政府投资项目必须采用公开招投标，且往往采用最低价中标，因此中标单位具有一定的不确定性，对形成稳定的合作伙伴较为不利。

(4) 根据中心度排名来看，在项目合作网络演化的过程当中，设计单位长期占据非政府项目网络的中心地位，尤其以 A12004、A13028 两家单位为主。而在政府项目网络中，除了 A13039，主要由业主单位占据网络的中心，以 M11219、M11016 两家单位为主，业主在政府投资项目中占据主导地位。由于政府投资项目往往由少数几个国有企业主导实施，从而导致一个业主往往对应着多个项目，从而形成了以业主为中心的合作网络。对于非政府投资项目网络而言，少数本地的设计单位承接了大部分的项目，因而这些单位的中心度排名相对靠前。

针对政府投资项目企业网络与非政府投资项目企业网络的不同演化特征，需要制定不同的治理策略，具体包括以下几点。

(1) 从区域发展角度看，政府投资项目在区域开发建设中承担重要角色，因此对该类项目合作网络的治理至关重要。但同时，该类项目间关联度较高，企业合作紧密，因此需要设计较好的采购机制和合同策略，充分发挥企业间的合作与协同，建立长期合作机制，以提高政府投资项目管理绩效。但是，也应避免小团体密切合作，因为这会限制公平的竞争机会，影响项目绩效，甚至出现项目腐败问题。

(2) 从案例的整体网络分析看，政府投资项目合作网络特征不稳定，演化趋势规律不明显，这反映了管理体系、管理机制和管理制度的不稳定性，给网络治理策略的制定带来了一定难度。Provan 等人(2002)认为，组织网络治理的核心问题是治理机制，包括承诺、契约和合同。而 Becker(2003)提出，网络组织的治理机制包括信任、学习和创新机制。因此，应完善政府投资项目治理模式并进行相应的治理机制设计，例如学习和借鉴成功的治理机制、构建项目知识库等，稳定项目合作网络特征，以使项目合作网络更为可控。

(3) 对非政府投资项目而言，其网络特征较为稳定，相应市场机制较为成熟。在常用的市场治理方法(构建市场规范、法律体系、价格机制等)的基础上，制定针对于非政府投资项目的相关法律法规，进行市场治理。

(4) 在非政府投资项目中，设计单位处于网络的关键位置，属于网络中的核心企业，在设计政府投资项目治理体系和管理机制时，需要着重考虑对设计单位的管理，使其充分发挥网络核心的作用；而对政府投资项目而言，建设单位处于网络的核心位置，因而在市场治理和法规制定的过程中，需要充分考虑对业主方的管理。

六、项目组织竞争力分析

本部分将基于构建的网络模型以及测度指标，对提出的三个假设分别进行验证。同时，非政府投资项目合作网络作为组织竞争力的分析基础，主要基于两方面考虑。一方面从项目数量上，政府投资项目的项目数量远远小于非政府投资项目；另一方面，在政府投资项目中，政府机构或者相关政策法规会对其运行管理产生重要影响，和非政府投资项目相比，其市场机制相对不是很成熟和完善。因此，本部分将主要选取非政府投资项目合作网络进行讨论。

（一）基于度数中心度的组织竞争力

本部分将以非政府投资项目的演化进行讨论。根据图 2－10(a)和图 2－10(b)，在项目演化的过程中，无论是设计单位还是施工单位，随着中心度排名的降低，参与新项目的数量也呈下降的趋势。通过拟合发现，设计单位的趋势更加明显，R^2 值达到 0.78，而施工单位的 R^2 只有 0.41 左右。除此之外，从两图中可发现，中心度排名前十的单位在面对新项目时更具有竞争优势，并且优势非常明显。

图 2－10(c)和图 2－10(d)分别为非政府项目网络中每一年中心度排名前列的设计单位、施工单位参与下一年新项目的情况。根据图 2－10(a)和图 2－10(b)，在项目演化的过程中，无论是设计单位还是施工单位，每一年中心度排名前 10 的单位参与下一年新项目的数量都远远大于后面排名的单位参与新项目的数量，且大于后面排名单位参与新项目数量之和。例如，在 2010 年的合作网络中，中心度排名前 10 的设计单位参与了 167 个新项目，而中心度排名第 11—20、21—30 的设计单位分别只参加了 19 和 24 个新项目。说明在每一年的项目合作网络中，中心度排名越高的单位在面对新项目时具有更大的竞争优势，能够参与更多的新项目。同时相比施工单位，设计单位的优势体现得更加明显。

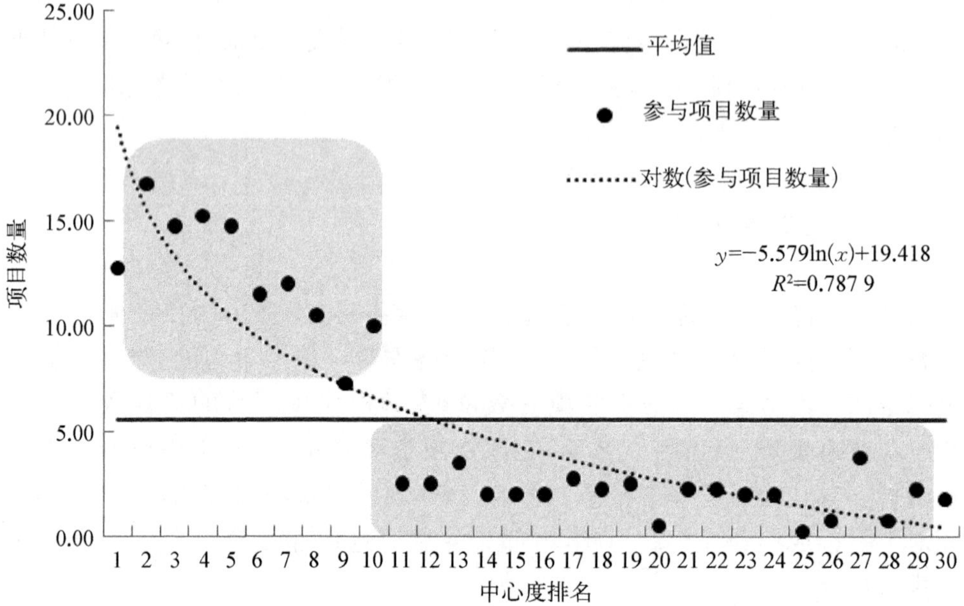

(a) 中心度排名与参与新项目数量的关系(设计单位)

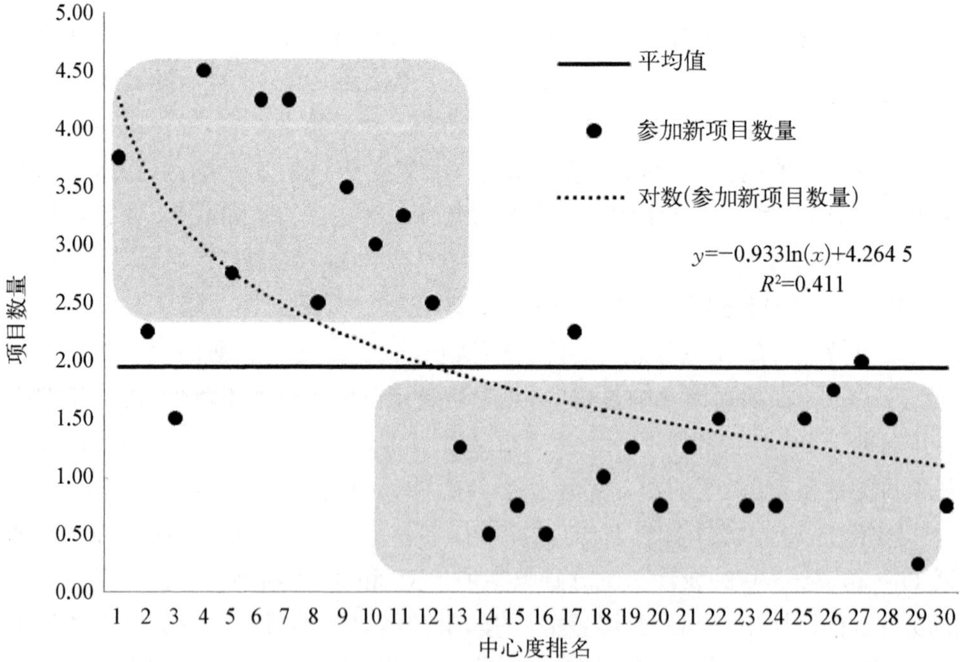

(b) 中心度排名与参与新项目数量的关系(施工单位)

注:(a)和(b)中的点表示 4 年网络中,中心度处于同一排名的单位参与下一年新项目的平均值。

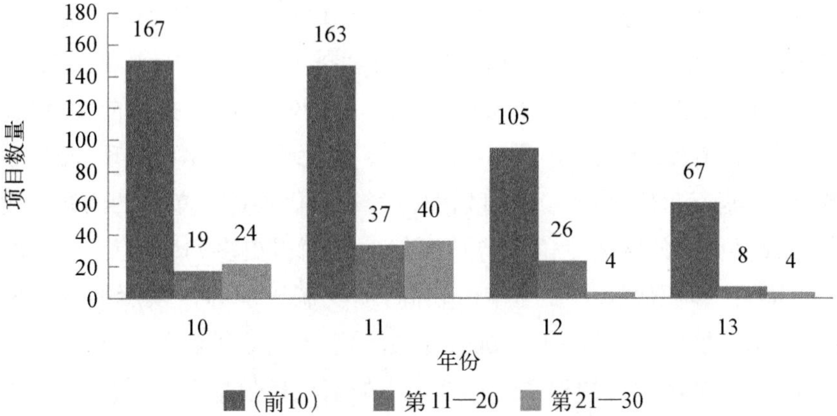

(c) 设计单位参与下一年新项目的情况

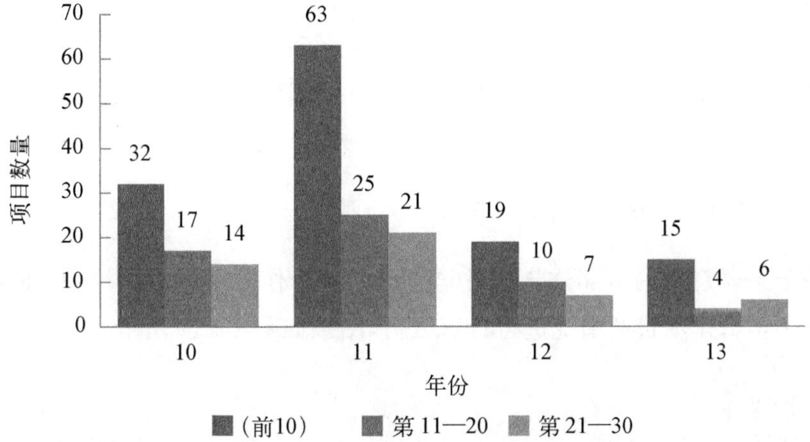

(d) 施工单位参与下一年新项目的情况

图 2 - 10　参建单位中心度排名与参与新项目之间的关系

对于设计单位而言，排名前 10 的单位在面对新项目时能够成倍的增加拿到项目的机会。除此之外，对比中心度排名 11—20、21—30 的单位参与新项目的数量可发现，并非呈现逐渐递减的规律，而是呈现一定的波动，也说明中心度由高到低，设计单位参与新项目的数量变化规律是非线性的。

对于施工单位，中心度排名从高到低，施工单位参与新项目的数量虽呈现递减的趋势，但是波动非常明显。例如，在 2013 年项目合作网络中，排名 21—30 的单位参与新项目的平均数量大于排名 11—20 的单位参与新项目的数量。中心度排名靠前的单位较排名靠后的单位在面对新项目时并未完全呈现明显的竞争优势，这种变化规律也具有非线性的特征。导致这种现象的原因可能有两方面。首先，建筑业市场是一个竞争非常激烈的市场和行业，特别是对施工单位而言更是如此。从图 2-10(d)中可看出，中心度排名前 10 的施工单位在 2010 年的网络中，参与了超过 51%的新项目。在同一年份，中心度排名前 10 的设计单位参与了超过 80%的新项目[图 2-10(c)]。由二者的对比可发现，相比设计单位合作网络，施工单位合作网络分散化程度较高，因而施工单位的网络位置并没有给他们提供更多的网络竞争优势从而使他们赢得更多的新项目。其次，对于施工单位而言，即便他们中心度排名较高，但受制于能力以及所拥有的网络资源，他们平均只能参与到 2～4 个新项目，远远小于同等排名条件下，设计单位平均参与 10～15 个新项目的程度。在这么小的新项目数量下，小幅度地增加一个项目(或者减小一个项目)都会对整个变化趋势产生重要影响，使变化趋势出现较大的波动。

综上分析可得，在重大项目合作网络演化过程中，中心度越高的单位在面对新项目时具有竞争优势，能够赢得更多的项目。但设计单位和施工单位的呈现规律存在差异，设计单位的规律更加明显。假设 1 得到验证。

(二) 基于 k-核的组织竞争力

基于 k-核指标，本部分分别对非政府项目合作网络中设计单位、施工单位参与下一年新建项目的情况进行计算分析，结果如图 2-11 所示。

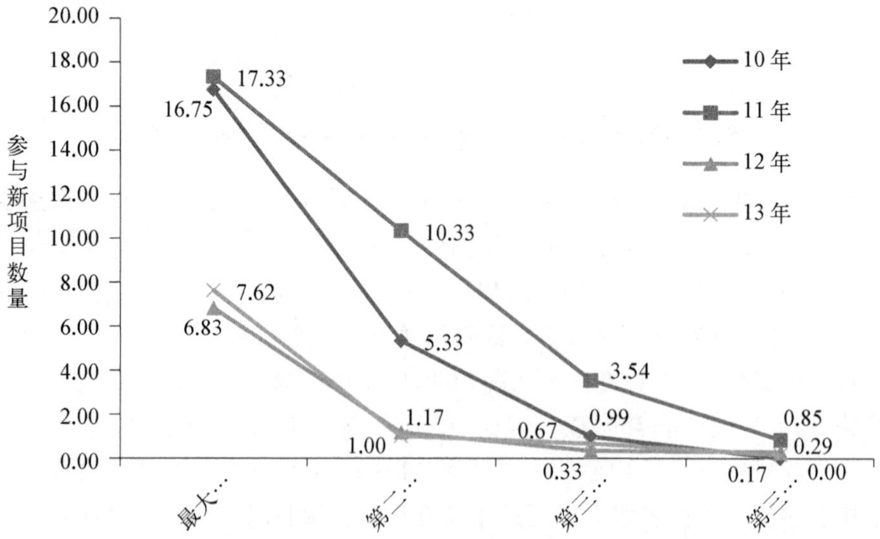

(a) 处于不同 k-核中的设计单位参与新项目的情况

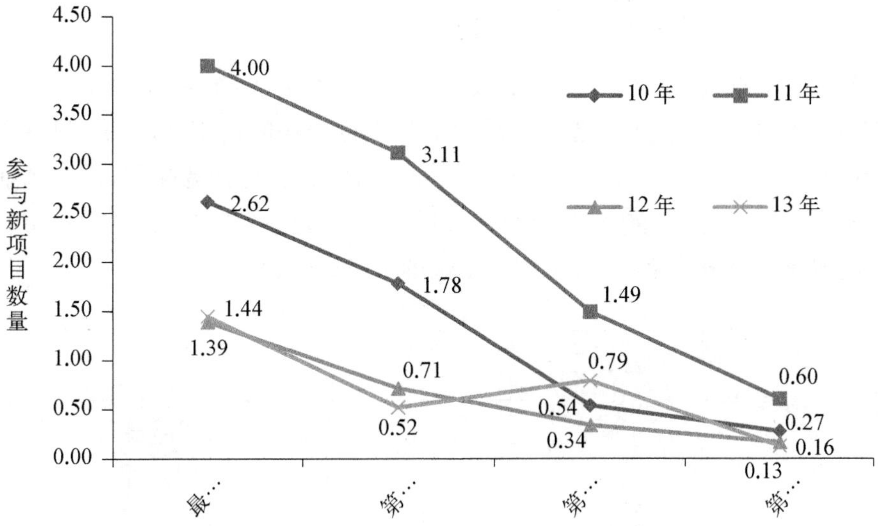

(b) 处于不同 k -核中的施工单位参与新项目的情况

根据图 2 - 11(a)和 2 - 11(b)，无论是设计单位还是施工单位，随着 k -核的递减，处于相应 k -核中的单位参与下一年新项目的数量也呈现递减的趋势，并且这种递减规律是非线性的。k -核越大，处在该 k -核中的单位在面对新项目时越具有竞争优势，能够赢得更多的项目。除此之外，我们可以发现，k -核每增大一个层级，k -核中单位能够成倍地增加拿到项目的机会。对比设计单位和施工单位，可发现设计单位呈现的规律更加明显。

上述分析一方面在一定程度上解释了参建单位希望成为网络核心的原因，成为网络的核心意味着网络竞争力的提升，从而能够赢得更多的新项目；另一方面，k -核越大，表示该 k -核中的单位合作越密切。在项目的长期演化过程中，相对合作不密切的单位，合作密切的单位更能利用网络的优势地位获得竞争优势，分享更多的机会，赢得更多的项目。这种优势在设计单位上体现得更加明显，会出现少数设计单位承接大多数项目的情况。这是因为在整个园区的建设过程中，施工单位的数量(569 家)远大于设计单位的数量(183 家)，且无锡新区很多项目都是中小型项目，对参建单位的技术要求并不高，因而会充分竞争，施工单位分布于众多项目中而没有出现少数单位承接大部分项目的情况。

综上分析，在重大项目网络演化过程中，合作越密切的单位越具有竞争优势，能参加更多的项目。假设 2 得到验证。

（三）基于以往合作关系的组织竞争力

本部分选取具有两年及以上新项目的业主进行分析，结果如图 2－12 所示。在实施新项目时，业主选择已有联系的单位进行合作的概率依次为：设计单位(21.92%)＞总平均(18.55%)＞施工单位(14.75%)。这就意味着，当一个业主要实施一个新项目时，在为项目招标的过程中，选择已有联系的设计单位进行再合作的概率超过五分之一，大于施工单位的 14.75%。

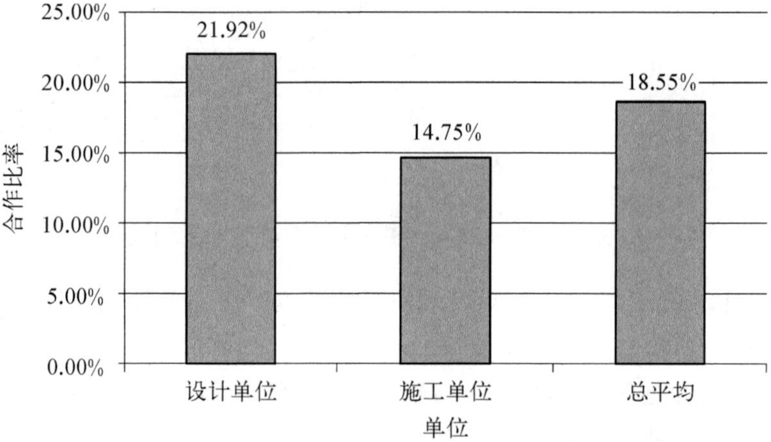

图 2－12 业主选择已有联系的单位进行再合作的概率

通过对比发现，当业主实施新项目并对参建单位进行招标时，选择已有联系的设计单位进行再合作的概率是最高的，其次为施工单位。这与前面分析的结论(少数的设计单位参与多数的项目，施工单位较为分散)具有一致性。导致该现象的原因可能有两个：一方面，针对设计单位，业主为了更好地实施项目，提高项目绩效，往往对已有合作的单位进行后评估，对后评估较好的企业设置招投标优先权。另一方面，少数设计单位参与多数项目也可反映出设计单位与业主之间通过多个项目的合作从而构建了长期合作关系，甚至建立关系合同，以提高再次合作的可能性。

与此同时，本部分选取典型的业主进行进一步深入分析，具体如表 2－6 所列。根据表 2－6 可发现，业主 M13084 和 M13096 在实施新项目的过程中均完全选择已有联系的设计单位和施工单位进行合作。除此之外，在项目的实施和演化过程中，完全选择已有联系的设计单位进行合作的业主包括 M13058、M13084、M13096、M13181、M15045；完全选择已有联系的施工单位进行合作的业主包括M13084、M13090、M13096、M14213、M14411。综合二者可发现，这些业主拥有新项目的年数大多在2年，并且所有的业主都是本地企业。因此，本地业主相对于外地业主而言，更倾向于选择已有联系的合作伙伴在新项目中进行再次合作。

表2-6　业主选择设计和施工单位进行再合作的情况

业　　主	设　计　单　位		施　工　单　位	
	已有联系的单位	合作比率	已有联系的单位	合作比率
M13058(L，2)	A13025(L，2)	100%		—
M13084(L，2)	A13024(L，2)	100%	C13058(L，2)	100%
M13096(L，2)	A13039(L，2)	100%	C23022(F，2)	100%
M13181(L，2)	A13028(L，2)	100%	—	—
M15045(L，2)	A23002(L，2)	100%	—	—
M13090(L，2)	—	—	C23078(F，2) C22019(F，2)	100%
M14213(L，2)	—	—	C22040(F，2)	100%
M14411(L，3)	A13031(L，2)	50%	C22007(F，3)	100%
M15106(L，5)	A23004(F，4)	85.71%	C23170(F，4)	55.56%
M13085(L，4)	A13039(L，3)	63.64%	C23005(F，3) C13012(L，3) C23004(F，2)	50%
M13038(L，3)	A13023(L，3)	66.67%	C23004(F，2)	66.67%

注：M(L，2)中L表示业主是本地企业，2表示业主拥有新项目的年数。在所有与业主曾存在联系的合作伙伴中，F表示外地企业，L表示本地企业，括号中的数字表示与同一业主合作的年数。

除此之外，业主M15106、M13038和M13085在多年的新项目中选择已有联系的设计单位和施工单位进行再合作的概率均在50%以上。下面针对这三个典型业主进行分析。

业主M15106在5年的项目中选择已有联系的设计单位进行合作的概率高达85.71%，其中有4年的新项目都选择设计单位A23004和施工单位C23170进行合作，并且这两家单位都是外地企业。综合这三家业主已有联系的合作伙伴看，这些单位并非都是本地企业，有一大部分是外地的设计和施工单位，由此可看出无锡本地的建筑市场是相对开放的市场，本地业主并非倾向于选择本地企业进行再合作。因而业主会有更多的弹性，基于合作伙伴的网络关系、竞争力及其他因素来选择长期的合作伙伴。同时，由于这些业主的项目大多为分期项目，因此在项目的招标过程当中，很可能是打捆招标，并且由于分期项目中途更换合作伙伴的代价比较大，很有可能与设计单位和施工单位建立关系合同，甚至建立长期合作伙伴关系，从而在面对新项目时，倾向于选择已有联系的单位进行再合作。

另外，从表 2－6 中同样可发现，业主选择已有联系的设计单位进行再合作的概率普遍高于施工单位。以业主 M15106 为例，该业主选择已有联系的设计单位（A23004）进行再合作的概率达到 85.71%，而施工单位（C23170）只有 55.56%。这与之前的分析结论一致。

与此同时，结合表 2－5 和表 2－6 来看，可发现一个新的结论，即对于某些特定的业主，在为新项目选择合作伙伴时，会更看重与该合作伙伴以往的合作关系，而非网络地位。例如，A23004 和 C23170 两家单位并不在表 2－5 所呈现的中心度排名较高的节点列表中，这就表明这两家单位并不占据网络的中心地位，也不具备核心的网络优势。但是，由于与特定业主（M15106）曾经存在合作关系，这种合作关系使得他们同样能够参与到该业主的新项目中。这种长期的合作关系对于两家单位而言同样是一种非常重要的竞争优势。这在实际中也是可以解释的，因为大部分的园区开发项目一般都采用分期分段开发的方式，对业主而言，从熟悉程度和合作关系角度出发，会更倾向于选择那些与业主曾经合作过的合作伙伴进行再次合作，以降低项目合作的风险。因为在这种重大项目长期的实施过程中，频繁地更换新合作伙伴会增加业主的交易成本。所以，业主倾向于与现有合作伙伴建立长期的合作伙伴关系或者建立关系合同。但需要注意的是，是否进行再合作很大程度也受到业主自身条件的影响，不同的业主可能会采用不同的方式。

综上分析，业主在长期合作中是否更倾向于选择已有联系的单位进行合作，因业主自身具体情况而定，有些业主可能通过建立关系合同或者再评估的方式来提高再合作的可能性，而有些业主在面对新项目时，也可能会选择全新的合作伙伴。因此，假设 3 并不完全成立。

（四）小结

本部分采用案例分析和社会网络分析的方法，对重大项目网络竞争力特征和规律进行深入分析，并基于非政府项目对提出的 3 个假设进行检验。对现有重大项目合作网络竞争力的研究进行有效地扩充。经分析，我们得出如下结论。

(1) 在重大项目合作网络演化的过程中，网络度数中心度越大的单位具有越多的社会资本，在面对新项目时更具有竞争优势，这种优势表现为能够赢得更多的新项目。随着中心度的变化，设计单位和施工单位参与新项目的数量变化规律都呈非线性变化，但二者也存在差异。中心度排名前 10 的设计单位赢得了大多数项目，而中心度排名靠前的施工单位较排名靠后的单位在面对新项目时并未完全呈现明显的竞争优势，处于充分竞争的状态。

(2) 在重大项目合作网络演化过程中，k -核越大，处于该 k -核中的单位合作更加紧密，能够分享更多的投资机会，使得这些单位在面对新项目时更具有竞争优势，能够赢得更多的项目。随着 k -核的变化，设计单位和施工单位参与新项目的数量变化规律都呈非线性变化，设计单位的规律更加明显。

(3) 业主在重大项目合作网络演化过程中起到关键的主导作用，这种作用体现在业主通过招标的方式选择合作伙伴，参建单位之间的关系也是通过业主的选择得以构建。但在长期合作中是否更倾向于选择已有联系的单位进行合作存在不确定性。一部分业主可能通过建立长期合作伙伴关系或者关系合同或者再评估的方式来提高再合作的可能性，而有些业主在面对新项目时也可能会选择全新的合作伙伴。但不可否认，业主在为新项目选择合作伙伴时，以往的合作关系会成为业主重要的考虑因素。进一步分析发现，倾向于选择已有联系单位进行合作的业主都是本地企业，但这些合作伙伴并非都是本地企业。

针对重大项目合作网络组织竞争力的变化特征，需要从主管机构、业主以及参建单位三个层面提出不同治理策略和竞争策略，具体如下。

(1) 对于非政府投资项目而言，由于设计单位长期处于非政府项目网络的核心，且一小部分的设计单位参与了大量的新项目，因而在政策制定和治理机制设计中要充分考虑和发挥设计单位的作用，以及针对设计单位的管理。例如，对设计单位制定严格的考核和再评估体系，保证设计质量和设计进度。特别是中心度排名前 10 以及最大 k -核中的设计单位，业主在与其签订合同前要参考这些单位以往的业绩表现，签合同时要规定好评估指标，要充分发挥设计单位网络核心的正面作用，而不是任由这些占据网络核心地位的设计单位依此进行垄断，扰乱市场秩序。而针对施工单位，由于单位数量众多且充分竞争，可制定相应市场机制进行市场治理。

(2) 针对非政府项目的业主，特别是倾向于选择已有联系合作伙伴进行再合作的业主，如 M13058、M13084、M13096、M13181、M15045、M13090、M14213、

M14411、M15106 等，需要设计相应的机制来规范和引导业主招标的过程，建立以绩效为基准的后评估制度，避免出现仅仅因为曾经存在合作关系从而选择再合作的情况。对于长期合作的单位，政府要加强对其绩效的监督和管控。

(3) 对于设计单位和施工单位而言，可通过两种方式来增强其社会资本和组织竞争力。一方面需要通过提供优质的服务来保持与现有业主的良好合作关系；另一方面，也需要不断拓展其网络关系，增强网络地位，从而提升组织的网络竞争力。

(4) 设计单位和施工单位需要差异化的竞争策略。相对于施工单位，与业主已发生合作关系的设计单位有更大的概率被业主选中参与新的项目。因此，对于设计单位而言，需要更加注重维护与现有业主的合作关系，以使这些设计单位能够占据更大的市场份额；对于施工单位而言，由于充分和激烈的市场竞争，他们需要更侧重于开拓新的市场从而保持较高的市场竞争力。

(5) 在重大项目合作网络长期演化过程中，与业主建立高质量的合作关系对于这些服务提供方至关重要。在充分竞争的建筑业，我们发现那些建立在提供高质量服务基础上的合作关系，已经成为业主为新项目选择合作方的重要参考依据和标准。那些为业主提供优质服务的参建方会更受市场欢迎，并为参与未来的新项目奠定良好基础。

(6) 特别是对新兴企业或者市场新进入者而言，与业主建立高质量的关系对于市场竞争会有更多的优势。建筑业的竞争已经从传统的关注成本优势升级为更关注质量优势。对新兴的企业来说，更应该培育这种高质量的客户关系和提供高质量的服务，以使他们能够与网络中已经具备优势的企业竞争，获取更大的市场份额。

七、结论与展望

(一) 结论

本文以无锡新区重大建设项目为背景，利用案例分析和社会网络分析的方法，对重大项目网络竞争力及网络演化的特征和规律进行深入分析，对比政府和非政府项目的演化规律，并基于非政府项目对提出的 3 个假设进行检验，对现有重大项目合作网络竞争力及演化规律的研究进行有效的扩充。经分析，我们得到如下结论。

(1) 不同投资类型的项目网络的演化规律存在差异。政府项目参建单位合作网络的紧密程度较非政府投资项目高，但非政府投资项目的网络特征更加稳定。在非政府投资项目中，设计单位处于网络的关键位置，而对政府投资项目而言，业主方处于网络的核心位置。

(2) 在重大项目网络演化的过程中，网络度数中心度越大的单位，在面对新项目时更具有竞争优势，这种优势表现为能够赢得更多的新项目。随着中心度的变化，设计单位和施工单位参与新项目的数量变化规律都呈非线性变化，但二者也存在差异。中心度排名前10的设计单位赢得了多数项目，而中心度排名靠前的施工单位较排名靠后的单位在面对新项目时并未完全呈现明显的竞争优势，处于充分竞争的状态。

(3) 在重大项目网络演化过程中，k-核越大，处于该 k-核中的单位合作更加紧密，更够分享更多的投资机会，使得这些单位在面对新项目时更具有竞争优势，能够赢得更多的项目。随着 k-核的变化，设计单位和施工单位参与新项目的数量变化规律都呈非线性变化，设计单位的规律更加明显。

(4) 业主在重大项目合作网络演化过程中起到关键的主导作用，这种作用体现在业主通过招标的方式选择合作伙伴，参建单位之间的关系也是通过业主的选择得以构建。但在长期合作中是否更倾向于选择已有联系的单位进行合作存在不确定性。一部分业主可能通过建立长期合作伙伴关系或者关系合同或者再评估的方式来提高再合作的可能性，而有些业主在面对新项目时也可能会选择全新的合作伙伴。但不可否认，业主在为新项目选择合作伙伴时，以往的合作关系会成为业主重要的考虑因素。进一步分析发现，倾向于选择已有联系单位进行合作的业主都是本地企业，但这些合作伙伴并非都是本地企业。

根据分析结论，结合无锡新区的实际情况，本文针对不同投资类型的项目以及不同项目参与方提出差异化的治理策略和竞争策略，具体如下。

(1) 政府投资项目和非政府投资项目的演化规律存在差异。因此在项目管理和治理的过程中要制定差异化的治理策略。从区域发展角度看，政府投资项目在区域开发建设中承担重要角色。因此，对于政府投资项目，需要充分发挥业主(即政府)的主导作用，设计较好的采购机制和合同策略，完善政府投资项目治理模式，充分发挥企业间的合作与协同，建立长期合作机制，以提高政府投资项目管理绩效。但是，由于政府项目往往是由少数几个政府公司承担区域开发建设任务，即政府主体与项目之间是一对多的关系。因此也应避免小团体密切合作，因为这会限制公平的竞争机会，影响项目绩效，甚至出现项目腐败问题。

(2) 对于非政府投资项目而言，设计单位长期处于非政府项目网络的核心，因而在政策制定和治理机制设计中要充分考虑和发挥设计单位的作用，以及针对设计单位的管理。例如，对设计单位制定严格的考核和再评估体系，保证设计质量和设计进度。特别是中心度排名前 10 以及最大 k -核中的设计单位，业主在与其签订合同前要参考这些单位以往的业绩表现，规定好评估指标，要充分发挥设计单位网络核心的正面作用，而不是借助网络核心进行垄断，扰乱市场秩序。而针对施工单位，由于单位数量众多且充分竞争，可制定相应市场机制进行市场治理。

(3) 针对非政府项目的业主，特别是倾向于选择已有联系合作伙伴进行再合作的业主，如 M13058、M13084、M13096、M13181、M15045、M13090、M14213、M14411、M15106 等，需要设计相应的机制来规范和引导业主招标的过程，建立以绩效为基准的后评估制度，避免出现仅仅因为曾经存在合作关系从而选择再合作的情况。对于长期合作的单位，政府要加强对其绩效的监督和管控。

(4) 对于设计单位和施工单位而言，可通过两种方式来增强其社会资本和组织竞争力：一方面需要通过提供优质的服务来保持与现有业主的良好合作关系；另一方面，也需要不断拓展其网络关系，增强网络地位，从而提升组织的网络竞争力。

(5) 设计单位和施工单位需要差异化的竞争策略。相对于施工单位，与业主已发生合作关系的设计单位有更大的概率被业主选中参与新的项目。因此，对于设计单位而言，需要更加注重维护与现有业主的合作关系，以使这些设计单位能够占据更大的市场份额；对于施工单位而言，由于充分和激烈的市场竞争，他们需要更侧重于开拓新的市场从而保持较高的市场竞争力。

(6) 在重大项目合作网络长期演化过程中，与业主建立高质量的合作关系对于这些服务提供方至关重要。在充分竞争的建筑业，我们发现那些建立在提供高质量服务基础上的合作关系，已经成为业主为新项目选择合作方的重要参考依据和标准。那些为业主提供优质服务的参建方会更受市场欢迎，并为参与未来的新项目奠定良好基础。

(7) 特别是对新兴企业或者市场新进入者而言，与业主建立高质量的关系对于市场竞争会有更多的优势。建筑业的竞争已经从传统的关注成本优势升级为更关注质量优势。对新兴的企业来说，更应该培育这种高质量的客户关系和提供高质量的服务，以使他们能够与网络中已经具备优势的企业竞争，获取更大的市场份额。

（二）局限与不足

本文从动态视角出发，基于社会网络分析方法和重大项目案例分析，对重大项目合作网络的演化及竞争力进行研究。一方面，研究结果极大地丰富了现有重大项目的研究，使我们能够更好地理解重大项目及其演化过程，更加深入地认识重大项目的合作规律及竞争力。另一方面，本研究也为重大项目的动态治理提供了指导和相应政策建议，同时对同类型项目的治理也有一定借鉴意义。

除了本文的理论和实践的贡献外，本文也存在一些局限。例如，本文只是选取非政府项目进行深入分析，缺少了政府项目的对比，因此未来的研究可以对政府项目和非政府项目进行对比分析。具体如下。

1）获取数据的深度还有待改善

真实有效的数据是实证研究的一个重要基石，但是如何获取真实数据却往往成为研究的瓶颈。由于时间和能力的限制，本研究采用的是网络中企业和项目的基本信息，没能收集和挖掘到更多的企业及项目属性信息，因此研究的细分点和深度非常有限。特别是在分析的过程中，由于缺少参建单位的绩效，比如项目完成情况（成本、进度和质量），本文更关注参建单位的网络绩效而非实际绩效。而且，由于所构建模型仅限于指定地区指定项目，并且组织间关系并未赋予权重及属性，具有一定局限性。因此未来的研究可以将网络绩效和实际绩效结合起来，并探索二者之间的关系，同时可以收集更为详细的资料，建立有权重的网络，更加深入地分析参建方之间的合作关系。

2）获取的数据量不够大

本研究使用的数据量虽然已经比较大了，但覆盖的范围也还不够广泛，只是无锡新区这个区域范围，甚至都没有到无锡市的范围，具有一定的局限性。除此之外，本文在构建网络时，并没有考虑子承包商的情况。因为在实际操作中，一个总承包商下面会有很多个子承包商，应该也属于合作网络的一部分。因此，今后可以尝试在更大的范围内重复这一研究，以便验证其普适性。

3）对于实证分析环节缺乏对比研究

本文在网络演化和组织竞争力环节进行实证分析时采用的都是单个案例，虽然得出了很多网络参数，但单个案例比较难判断这些数值的高低标准，单个案例所得结论的说服力也是比较缺乏的。由于目前研究所限，没能做多案例对比研究，希望本文能够为以后的研究人员在该领域进行更深入的研究贡献一个详尽全面的案例，并且相关分析也能作为基础。

4）部分研究方法还在探索阶段，不够成熟

本研究中关于合作网络演化的研究的深度较浅，且所采用的方法在相关的研究领域中并没有对应的成熟的定义及相关理论，因此在使用的方法和得出的结论上还存在一定的欠缺。作为一种探索性研究，希望能为未来研究者们做出更大的研究成果做些工作。

（三）展望

在总结本文研究的不足后，基于本文建立的模型及实证分析的结果，提出以后可以深入研究的方向如下。

(1) 首先从数据层面，若能收集到项目的实际绩效（成本、进度和质量），或者参建方的绩效打分数据，则可将项目的实际绩效与网络绩效结合起来，探究二者在长期演化过程中的关系的变化。这样得出的结论能够为实践提供更大的借鉴价值。除此之外，可以考虑将子承包商纳入合作网络中。因为在工程实践中，业主不仅会选择总承包商，也会通过招标的方式选择一些子承包商。将子承包商纳入合作网络可使结论更加稳健且更具参考价值。

(2) 基于动态网络视角，分析在工程全寿命周期中网络主体特征的变化。由于重大项目合作网络不同于其他组织网络的最大特征在于临时性和一次性，因其稳定性较差，并且会随着工程阶段和工程环境的变化而变化，所以，在未来的研究中，应当将该模型的内外环境影响要素纳入考虑范围内，分析项目合作网络模型相关指标的变化随着工程生命周期的变化对内外环境的敏感程度。

(3) 若条件允许，在未来的研究中，可以构建有权重的合作网络，更加深入研究不同参建方关系的变化。因为在工程实践中，参加方与业主的关系会有强弱之分。有些参建方虽然不具备很强的网络地位，但却与某些业主具有很强的关系，这同样会给这些参建方带来竞争优势。

参考文献

[1] AIGINGER K, BARENTHALER-SIEBER S, VOGEL J. Competitiveness under new perspectives [Z]. WWWforEurope Working Paper, 2013.

[2] AIGINGER K, VOGEL J. Competitiveness: from a misleading concept to a strategy supporting Beyond GDP goals[J]. Competitiveness Review, 2015, 25(5): 497-523.

[3] AIGINGER K. Competitiveness: From a Dangerous Obsession to a Welfare Creating Ability with Positive Externalities[J]. Journal of Industry, Competition and Trade,

2006, 6(2): 161 - 177.

[4] ARITUA B, SMITH N J, BOWER D A. Construction client multi-projects — A complex adaptivesystems perspective[J]. International Journal of Project Management, 2009, 27(1): 72 - 79.

[5] BECKER M C, MICHAEL J. The Sociology of Organizations-Classic, Contemporary, and Critical Readings[J]. Management Learning, 2003.

[6] BOATENG P, CHEN Z, OGUNLANA S O. An Analytical Network Process model for risks prioritisation in megaprojects[J]. International Journal of Project Management, 2015(33): 1795 - 1811.

[7] BRESNEN M, EDELMAN L, NEWELL S, et al. Exploring social capital in the construction firm[J]. Building Research and Information, 2005, 33(3): 235 - 244.

[8] BRUZELIUS N, FLYVBJERG B, ROTHENGATTER W. Big decisions, big risks. Improving accountability in mega projects [J]. Transport Policy, 2002, 9 (2): 143 - 154.

[9] BURT R S. The Network Structure Of Social Capital [J]. Research in Organizational Behavior, 2000, 22(00): 345 - 423.

[10] CAREY S, LAWSON B, KRAUSE D R. Social capital configuration, legal bonds and performance in buyer-supplier relationships [J]. Journal of Operations Management, 2011, 29(4): 277 - 288.

[11] CASTILLA E J. Networks of venture capital firms in Silicon Valley[J]. International Journal of Technology Management, 2003, 25(25): 113 - 135.

[12] CHINOWSKY P S, DIEKMANN J, O'BRIEN J. Project Organizations as Social Networks[J]. Journal of Construction Engineering & Management, 2010, 136(4): 452 - 458.

[13] CHINOWSKY P S, TAYLOR J E. Networks in engineering: an emerging approach to project organization studies [J]. Engineering Project Organization Journal, 2012, 2(1 - 2): 15 - 26.

[14] CHOWDHURY A N, CHEN, PO — HAN, et al. Analysing the structure of public-private partnership projects using network theory[J]. Construction Management and Economics, 2011, 29(3): 247 - 260.

[15] COLEMAN J S. Social capital in the creation of human capital[J]. American journal of sociology, 1988: S95 - S120.

[16] DOSI G, GRAZZI M, MOSCHELLA D. Technology and costs in international competitiveness: From countries and sectors to firms [J]. Research Policy, 2015, 44(10): 1795 - 1814.

[17] ECHOLS A, TSAI W. Niche and Performance: The Moderating Role of Network Embeddedness[J]. Strategic Management Journal, 2005, 26(3): 219 - 238.

[18] FLYVBJERG B. Policy and planning for large infrastructure projects: Problems, causes, cures[J]. Policy Research Working Paper, 2011, 34(4): 578 - 597.

[19] FLYVBJERG B. What You Should Know About Megaprojects and Why: An Overview [J]. Project Management Journal, 2014, 45(2): 6 - 19.

[20] FREEMAN L C. Centrality in Social Networks' Conceptual Clarification [J]. Social Networks, 1979, 1(3): 215 - 239.

[21] GORDON A F, GORDON A F. Ghostly Matters: Haunting and the Sociological Imagination[M]. Minnesota: University of Minnesota Press, 2008.

[22] GULATI R. Alliances and networks [J]. Strategic Management Journal, 1998, 19(4): 293 - 317.

[23] HAYNES W. Transportation at the millennium: In search of a megaproject lens[J]. Review of Policy Research, 2002, 19(2): 62 - 64.

[24] HOCHBERG Y V, LJUNGQVIST A, LU Y. Whom You Know Matters: Venture Capital Networks and Investment Performance[J]. Journal of Finance, 2007, 62(1): 251 - 301.

[25] JACOBS J. The death and life of great American cities[J]. Vancouver: Vintage Books, 1993.

[26] JONES C, HESTERLY W S, BORGATTI S P. A General Theory of Network Governance: Exchange Conditions and Social Mechanisms[J]. Academy of Management Review,1997, 22(4): 911 - 945.

[27] JONES H A C, NOBLE C, DAMSGARD B, et al. Social network analysis of the behavioural interactions that influence the development of fin damage in Atlantic salmon parr (Salmo salar) held at different stocking densities[J]. Applied Animal Behaviour Science,2011, 133(1 - 2): 117 - 126.

[28] KIM H, PARK Y. Structural effects of R&D collaboration network on knowledge diffusion performance [J]. Expert Systems with Applications, 2009, 36 (5): 8986 - 8992.

[29] KWAK Y H, SMITH B M. Managing risks in mega defense acquisition projects: Performance, policy, and opportunities [J]. International Journal of Project Management, 2009, 27(8): 812 - 820.

[30] LI Y, LU Y, KWAK Y H, et al. Social network analysis and organizational control in complex projects: construction of EXPO 2010 in China [J]. Engineering Project Organization Journal, 2011, 1(4): 223 - 237.

[31] LI Z, XIN Y, CHENG C. Understanding the value of project management from a stakeholder's perspective: Case study of mega — project management [J]. Project Management Journal, 2010, 40(1): 99 - 109.

[32] LIU L, HAN C, XU W. Evolutionary analysis of the collaboration networks within National Quality Award Projects of China [J]. International Journal of Project Management, 2015, 33(3): 599 - 609.

[33] LOCATELLI G, MANCINI M. Risk management in a mega-project: the Universal EXPO 2015 case[J]. International Journal of Project Organisation & Management,

2010，2(3)：236 - 253.

[34] LOURY G. A dynamic theory of racial income differences [J]. Women，minorities，and employment discrimination，1977,153：86 - 153.

[35] LU Y，LI Y K，PANG D，et al. Organizational network evolution and governance strategies in megaprojects [J]. Construction Economics and Building，2015，15(3)：19 - 33.

[36] MÜLLER R，PEMSEL S，SHAO J. Organizational enablers for governance and governmentality of projects：A literature review[J]. International Journal of Project Management，2014，32(8)：1309 - 1320.

[37] Newman M E J. The Structure and Function of Complex Networks[J]. SIAM Review，2003，45(2)：167 - 256.

[38] Newman M E J. The structure of scientific collaboration networks[J]. Proceedings of the National Academy of Sciences of the United States of America，2000，98(2)：404 - 409.

[39] OLIOMOGBE G，SMITH N J. Value in megaprojects [J]. Organization，Technology & Management in Construction：An International Journal 4(Special Issue)，2013.

[40] OLIVER C. Strategic Responses to Institutional Processes[J]. Academy of Management Review，1991，16(1)：145 - 179.

[41] PARK H，HAN S H，ROJAS E M，et al. Social Network Analysis of Collaborative Ventures for Overseas Construction Projects[J]. Journal of Construction Engineering & Management，2011，137(5)：344 - 355.

[42] PROVAN K G，MILWARD H B，ISETT K R. Collaboration and Integration of Community-Based Health and Human Services in a Nonprofit Managed Care System [J]. Health Care Management Review，2002，27(1)：21 - 32.

[43] PRYKE S D. Towards a social network theory of project governance [J]. Construction Management and Economics，2005,23(9)：927 - 939.

[44] PRYKE S. Analyzing construction project coalitions：exploring the application of social network analysis[C]//Aps Division of Fluid Dynamics Meeting. APS Division of Fluid Dynamics Meeting Abstracts，2004.

[45] QUINN D，et al. Social Network Analysis-A Survey [J]. International Journal of Ambient Computing and Intelligence，2012，4(3)：46 - 58.

[46] ROGER M，BRIAN H. Governance Regimes for Large Complex Projects[J]. Project Management Journal，2005，36(3)：42 - 50.

[47] RONALD B. Structural holes：The social structure of competition[M]. Cambridge：Harvard University Press，1992.

[48] RUUSKA I，ARTTO K，AALTONEN K，et al. Dimensions of distance in a project network：Exploring Olkiluoto 3 nuclear power plant project[J]. International Journal of Project Management，2009，27(2)：142 - 153.

[49] SCOTT J，CARRINGTON P J. The SAGE handbook of social network analysis

[M]. SAGE publications.
[50] SEIDMAN S B. Network structure and minimum degree[J]. Social networks, 1983, 5(3): 269 - 287.
[51] STURUP S. Megaprojects and Governability [J]. World Academy of Science, Engineering and Technology, 2009, 54.
[52] SÖLVELL Ö. The Competitive Advantage of Nations 25 years-opening up new perspectives on competitiveness[J]. Competitiveness Review, 2015, 25(5): 471 - 481.
[53] TSAI Y H, MA H C, LIN C P, et al. Group social capital in virtual teaming contexts: A moderating role of positive affective tone in knowledge sharing[J]. Technological Forecasting & Social Change, 2014, 86(340): 13 - 20.
[54] WASSERMAN S, FAUST K. Social network analysis: Methods and applications [J]. Contemporary Sociology, 1994, 91(435): 219 - 220.
[55] WOOLCOCK M, NARAYAN D. Social Capital: Implications for Development Theory, Research, and Policy[J]. World Bank Research Observer, 2000, 15(2): 225 - 249.
[56] ZIDANE J T, JOHANSEN A, EKAMBARAM A. Megaprojects-Challenges and Lessons Learned[J]. Procedia — Social and Behavioral Sciences, 2013, 74: 349 - 357.
[57] 李永奎,乐云,何清华,等.基于 SNA 的复杂项目组织权力量化及实证[J].系统工程理论与实践,2012,32(2): 312 - 318.
[58] 李永奎,庞达,李东宇,等.基于元网络的项目组织学习能力对任务完成影响评价仿真方法[J].系统工程理论与实践,2016,36(5): 1252 - 1260.
[59] 张婷婷,王承云,张晶磊.主题公园建设与区域经济关系研究——以全球迪士尼主题公园为例[J].现代城市研究,2010,(11): 85 - 90.

附录　数据计算结果

非政府项目网络中心度计算结果(2009 年)

```
09度数.txt
FREEMAN'S DEGREE CENTRALITY MEASURES:
------------------------------------------------------------------------------

Diagonal valid?                NO
Model:                         SYMMETRIC
Input dataset:                 d:\Users\Administrator\Desktop\e第六次汇报—政府非政府\非政府\09-Aff


                          1            2            3
                     Degree    NrmDegree        Share
               ------------ ------------ ------------
261 A12004           82.000        1.046        0.035
282 A13031           66.000        0.842        0.028
263 A12009           66.000        0.842        0.028
 28 M12126           53.000        0.676        0.022
279 A13028           36.000        0.459        0.015
270 A13009           32.000        0.408        0.014
 22 M12108           28.000        0.357        0.012
313 A22026           28.000        0.357        0.012
267 A13004           28.000        0.357        0.012
288 A13039           24.000        0.306        0.010
284 A13033           24.000        0.306        0.010
439 C22017           21.000        0.268        0.009
262 A12006           20.000        0.255        0.008
 93 M13188           19.000        0.242        0.008
 95 M13241           19.000        0.242        0.008
403 C13122           18.000        0.230        0.008
353 C12023           16.000        0.204        0.007
468 C23001           14.000        0.179        0.006
368 C13026           14.000        0.179        0.006
277 A13025           14.000        0.179        0.006
 14 M12012           14.000        0.179        0.006
 23 M12112           13.000        0.166        0.006
 13 M12011           13.000        0.166        0.006
292 A13046           12.000        0.153        0.005
 65 M13073           12.000        0.153        0.005
 24 M12113           12.000        0.153        0.005
587 C23294           12.000        0.153        0.005
372 C13039           12.000        0.153        0.005
 70 M13086           12.000        0.153        0.005
310 A22021           12.000        0.153        0.005
524 C23170           12.000        0.153        0.005
371 C13038           12.000        0.153        0.005
374 C13044           12.000        0.153        0.005
364 C13012           11.000        0.140        0.005
344 C12002           11.000        0.140        0.005
245 M15106           11.000        0.140        0.005
437 C22010           11.000        0.140        0.005
397 C13106           10.000        0.128        0.004
318 A23004           10.000        0.128        0.004
399 C13114           10.000        0.128        0.004
461 C22063           10.000        0.128        0.004
234 M15003           10.000        0.128        0.004
```

09度数.txt

74	M13092	10.000	0.128	0.004
276	A13024	10.000	0.128	0.004
58	M13061	10.000	0.128	0.004
441	C22019	10.000	0.128	0.004
299	A22001	10.000	0.128	0.004
271	A13011	10.000	0.128	0.004
91	M13178	9.000	0.115	0.004
365	C13017	9.000	0.115	0.004
514	C23146	9.000	0.115	0.004
346	C12007	9.000	0.115	0.004
177	M13751	8.000	0.102	0.003
472	C23014	8.000	0.102	0.003
266	A13000	8.000	0.102	0.003
6	M11032	8.000	0.102	0.003
286	A13035	8.000	0.102	0.003
360	C13007	8.000	0.102	0.003
94	M13220	8.000	0.102	0.003
317	A23002	8.000	0.102	0.003
278	A13026	8.000	0.102	0.003
604	S13015	8.000	0.102	0.003
15	M12014	8.000	0.102	0.003
501	C23085	7.000	0.089	0.003
357	C13001	7.000	0.089	0.003
21	M12100	7.000	0.089	0.003
87	M13145	7.000	0.089	0.003
384	C13067	7.000	0.089	0.003
198	M14040	7.000	0.089	0.003
444	C22027	6.000	0.077	0.003
320	A23006	6.000	0.077	0.003
509	C23127	6.000	0.077	0.003
40	M13017	6.000	0.077	0.003
480	C23031	6.000	0.077	0.003
72	M13090	6.000	0.077	0.003
595	C24008	6.000	0.077	0.003
42	M13028	6.000	0.077	0.003
451	C22040	6.000	0.077	0.003
335	A23049	6.000	0.077	0.003
4	M11020	6.000	0.077	0.003
336	A23054	6.000	0.077	0.003
52	M13051	6.000	0.077	0.003
235	M15006	6.000	0.077	0.003
27	M12125	6.000	0.077	0.003
16	M12016	6.000	0.077	0.003
209	M14402	6.000	0.077	0.003
402	C13121	6.000	0.077	0.003
390	C13088	6.000	0.077	0.003
345	C12006	6.000	0.077	0.003
355	C12026	6.000	0.077	0.003
503	C23095	6.000	0.077	0.003
599	C25003	6.000	0.077	0.003
497	C23068	6.000	0.077	0.003
246	M15107	6.000	0.077	0.003
438	C22011	6.000	0.077	0.003

09度数.txt

```
 69 M13084          6.000          0.077          0.003
204 M14102          6.000          0.077          0.003
512 C23131          6.000          0.077          0.003
323 A23012          6.000          0.077          0.003
103 M13423          5.000          0.064          0.002
348 C12009          5.000          0.064          0.002
406 C13128          5.000          0.064          0.002
482 C23035          5.000          0.064          0.002
352 C12015          5.000          0.064          0.002
182 M14002          5.000          0.064          0.002
120 M13485          5.000          0.064          0.002
491 C23057          5.000          0.064          0.002
467 C22072          5.000          0.064          0.002
396 C13104          5.000          0.064          0.002
239 M15015          5.000          0.064          0.002
351 C12013          4.000          0.051          0.002
  3 M11019          4.000          0.051          0.002
314 A22031          4.000          0.051          0.002
415 C13148          4.000          0.051          0.002
334 A23039          4.000          0.051          0.002
156 M13638          4.000          0.051          0.002
376 C13050          4.000          0.051          0.002
408 C13133          4.000          0.051          0.002
226 M14512          4.000          0.051          0.002
388 C13086          4.000          0.051          0.002
 85 M13137          4.000          0.051          0.002
433 C22006          4.000          0.051          0.002
 84 M13135          4.000          0.051          0.002
377 C13052          4.000          0.051          0.002
409 C13134          4.000          0.051          0.002
516 C23151          4.000          0.051          0.002
456 C22053          4.000          0.051          0.002
268 A13005          4.000          0.051          0.002
454 C22045          4.000          0.051          0.002
 53 M13052          4.000          0.051          0.002
 67 M13080          4.000          0.051          0.002
275 A13023          4.000          0.051          0.002
380 C13058          4.000          0.051          0.002
343 A25007          4.000          0.051          0.002
 56 M13058          4.000          0.051          0.002
564 C23246          4.000          0.051          0.002
158 M13645          4.000          0.051          0.002
102 M13416          4.000          0.051          0.002
517 C23153          4.000          0.051          0.002
591 C24001          4.000          0.051          0.002
274 A13020          4.000          0.051          0.002
 18 M12018          4.000          0.051          0.002
294 A13049          4.000          0.051          0.002
205 A13051          4.000          0.051          0.002
485 C23045          4.000          0.051          0.002
 77 M13096          4.000          0.051          0.002
523 C23167          4.000          0.051          0.002
 36 M13006          4.000          0.051          0.002
```

```
DESCRIPTIVE STATISTICS

                           1            2            3
                      Degree    NrmDegree        Share
                ------------ ------------ ------------
  1       Mean         3.911        0.050        0.002
  2    Std Dev         6.598        0.084        0.003
  3        Sum      2362.000       30.131        1.000
  4   Variance        43.535        0.007        0.000
  5        SSQ     35532.000        5.782        0.006
  6      MCSSQ     26295.172        4.279        0.005
  7   Euc Norm       188.499        2.405        0.080
  8    Minimum         0.000        0.000        0.000
  9    Maximum        82.000        1.046        0.035

Network Centralization = 1.00%
Heterogeneity = 0.64%.  Normalized = 0.47%

Note: For valued data, the normalized centrality may be larger than 100.
      Also, the centralization statistic is divided by the maximum value in the input dataset.

Actor-by-centrality matrix saved as dataset FreemanDegree

----------------------------------------
Running time:  00:00:01
Output generated:  17 一月 15 10:13:22
Copyright (c) 1999-2005 Analytic Technologies
```

非政府项目网络中心度计算结果(2010年)

10度数.txt

FREEMAN'S DEGREE CENTRALITY MEASURES:

Diagonal valid? NO
Model: SYMMETRIC
Input dataset: d:\Users\Administrator\Desktop\e第六次汇报—政府非政府\非政府\10-Aff

	1 Degree	2 NrmDegree	3 Share
25 M12108	99.000	0.528	0.027
312 A12004	94.000	0.501	0.026
313 A12006	79.000	0.421	0.021
315 A12009	78.000	0.416	0.021
337 A13031	73.000	0.389	0.020
323 A13009	67.000	0.357	0.018
334 A13028	66.000	0.352	0.018
339 A13033	56.000	0.299	0.015
31 M12126	41.000	0.219	0.011
343 A13039	39.000	0.208	0.011
319 A13004	38.000	0.203	0.010
105 M13140	33.000	0.176	0.009
371 A22026	32.000	0.171	0.009
115 M13188	32.000	0.171	0.009
549 C22017	26.000	0.139	0.007
26 M12112	25.000	0.133	0.007
332 A13025	24.000	0.128	0.007
724 C23294	23.000	0.123	0.006
329 A13020	22.000	0.117	0.006
458 C13038	22.000	0.117	0.006
449 C13026	22.000	0.117	0.006
674 C23170	19.000	0.101	0.005
420 C12006	19.000	0.101	0.005
333 A13026	18.000	0.096	0.005
295 M15106	17.000	0.091	0.005
441 C13012	17.000	0.091	0.005
459 C13039	17.000	0.091	0.005
15 M12012	17.000	0.091	0.005
551 C22019	17.000	0.091	0.005
746 S13005	17.000	0.091	0.005
603 C23035	16.000	0.085	0.004
17 M12014	16.000	0.085	0.004
72 M13061	16.000	0.085	0.004
341 A13035	16.000	0.085	0.004
310 A12001	16.000	0.085	0.004
109 M13150	15.000	0.080	0.004
89 M13092	15.000	0.080	0.004
581 C23001	14.000	0.075	0.004
748 S13015	14.000	0.075	0.004
382 A23004	14.000	0.075	0.004
675 C23174	14.000	0.075	0.004
79 M13073	14.000	0.075	0.004

10度数.txt

331	A13024	14.000	0.075	0.004
4	M11020	13.000	0.069	0.004
501	C13122	13.000	0.069	0.004
86	M13086	13.000	0.069	0.004
356	A22001	12.000	0.064	0.003
324	A13011	12.000	0.064	0.003
278	M15003	12.000	0.064	0.003
743	S13001	12.000	0.064	0.003
27	M12113	12.000	0.064	0.003
490	C13088	12.000	0.064	0.003
367	A22021	12.000	0.064	0.003
555	C22027	12.000	0.064	0.003
296	M15107	12.000	0.064	0.003
410	A24002	12.000	0.064	0.003
50	M13015	12.000	0.064	0.003
600	C23031	12.000	0.064	0.003
349	A13046	12.000	0.064	0.003
407	A23054	12.000	0.064	0.003
579	C22072	11.000	0.059	0.003
444	C13017	11.000	0.059	0.003
588	C23014	11.000	0.059	0.003
481	C13067	11.000	0.059	0.003
117	M13241	11.000	0.059	0.003
435	C13001	10.000	0.053	0.003
405	A23049	10.000	0.053	0.003
438	C13007	10.000	0.053	0.003
475	C13058	10.000	0.053	0.003
106	M13145	10.000	0.053	0.003
28	M12120	10.000	0.053	0.003
6	M11032	10.000	0.053	0.003
29	M12121	10.000	0.053	0.003
547	C22010	10.000	0.053	0.003
318	A13000	10.000	0.053	0.003
428	C12015	10.000	0.053	0.003
500	C13121	10.000	0.053	0.003
351	A13051	10.000	0.053	0.003
506	C13134	10.000	0.053	0.003
330	A13023	10.000	0.053	0.003
422	C12008	9.000	0.048	0.002
23	M12100	9.000	0.048	0.002
463	C13044	9.000	0.048	0.002
469	C13052	9.000	0.048	0.002
626	C23068	9.000	0.048	0.002
544	C22007	9.000	0.048	0.002
430	C12023	9.000	0.048	0.002
609	C23048	8.000	0.043	0.002
471	C13054	8.000	0.043	0.002
381	A23002	8.000	0.043	0.002
673	C23167	8.000	0.043	0.002
245	M14125	8.000	0.043	0.002
316	A12012	8.000	0.043	0.002
222	M13751	8.000	0.043	0.002
352	A13052	8.000	0.043	0.002

10度数.txt

```
281 M15008          8.000        0.043        0.002
495 C13106          8.000        0.043        0.002
320 A13005          8.000        0.043        0.002
427 C12013          8.000        0.043        0.002
 67 M13051          8.000        0.043        0.002
 55 M13028          8.000        0.043        0.002
 44 M13006          8.000        0.043        0.002
548 C22011          8.000        0.043        0.002
409 A23056          8.000        0.043        0.002
 93 M13097          8.000        0.043        0.002
707 C23246          8.000        0.043        0.002
419 C12002          8.000        0.043        0.002
738 C25003          8.000        0.043        0.002
285 M15014          8.000        0.043        0.002
608 C23045          8.000        0.043        0.002
464 C13046          8.000        0.043        0.002
112 M13178          8.000        0.043        0.002
402 A23039          8.000        0.043        0.002
451 C13028          8.000        0.043        0.002
569 C22053          8.000        0.043        0.002
360 A22009          7.000        0.037        0.002
504 C13128          7.000        0.037        0.002
728 C24001          7.000        0.037        0.002
154 M13486          7.000        0.037        0.002
347 A13044          7.000        0.037        0.002
497 C13114          7.000        0.037        0.002
421 C12007          7.000        0.037        0.002
568 C22051          7.000        0.037        0.002
393 A23022          7.000        0.037        0.002
 42 M13003          6.000        0.032        0.002
233 M14015          6.000        0.032        0.002
432 C12026          6.000        0.032        0.002
  2 M11008          6.000        0.032        0.002
280 M15006          6.000        0.032        0.002
340 A13034          6.000        0.032        0.002
355 A22000          6.000        0.032        0.002
552 C22020          6.000        0.032        0.002
718 C23281          6.000        0.032        0.002
 87 M13090          6.000        0.032        0.002
384 A23006          6.000        0.032        0.002
 51 M13017          6.000        0.032        0.002
617 C23057          6.000        0.032        0.002
664 C23131          6.000        0.032        0.002
387 A23012          6.000        0.032        0.002
750 S22001          6.000        0.032        0.002
277 M15002          6.000        0.032        0.002
282 M15010          6.000        0.032        0.002
 73 M13064          6.000        0.032        0.002
276 M15001          6.000        0.032        0.002
660 C23125          6.000        0.032        0.002
733 C24007          6.000        0.032        0.002
 53 M13022          6.000        0.032        0.002
 18 M12016          6.000        0.032        0.002
```

```
DESCRIPTIVE STATISTICS

                          1            2            3
                     Degree    NrmDegree        Share
               ------------ ------------ ------------
  1      Mean         4.895        0.026        0.001
  2   Std Dev         8.930        0.048        0.002
  3       Sum      3676.000       19.605        1.000
  4  Variance        79.740        0.002        0.000
  5       SSQ     77878.000        2.215        0.006
  6     MCSSQ     59884.691        1.703        0.004
  7  Euc Norm       279.066        1.488        0.076
  8   Minimum         1.000        0.005        0.000
  9   Maximum        99.000        0.528        0.027

Network Centralization = 0.50%
Heterogeneity = 0.58%.  Normalized = 0.44%

Note: For valued data, the normalized centrality may be larger than 100.
      Also, the centralization statistic is divided by the maximum value in the input dataset.

Actor-by-centrality matrix saved as dataset FreemanDegree

----------------------------------------
Running time:  00:00:01
Output generated:  17 一月 15 10:23:30
Copyright (c) 1999-2005 Analytic Technologies
```

非政府项目网络中心度计算结果(2011 年)

11度数.txt

FREEMAN'S DEGREE CENTRALITY MEASURES:

Diagonal valid?　　NO
Model:　　SYMMETRIC
Input dataset:　　d:\Users\Administrator\Desktop\e第六次汇报—政府非政府\非政府\11-Aff

	1 Degree	2 NrmDegree	3 Share
24 M12108	150.000	0.723	0.030
353 A12006	120.000	0.578	0.024
373 A13028	107.000	0.516	0.021
352 A12004	104.000	0.501	0.021
380 A13039	90.000	0.434	0.018
363 A13009	86.000	0.414	0.017
355 A12009	82.000	0.395	0.016
375 A13031	82.000	0.395	0.016
377 A13033	68.000	0.328	0.014
734 S13005	58.000	0.280	0.012
30 M12126	49.000	0.236	0.010
136 M13140	47.000	0.227	0.009
480 C13026	42.000	0.202	0.008
367 A13020	42.000	0.202	0.008
369 A13023	39.000	0.188	0.008
616 C23035	38.000	0.183	0.008
426 A23022	34.000	0.164	0.007
406 A22026	32.000	0.154	0.006
145 M13188	31.000	0.149	0.006
471 C13012	31.000	0.149	0.006
359 A13004	30.000	0.145	0.006
736 S13015	30.000	0.145	0.006
685 C23174	29.000	0.140	0.006
489 C13038	29.000	0.140	0.006
715 C23294	28.000	0.135	0.006
386 A13046	26.000	0.125	0.005
350 A12000	26.000	0.125	0.005
451 C12006	26.000	0.125	0.005
396 A22009	26.000	0.125	0.005
351 A12001	26.000	0.125	0.005
371 A13025	26.000	0.125	0.005
372 A13026	26.000	0.125	0.005
25 M12112	26.000	0.125	0.005
569 C22017	25.000	0.120	0.005
570 C22019	24.000	0.116	0.005
379 A13035	24.000	0.116	0.005
337 M15114	24.000	0.116	0.005
490 C13039	24.000	0.116	0.005
563 C22007	21.000	0.101	0.004
28 M12121	21.000	0.101	0.004
326 M15014	20.000	0.096	0.004
439 A23054	20.000	0.096	0.004

11度数.txt

14	M12012	20.000	0.096	0.004
2	M11020	20.000	0.096	0.004
467	C13007	19.000	0.092	0.004
684	C23170	19.000	0.092	0.004
443	A24002	18.000	0.087	0.004
437	A23049	18.000	0.087	0.004
446	A25003	18.000	0.087	0.004
731	S13001	18.000	0.087	0.004
12	M12006	17.000	0.082	0.003
140	M13150	17.000	0.082	0.003
584	C22051	16.000	0.077	0.003
441	A23056	16.000	0.077	0.003
334	M15106	16.000	0.077	0.003
595	C23001	16.000	0.077	0.003
501	C13054	16.000	0.077	0.003
585	C22053	16.000	0.077	0.003
735	S13010	15.000	0.072	0.003
524	C13121	15.000	0.072	0.003
277	M14015	14.000	0.067	0.003
574	C22027	14.000	0.067	0.003
362	A13008	14.000	0.067	0.003
389	A13052	14.000	0.067	0.003
517	C13088	14.000	0.067	0.003
495	C13046	14.000	0.067	0.003
592	C22072	14.000	0.067	0.003
603	C23014	14.000	0.067	0.003
612	C23031	14.000	0.067	0.003
453	C12008	14.000	0.067	0.003
482	C13028	14.000	0.067	0.003
58	M13031	13.000	0.063	0.003
388	A13051	13.000	0.063	0.003
458	C12015	13.000	0.063	0.003
511	C13067	13.000	0.063	0.003
738	S22001	12.000	0.058	0.002
356	A12012	12.000	0.058	0.002
623	C23045	12.000	0.058	0.002
416	A23004	12.000	0.058	0.002
553	C15000	12.000	0.058	0.002
434	A23039	12.000	0.058	0.002
402	A22021	12.000	0.058	0.002
378	A13034	12.000	0.058	0.002
624	C23048	12.000	0.058	0.002
316	M15000	12.000	0.058	0.002
732	S13003	12.000	0.058	0.002
737	S13016	12.000	0.058	0.002
99	M13092	12.000	0.058	0.002
78	M13064	12.000	0.058	0.002
708	C23271	12.000	0.058	0.002
614	C23033	12.000	0.058	0.002
50	M13015	12.000	0.058	0.002
370	A13024	12.000	0.058	0.002
505	C13058	12.000	0.058	0.002
83	M13073	12.000	0.058	0.002

11度数.txt

```
527 C13128        12.000        0.058        0.002
617 C23037        12.000        0.058        0.002
322 M15008        11.000        0.053        0.002
474 C13017        11.000        0.053        0.002
331 M15077        11.000        0.053        0.002
286 M14098        11.000        0.053        0.002
 77 M13061        11.000        0.053        0.002
328 M15023        11.000        0.053        0.002
336 M15111        11.000        0.053        0.002
529 C13134        10.000        0.048        0.002
473 C13014        10.000        0.048        0.002
 98 M13091        10.000        0.048        0.002
705 C23246        10.000        0.048        0.002
271 M14008        10.000        0.048        0.002
710 C23281        10.000        0.048        0.002
 43 M13003        10.000        0.048        0.002
392 A22000        10.000        0.048        0.002
683 C23167        10.000        0.048        0.002
138 M13146        10.000        0.048        0.002
319 M15003        10.000        0.048        0.002
 26 M12113        10.000        0.048        0.002
448 A25006        10.000        0.048        0.002
274 M14012        10.000        0.048        0.002
571 C22020        10.000        0.048        0.002
384 A13044        10.000        0.048        0.002
 27 M12120        10.000        0.048        0.002
640 C23068        10.000        0.048        0.002
135 M13135        10.000        0.048        0.002
119 M13114        10.000        0.048        0.002
500 C13052        10.000        0.048        0.002
593 C22073        10.000        0.048        0.002
103 M13097         9.000        0.043        0.002
633 C23058         9.000        0.043        0.002
318 M15002         9.000        0.043        0.002
122 M13117         9.000        0.043        0.002
 56 M13026         8.000        0.039        0.002
626 C23050         8.000        0.039        0.002
 66 M13043         8.000        0.039        0.002
 76 M13060         8.000        0.039        0.002
703 C23242         8.000        0.039        0.002
450 C12002         8.000        0.039        0.002
694 C23201         8.000        0.039        0.002
465 C13002         8.000        0.039        0.002
 93 M13085         8.000        0.039        0.002
464 C13001         8.000        0.039        0.002
289 M14125         8.000        0.039        0.002
576 C22030         8.000        0.039        0.002
481 C13027         8.000        0.039        0.002
 52 M13021         8.000        0.039        0.002
515 C13078         8.000        0.039        0.002
723 C24007         8.000        0.039        0.002
484 C13031         8.000        0.039        0.002
564 C22008         8.000        0.039        0.002
```

```
DESCRIPTIVE STATISTICS

                           1            2            3
                      Degree    NrmDegree        Share
                ------------ ------------ ------------
  1      Mean          6.765        0.033        0.001
  2   Std Dev         12.450        0.060        0.002
  3       Sum       5020.000       24.195        1.000
  4  Variance        154.999        0.004        0.000
  5       SSQ     148972.000        3.461        0.006
  6     MCSSQ     115009.195        2.672        0.005
  7  Euc Norm        385.969        1.860        0.077
  8   Minimum          1.000        0.005        0.000
  9   Maximum        150.000        0.723        0.030

Network Centralization = 0.69%
Heterogeneity = 0.59%.  Normalized = 0.46%

Note: For valued data, the normalized centrality may be larger than 100.
      Also, the centralization statistic is divided by the maximum value in the input dataset.

Actor-by-centrality matrix saved as dataset FreemanDegree

----------------------------------------
Running time:  00:00:01
Output generated:  17 一月 15 10:35:06
Copyright (c) 1999-2005 Analytic Technologies
```

非政府项目网络中心度计算结果(2012 年)

12度数.txt

FREEMAN'S DEGREE CENTRALITY MEASURES:

Diagonal valid? NO
Model: SYMMETRIC
Input dataset: d:\Users\Administrator\Desktop\e第六次汇报—政府非政府\非政府\12-Aff

	1 Degree	2 NrmDegree	3 Share
340 A12004	117.000	0.984	0.022
372 A13039	115.000	0.967	0.022
364 A13028	109.000	0.916	0.021
352 A13009	108.000	0.908	0.020
18 M12108	106.000	0.891	0.020
759 S13005	105.000	0.883	0.020
367 A13031	99.000	0.832	0.019
342 A12006	89.000	0.748	0.017
343 A12009	80.000	0.673	0.015
767 S13015	57.000	0.479	0.011
368 A13033	54.000	0.454	0.010
23 M12126	50.000	0.420	0.009
768 S13016	45.000	0.378	0.008
763 S13010	42.000	0.353	0.008
358 A13020	42.000	0.353	0.008
360 A13023	39.000	0.328	0.007
12 M12012	39.000	0.328	0.007
476 C13026	38.000	0.319	0.007
629 C23035	37.000	0.311	0.007
338 A12001	35.000	0.294	0.007
324 M15114	34.000	0.286	0.006
417 A23022	34.000	0.286	0.006
704 C23174	33.000	0.277	0.006
116 M13140	32.000	0.269	0.006
466 C13012	30.000	0.252	0.006
757 S13003	30.000	0.252	0.006
362 A13025	29.000	0.244	0.005
363 A13026	29.000	0.244	0.005
8 M12006	28.000	0.235	0.005
764 S13011	27.000	0.227	0.005
567 C22007	26.000	0.219	0.005
337 A12000	26.000	0.219	0.005
486 C13039	25.000	0.210	0.005
347 A13004	25.000	0.210	0.005
124 M13188	24.000	0.202	0.005
577 C22019	23.000	0.193	0.004
387 A22009	22.000	0.185	0.004
701 C23170	20.000	0.168	0.004
39 M13026	20.000	0.168	0.004
446 C12006	20.000	0.168	0.004
380 A13052	19.000	0.160	0.004
470 C13017	19.000	0.160	0.004

12度数.txt

742	C23294	19.000	0.160	0.004
442	A25003	18.000	0.151	0.003
397	A22026	18.000	0.151	0.003
576	C22017	18.000	0.151	0.003
72	M13085	18.000	0.151	0.003
775	S15000	18.000	0.151	0.003
377	A13046	18.000	0.151	0.003
592	C22051	17.000	0.143	0.003
452	C12015	17.000	0.143	0.003
485	C13038	17.000	0.143	0.003
120	M13150	16.000	0.135	0.003
468	C13014	16.000	0.135	0.003
436	A23054	16.000	0.135	0.003
21	M12121	15.000	0.126	0.003
766	S13014	15.000	0.126	0.003
570	C22010	15.000	0.126	0.003
376	A13044	15.000	0.126	0.003
627	C23033	15.000	0.126	0.003
438	A23056	14.000	0.118	0.003
318	M15077	14.000	0.118	0.003
314	M15014	14.000	0.118	0.003
26	M12308	14.000	0.118	0.003
316	M15023	14.000	0.118	0.003
13	M12017	14.000	0.118	0.003
11	M12010	13.000	0.109	0.002
457	C13001	13.000	0.109	0.002
321	M15106	13.000	0.109	0.002
603	C23001	13.000	0.109	0.002
41	M13031	13.000	0.109	0.002
593	C22053	13.000	0.109	0.002
462	C13007	13.000	0.109	0.002
78	M13092	12.000	0.101	0.002
262	M14015	12.000	0.101	0.002
558	C15000	12.000	0.101	0.002
777	S22001	12.000	0.101	0.002
755	S13001	12.000	0.101	0.002
515	C13090	12.000	0.101	0.002
737	C23271	12.000	0.101	0.002
756	S13002	12.000	0.101	0.002
769	S13018	12.000	0.101	0.002
630	C23037	12.000	0.101	0.002
647	C23058	12.000	0.101	0.002
770	S13019	12.000	0.101	0.002
448	C12008	12.000	0.101	0.002
440	A24002	12.000	0.101	0.002
118	M13146	12.000	0.101	0.002
762	S13009	12.000	0.101	0.002
114	M13135	12.000	0.101	0.002
495	C13054	12.000	0.101	0.002
530	C13133	12.000	0.101	0.002
730	C23246	11.000	0.092	0.002
713	C23201	11.000	0.092	0.002
699	C23167	11.000	0.092	0.002

12度数.txt

```
 99 M13116       11.000      0.092      0.002
379 A13051       11.000      0.092      0.002
 52 M13047       11.000      0.092      0.002
354 A13013       11.000      0.092      0.002
499 C13058       11.000      0.092      0.002
348 A13005       11.000      0.092      0.002
117 M13145       11.000      0.092      0.002
582 C22027       11.000      0.092      0.002
612 C23014       11.000      0.092      0.002
407 A23004       11.000      0.092      0.002
608 C23007       11.000      0.092      0.002
102 M13120       11.000      0.092      0.002
433 A23049       10.000      0.084      0.002
611 C23013       10.000      0.084      0.002
305 M15000       10.000      0.084      0.002
112 M13131       10.000      0.084      0.002
 77 M13091       10.000      0.084      0.002
259 M14012       10.000      0.084      0.002
370 A13035       10.000      0.084      0.002
580 C22025       10.000      0.084      0.002
 60 M13060       10.000      0.084      0.002
601 C22073       10.000      0.084      0.002
322 M15107       10.000      0.084      0.002
282 M14402       10.000      0.084      0.002
568 C22008       10.000      0.084      0.002
274 M14098        9.000      0.076      0.002
753 S12001        9.000      0.076      0.002
774 S13024        9.000      0.076      0.002
792 S23023        9.000      0.076      0.002
413 A23016        9.000      0.076      0.002
444 C12002        9.000      0.076      0.002
772 S13022        9.000      0.076      0.002
307 M15002        9.000      0.076      0.002
474 C13023        9.000      0.076      0.002
 62 M13064        9.000      0.076      0.002
492 C13050        9.000      0.076      0.002
758 S13004        9.000      0.076      0.002
625 C23031        8.000      0.067      0.002
653 C23068        8.000      0.067      0.002
636 C23045        8.000      0.067      0.002
 43 M13035        8.000      0.067      0.002
435 A23052        8.000      0.067      0.002
351 A13008        8.000      0.067      0.002
525 C13121        8.000      0.067      0.002
344 A12012        8.000      0.067      0.002
496 C13055        8.000      0.067      0.002
 36 M13021        8.000      0.067      0.002
477 C13027        8.000      0.067      0.002
350 A13007        8.000      0.067      0.002
640 C23050        8.000      0.067      0.002
475 C13024        8.000      0.067      0.002
 47 M13040        8.000      0.067      0.002
 49 M13043        8.000      0.067      0.002
```

```
DESCRIPTIVE STATISTICS

                          1            2            3
                     Degree    NrmDegree        Share
               ------------ ------------ ------------
  1      Mean         6.670        0.056        0.001
  2   Std Dev        12.392        0.104        0.002
  3       Sum      5296.000       44.523        1.000
  4  Variance       153.559        0.011        0.000
  5       SSQ    157250.000       11.114        0.006
  6     MCSSQ    121925.547        8.617        0.004
  7  Euc Norm       396.548        3.334        0.075
  8   Minimum         1.000        0.008        0.000
  9   Maximum       117.000        0.984        0.022

Network Centralization = 0.93%
Heterogeneity = 0.56%.  Normalized = 0.44%

Note: For valued data, the normalized centrality may be larger than 100.
      Also, the centralization statistic is divided by the maximum value in the input dataset.

Actor-by-centrality matrix saved as dataset FreemanDegree

----------------------------------------
Running time:  00:00:01
Output generated:  28 一月 15 15:23:28
Copyright (c) 1999-2005 Analytic Technologies
```

非政府项目网络中心度计算结果(2013 年)

13度数.txt

FREEMAN'S DEGREE CENTRALITY MEASURES:

Diagonal valid?　　NO
Model:　　SYMMETRIC
Input dataset:　　d:\Users\Administrator\Desktop\e第六次汇报—政府非政府\非政府\13-Aff

	1 Degree	2 NrmDegree	3 Share
669 S13005	144.000	2.244	0.032
301 A13009	111.000	1.730	0.024
314 A13028	96.000	1.496	0.021
321 A13039	94.000	1.465	0.021
317 A13031	85.000	1.325	0.019
286 A12004	84.000	1.309	0.018
290 A12009	84.000	1.309	0.018
678 S13015	57.000	0.888	0.013
674 S13010	57.000	0.888	0.013
679 S13016	57.000	0.888	0.013
288 A12006	41.000	0.639	0.009
14 M12108	39.000	0.608	0.009
17 M12126	38.000	0.592	0.008
308 A13020	36.000	0.561	0.008
667 S13003	36.000	0.561	0.008
10 M12012	35.000	0.545	0.008
675 S13011	33.000	0.514	0.007
310 A13023	33.000	0.514	0.007
414 C13026	31.000	0.483	0.007
296 A13004	29.000	0.452	0.006
273 M15114	28.000	0.436	0.006
90 M13188	28.000	0.436	0.006
284 A12001	28.000	0.436	0.006
6 M12006	28.000	0.436	0.006
691 S15000	27.000	0.421	0.006
312 A13025	26.000	0.405	0.006
318 A13033	25.000	0.390	0.005
405 C13012	23.000	0.358	0.005
617 C23174	23.000	0.358	0.005
313 A13026	23.000	0.358	0.005
555 C23035	22.000	0.343	0.005
663 S12001	21.000	0.327	0.005
666 S13002	21.000	0.327	0.005
423 C13039	21.000	0.327	0.005
677 S13014	21.000	0.327	0.005
20 M12308	21.000	0.327	0.005
34 M13026	20.000	0.312	0.004
653 C23294	19.000	0.296	0.004
509 C22019	19.000	0.296	0.004
55 M13085	19.000	0.296	0.004
385 C12002	19.000	0.296	0.004
541 C23013	19.000	0.296	0.004

13度数.txt

682	S13019	18.000	0.281	0.004
409	C13017	18.000	0.281	0.004
359	A23022	17.000	0.265	0.004
337	A22009	17.000	0.265	0.004
673	S13009	17.000	0.265	0.004
11	M12017	17.000	0.265	0.004
397	C13001	17.000	0.265	0.004
36	M13031	15.000	0.234	0.003
692	S22000	15.000	0.234	0.003
688	S13025	15.000	0.234	0.003
503	C22010	15.000	0.234	0.003
329	A13052	15.000	0.234	0.003
700	S23008	15.000	0.234	0.003
622	C23189	15.000	0.234	0.003
283	A12000	14.000	0.218	0.003
392	C12015	14.000	0.218	0.003
514	C22027	14.000	0.218	0.003
537	C23007	14.000	0.218	0.003
83	M13140	14.000	0.218	0.003
48	M13060	14.000	0.218	0.003
262	M15023	14.000	0.218	0.003
299	A13007	14.000	0.218	0.003
79	M13131	13.000	0.203	0.003
449	C13090	13.000	0.203	0.003
500	C22007	13.000	0.203	0.003
373	A23049	13.000	0.203	0.003
73	M13116	13.000	0.203	0.003
261	M15014	13.000	0.203	0.003
550	C23028	12.000	0.187	0.003
681	S13018	12.000	0.187	0.003
269	M15077	12.000	0.187	0.003
209	M14006	12.000	0.187	0.003
687	S13024	12.000	0.187	0.003
407	C13014	12.000	0.187	0.003
680	S13017	12.000	0.187	0.003
357	A23016	12.000	0.187	0.003
685	S13022	12.000	0.187	0.003
292	A12012	12.000	0.187	0.003
528	C22063	12.000	0.187	0.003
684	S13021	11.000	0.171	0.002
434	C13058	11.000	0.171	0.002
325	A13046	11.000	0.171	0.002
44	M13047	11.000	0.171	0.002
75	M13120	11.000	0.171	0.002
433	C13055	11.000	0.171	0.002
698	S23004	11.000	0.171	0.002
272	M15111	10.000	0.156	0.002
319	A13035	10.000	0.156	0.002
85	M13146	10.000	0.156	0.002
9	M12010	10.000	0.156	0.002
387	C12006	10.000	0.156	0.002
524	C22053	10.000	0.156	0.002
81	M13135	10.000	0.156	0.002

13度数.txt

212	M14012	10.000	0.156	0.002
508	C22017	10.000	0.156	0.002
512	C22025	10.000	0.156	0.002
686	S13023	9.000	0.140	0.002
670	S13006	9.000	0.140	0.002
381	A25003	9.000	0.140	0.002
304	A13013	9.000	0.140	0.002
557	C23037	9.000	0.140	0.002
415	C13027	9.000	0.140	0.002
504	C22012	9.000	0.140	0.002
367	A23038	9.000	0.140	0.002
245	M14504	9.000	0.140	0.002
614	C23170	9.000	0.140	0.002
618	C23179	9.000	0.140	0.002
51	M13064	9.000	0.140	0.002
183	M13685	9.000	0.140	0.002
474	C13148	9.000	0.140	0.002
697	S23003	9.000	0.140	0.002
703	S23011	9.000	0.140	0.002
295	A13002	9.000	0.140	0.002
413	C13024	9.000	0.140	0.002
440	C13069	9.000	0.140	0.002
49	M13061	9.000	0.140	0.002
285	A12003	9.000	0.140	0.002
453	C13103	9.000	0.140	0.002
326	A13047	8.000	0.125	0.002
404	C13011	8.000	0.125	0.002
84	M13145	8.000	0.125	0.002
41	M13040	8.000	0.125	0.002
545	C23020	8.000	0.125	0.002
42	M13043	8.000	0.125	0.002
567	C23058	8.000	0.125	0.002
491	C15000	8.000	0.125	0.002
553	C23033	8.000	0.125	0.002
658	C24010	8.000	0.125	0.002
626	C23201	8.000	0.125	0.002
535	C23004	7.000	0.109	0.002
324	A13044	7.000	0.109	0.002
27	M13011	7.000	0.109	0.002
229	M14105	7.000	0.109	0.002
644	C23246	7.000	0.109	0.002
270	M15106	7.000	0.109	0.002
533	C23001	7.000	0.109	0.002
46	M13054	7.000	0.109	0.002
465	C13133	7.000	0.109	0.002
501	C22008	7.000	0.109	0.002
343	A22026	6.000	0.094	0.001
88	M13156	6.000	0.094	0.001
696	S23001	6.000	0.094	0.001
694	S22002	6.000	0.094	0.001
458	C13117	6.000	0.094	0.001
516	C22030	6.000	0.094	0.001
461	C13122	6.000	0.094	0.001

DESCRIPTIVE STATISTICS

		1 Degree	2 NrmDegree	3 Share
1	Mean	6.384	0.099	0.001
2	Std Dev	11.605	0.181	0.003
3	Sum	4558.000	71.030	1.000
4	Variance	134.676	0.033	0.000
5	SSQ	125256.000	30.418	0.006
6	MCSSQ	96158.852	23.352	0.005
7	Euc Norm	353.915	5.515	0.078
8	Minimum	1.000	0.016	0.000
9	Maximum	144.000	2.244	0.032

Network Centralization = 2.15%
Heterogeneity = 0.60%. Normalized = 0.46%

Note: For valued data, the normalized centrality may be larger than 100.
Also, the centralization statistic is divided by the maximum value in the input dataset.

Actor-by-centrality matrix saved as dataset FreemanDegree

Running time: 00:00:01
Output generated: 17 一月 15 11:02:27
Copyright (c) 1999-2005 Analytic Technologies

政府项目网络中心度计算结果(2009 年)

09度数.txt

FREEMAN'S DEGREE CENTRALITY MEASURES:

Diagonal valid? NO
Model: SYMMETRIC
Input dataset: d:\Users\Administrator\Desktop\e第六次汇报—政府非政府\政府\09-Aff

	1 Degree	2 NrmDegree	3 Share
50 A13039	50.000	3.342	0.088
21 M11219	34.000	2.273	0.060
5 M11013	30.000	2.005	0.053
32 M12108	19.000	1.270	0.033
43 A13028	18.000	1.203	0.032
6 M11014	18.000	1.203	0.032
39 A12006	18.000	1.203	0.032
19 M11118	16.000	1.070	0.028
125 C23174	15.000	1.003	0.026
8 M11016	13.000	0.869	0.023
36 A12000	10.000	0.668	0.018
73 C13007	9.000	0.602	0.016
24 M11311	8.000	0.535	0.014
63 C12006	8.000	0.535	0.014
85 C13052	7.000	0.468	0.012
74 C13012	7.000	0.468	0.012
110 C22011	7.000	0.468	0.012
10 M11023	6.000	0.401	0.011
4 M11011	6.000	0.401	0.011
38 A12004	6.000	0.401	0.011
18 M11110	6.000	0.401	0.011
75 C13017	6.000	0.401	0.011
62 A25007	6.000	0.401	0.011
94 C13104	5.000	0.334	0.009
101 C13152	5.000	0.334	0.009
137 C25003	4.000	0.267	0.007
20 M11215	4.000	0.267	0.007
79 C13039	4.000	0.267	0.007
81 C13044	4.000	0.267	0.007
98 C13133	4.000	0.267	0.007
112 C22017	4.000	0.267	0.007
17 M11109	4.000	0.267	0.007
97 C13122	4.000	0.267	0.007
58 A22015	4.000	0.267	0.007
55 A13051	4.000	0.267	0.007
45 A13031	4.000	0.267	0.007
41 A13004	4.000	0.267	0.007
40 A13000	4.000	0.267	0.007
78 C13038	3.000	0.201	0.005
92 C13088	3.000	0.201	0.005
117 C23008	3.000	0.201	0.005
116 C23001	3.000	0.201	0.005

09度数.txt

```
  7 M11015          3.000        0.201        0.005
123 C23127          3.000        0.201        0.005
 31 M12105          3.000        0.201        0.005
 91 C13084          3.000        0.201        0.005
132 C23240          3.000        0.201        0.005
  3 M11008          2.000        0.134        0.004
 37 A12003          2.000        0.134        0.004
 80 C13040          2.000        0.134        0.004
103 C13162          2.000        0.134        0.004
  2 M11005          2.000        0.134        0.004
 53 A13047          2.000        0.134        0.004
 54 A13050          2.000        0.134        0.004
  9 M11017          2.000        0.134        0.004
 14 M11029          2.000        0.134        0.004
 15 M11100          2.000        0.134        0.004
 93 C13090          2.000        0.134        0.004
 34 M12208          2.000        0.134        0.004
 52 A13046          2.000        0.134        0.004
 95 C13105          2.000        0.134        0.004
 96 C13107          2.000        0.134        0.004
 46 A13033          2.000        0.134        0.004
 56 A13056          2.000        0.134        0.004
 99 C13141          2.000        0.134        0.004
 16 M11104          2.000        0.134        0.004
 59 A22030          2.000        0.134        0.004
 60 A23015          2.000        0.134        0.004
 69 C12026          2.000        0.134        0.004
 70 C12027          2.000        0.134        0.004
 71 C12032          2.000        0.134        0.004
 47 A13034          2.000        0.134        0.004
124 C23166          2.000        0.134        0.004
 66 C12021          2.000        0.134        0.004
 67 C12023          2.000        0.134        0.004
136 C23278          2.000        0.134        0.004
 77 C13037          2.000        0.134        0.004
 61 A23043          2.000        0.134        0.004
 11 M11024          2.000        0.134        0.004
114 C22033          2.000        0.134        0.004
 13 M11028          2.000        0.134        0.004
 82 C13045          2.000        0.134        0.004
 83 C13048          2.000        0.134        0.004
 76 C13026          2.000        0.134        0.004
 51 A13041          2.000        0.134        0.004
 86 C13053          2.000        0.134        0.004
121 C23082          2.000        0.134        0.004
 88 C13060          2.000        0.134        0.004
 72 C13000          2.000        0.134        0.004
107 C13182          2.000        0.134        0.004
 57 A22011          2.000        0.134        0.004
 84 C13050          2.000        0.134        0.004
127 C23201          2.000        0.134        0.004
 26 M11320          2.000        0.134        0.004
129 C23213          2.000        0.134        0.004
```

```
DESCRIPTIVE STATISTICS

                        1            2            3
                   Degree    NrmDegree        Share
             ------------ ------------ ------------
  1     Mean        4.146        0.277        0.007
  2  Std Dev        6.326        0.423        0.011
  3      Sum      568.000       37.968        1.000
  4 Variance       40.022        0.179        0.000
  5      SSQ     7838.000       35.022        0.024
  6    MCSSQ     5483.080       24.500        0.017
  7 Euc Norm       88.532        5.918        0.156
  8  Minimum        1.000        0.067        0.002
  9  Maximum       50.000        3.342        0.088

Network Centralization = 3.11%
Heterogeneity = 2.43%.  Normalized = 1.71%

Note: For valued data, the normalized centrality may be larger than 100.
      Also, the centralization statistic is divided by the maximum value in the input dataset.

Actor-by-centrality matrix saved as dataset FreemanDegree

----------------------------------------
Running time:  00:00:01
Output generated:  16 一月 15 20:30:16
Copyright (c) 1999-2005 Analytic Technologies
```

政府项目网络中心度计算结果(2010 年)

10度数.txt

FREEMAN'S DEGREE CENTRALITY MEASURES:

Diagonal valid?　NO
Model:　SYMMETRIC
Input dataset:　d:\Users\Administrator\Desktop\e第六次汇报—政府非政府\政府\10-Aff

		1 Degree	2 NrmDegree	3 Share
57	A13039	78.000	2.448	0.076
22	M11219	54.000	1.695	0.052
8	M11016	46.000	1.444	0.045
50	A13028	33.000	1.036	0.032
41	A12006	32.000	1.004	0.031
7	M11014	28.000	0.879	0.027
37	A12000	28.000	0.879	0.027
18	M11112	28.000	0.879	0.027
6	M11013	27.000	0.847	0.026
161	C23174	26.000	0.816	0.025
29	M12108	25.000	0.785	0.024
23	M11311	20.000	0.628	0.019
27	M12012	18.000	0.565	0.017
60	A13046	18.000	0.565	0.017
83	C13007	16.000	0.502	0.016
85	C13012	14.000	0.439	0.014
19	M11118	13.000	0.408	0.013
61	A13047	11.000	0.345	0.011
93	C13039	11.000	0.345	0.011
47	A13023	10.000	0.314	0.010
52	A13031	10.000	0.314	0.010
40	A12004	10.000	0.314	0.010
87	C13017	10.000	0.314	0.010
175	S13003	9.000	0.282	0.009
92	C13038	9.000	0.282	0.009
72	C12006	9.000	0.282	0.009
128	C22007	9.000	0.282	0.009
90	C13026	8.000	0.251	0.008
133	C22017	8.000	0.251	0.008
17	M11110	8.000	0.251	0.008
130	C22011	8.000	0.251	0.008
99	C13052	8.000	0.251	0.008
113	C13133	6.000	0.188	0.006
145	C23033	6.000	0.188	0.006
10	M11023	6.000	0.188	0.006
178	S23010	6.000	0.188	0.006
71	A25007	6.000	0.188	0.006
21	M11215	6.000	0.188	0.006
177	S13016	6.000	0.188	0.006
54	A13034	6.000	0.188	0.006
31	M12120	6.000	0.188	0.006
43	A13004	6.000	0.188	0.006

10度数.txt

95	C13044	6.000	0.188	0.006
62	A13051	5.000	0.157	0.005
38	A12001	5.000	0.157	0.005
5	M11011	5.000	0.157	0.005
114	C13141	4.000	0.126	0.004
70	A23043	4.000	0.126	0.004
1	M11004	4.000	0.126	0.004
45	A13020	4.000	0.126	0.004
68	A23012	4.000	0.126	0.004
15	M11104	4.000	0.126	0.004
48	A13024	4.000	0.126	0.004
91	C13037	4.000	0.126	0.004
100	C13053	4.000	0.126	0.004
55	A13035	4.000	0.126	0.004
20	M11209	4.000	0.126	0.004
108	C13090	4.000	0.126	0.004
148	C23058	4.000	0.126	0.004
16	M11109	4.000	0.126	0.004
126	C22002	4.000	0.126	0.004
112	C13122	4.000	0.126	0.004
96	C13045	4.000	0.126	0.004
42	A13000	4.000	0.126	0.004
32	M12208	4.000	0.126	0.004
65	A22015	4.000	0.126	0.004
109	C13104	4.000	0.126	0.004
28	M12102	4.000	0.126	0.004
140	C23001	4.000	0.126	0.004
3	M11008	4.000	0.126	0.004
151	C23072	4.000	0.126	0.004
51	A13030	4.000	0.126	0.004
174	C25003	4.000	0.126	0.004
152	C23082	4.000	0.126	0.004
73	C12008	4.000	0.126	0.004
101	C13055	3.000	0.094	0.003
144	C23031	3.000	0.094	0.003
167	C23240	3.000	0.094	0.003
155	C23127	3.000	0.094	0.003
176	S13010	3.000	0.094	0.003
09	A23018	2.000	0.063	0.002
36	M15409	2.000	0.063	0.002
14	M11100	2.000	0.063	0.002
13	M11029	2.000	0.063	0.002
58	A13040	2.000	0.063	0.002
81	C13000	2.000	0.063	0.002
49	A13025	2.000	0.063	0.002
35	M15020	2.000	0.063	0.002
67	A22030	2.000	0.063	0.002
00	C120J2	2.000	0.003	0.002
98	C13050	2.000	0.063	0.002
26	M11411	2.000	0.063	0.002
4	M11010	2.000	0.063	0.002
94	C13040	2.000	0.063	0.002
168	C23246	2.000	0.063	0.002

DESCRIPTIVE STATISTICS

		1 Degree	2 NrmDegree	3 Share
1	Mean	5.798	0.182	0.006
2	Std Dev	9.451	0.297	0.009
3	Sum	1032.000	32.392	1.000
4	Variance	89.330	0.088	0.000
5	SSQ	21884.000	21.559	0.021
6	MCSSQ	15900.719	15.665	0.015
7	Euc Norm	147.932	4.643	0.143
8	Minimum	1.000	0.031	0.001
9	Maximum	78.000	2.448	0.076

Network Centralization = 2.29%
Heterogeneity = 2.05%. Normalized = 1.50%

Note: For valued data, the normalized centrality may be larger than 100.
Also, the centralization statistic is divided by the maximum value in the input dataset.

Actor-by-centrality matrix saved as dataset FreemanDegree

Running time: 00:00:01
Output generated: 16 一月 15 22:24:07

政府项目网络中心度计算结果(2011年)

11度数.txt

```
FREEMAN'S DEGREE CENTRALITY MEASURES:
------------------------------------------------------------------------------

Diagonal valid?                  NO
Model:                           SYMMETRIC
Input dataset:                   d:\Users\Administrator\Desktop\e第六次汇报—政府非政府\政府\11-Aff


                          1            2            3
                     Degree    NrmDegree        Share
               ------------ ------------ ------------
 62 A13039           66.000        2.750        0.057
  9 M11016           61.000        2.542        0.052
 19 M11219           48.000        2.000        0.041
 41 A12006           38.000        1.583        0.033
 55 A13028           33.000        1.375        0.028
 27 M12108           31.000        1.292        0.027
185 C23174           28.000        1.167        0.024
 15 M11112           28.000        1.167        0.024
 38 A12000           26.000        1.083        0.022
 29 M12120           25.000        1.042        0.021
  5 M11008           19.000        0.792        0.016
 66 A13046           18.000        0.750        0.015
 24 M12012           18.000        0.750        0.015
 20 M11311           16.000        0.667        0.014
  8 M11014           15.000        0.625        0.013
 16 M11118           15.000        0.625        0.013
101 C13017           14.000        0.583        0.012
 57 A13031           14.000        0.583        0.012
 52 A13023           13.000        0.542        0.011
 99 C13012           13.000        0.542        0.011
197 S13003           12.000        0.500        0.010
 44 A13004           12.000        0.500        0.010
 67 A13047           12.000        0.500        0.010
 97 C13007           12.000        0.500        0.010
144 C22007           11.000        0.458        0.009
107 C13038           11.000        0.458        0.009
  7 M11013           10.000        0.417        0.009
116 C13052           10.000        0.417        0.009
 11 M11093           10.000        0.417        0.009
 68 A13051            9.000        0.375        0.008
200 S23010            9.000        0.375        0.008
108 C13039            9.000        0.375        0.008
 87 C12006            9.000        0.375        0.008
 39 A12001            8.000        0.333        0.007
104 C13026            8.000        0.333        0.007
 40 A12004            8.000        0.333        0.007
 88 C12008            8.000        0.333        0.007
162 C23031            8.000        0.333        0.007
  4 M11007            7.000        0.292        0.006
 28 M12113            6.000        0.250        0.005
 83 A23043            6.000        0.250        0.005
 60 A13035            6.000        0.250        0.005
```

11度数.txt

```
 43 A12009          6.000          0.250          0.005
 10 M11023          6.000          0.250          0.005
  1 M11000          6.000          0.250          0.005
129 C13133          6.000          0.250          0.005
 76 A22026          6.000          0.250          0.005
 47 A13009          6.000          0.250          0.005
 85 A24002          6.000          0.250          0.005
 18 M11215          6.000          0.250          0.005
163 C23033          6.000          0.250          0.005
 50 A13020          6.000          0.250          0.005
142 C22002          6.000          0.250          0.005
124 C13088          6.000          0.250          0.005
196 S13001          6.000          0.250          0.005
199 S13016          6.000          0.250          0.005
166 C23058          5.000          0.208          0.004
  3 M11004          4.000          0.167          0.003
 59 A13034          4.000          0.167          0.003
152 C22027          4.000          0.167          0.003
171 C23072          4.000          0.167          0.003
146 C22011          4.000          0.167          0.003
 86 C12002          4.000          0.167          0.003
188 C23246          4.000          0.167          0.003
 33 M12326          4.000          0.167          0.003
106 C13037          4.000          0.167          0.003
 31 M12208          4.000          0.167          0.003
131 C13141          4.000          0.167          0.003
191 C23281          4.000          0.167          0.003
 32 M12306          4.000          0.167          0.003
 54 A13025          4.000          0.167          0.003
 58 A13033          4.000          0.167          0.003
111 C13044          4.000          0.167          0.003
 14 M11110          4.000          0.167          0.003
100 C13014          4.000          0.167          0.003
125 C13090          4.000          0.167          0.003
 80 A23012          4.000          0.167          0.003
 12 M11104          4.000          0.167          0.003
119 C13066          4.000          0.167          0.003
122 C13078          4.000          0.167          0.003
112 C13045          4.000          0.167          0.003
 17 M11209          4.000          0.167          0.003
149 C22017          4.000          0.167          0.003
173 C23080          3.000          0.125          0.003
184 C23170          3.000          0.125          0.003
172 C23073          3.000          0.125          0.003
198 S13010          3.000          0.125          0.003
201 S23022          3.000          0.125          0.003
 53 A13024          2.000          0.083          0.002
 65 A13043          2.000          0.083          0.002
 78 A22039          2.000          0.083          0.002
 77 A22030          2.000          0.083          0.002
 90 C12017          2.000          0.083          0.002
 89 C12015          2.000          0.083          0.002
 45 A13007          2.000          0.083          0.002
```

```
DESCRIPTIVE STATISTICS

                           1            2            3
                      Degree    NrmDegree        Share
                ------------ ------------ ------------
 1       Mean          5.791        0.241        0.005
 2    Std Dev          8.860        0.369        0.008
 3        Sum       1164.000       48.500        1.000
 4   Variance         78.504        0.136        0.000
 5        SSQ      22520.000       39.097        0.017
 6      MCSSQ      15779.224       27.394        0.012
 7   Euc Norm        150.067        6.253        0.129
 8    Minimum          1.000        0.042        0.001
 9    Maximum         66.000        2.750        0.057

Network Centralization = 2.53%
Heterogeneity = 1.66%.  Normalized = 1.17%

Note: For valued data, the normalized centrality may be larger than 100.
      Also, the centralization statistic is divided by the maximum value in the input dataset.

Actor-by-centrality matrix saved as dataset FreemanDegree

----------------------------------------
Running time:  00:00:01
Output generated:  16 一月 15 23:28:22
Copyright (c) 1999-2005 Analytic Technologies
```

政府项目网络中心度计算结果(2012 年)

12度数.txt

FREEMAN'S DEGREE CENTRALITY MEASURES:

Diagonal valid?   NO
Model: SYMMETRIC
Input dataset: d:\Users\Administrator\Desktop\e第六次汇报—政府非政府\政府\12-Aff

	1 Degree	2 NrmDegree	3 Share
10 M11016	69.000	2.725	0.057
63 A13039	66.000	2.607	0.055
18 M11219	58.000	2.291	0.048
41 A12006	36.000	1.422	0.030
26 M12108	34.000	1.343	0.028
59 A13028	33.000	1.303	0.027
180 C23174	26.000	1.027	0.022
15 M11112	22.000	0.869	0.018
202 S13011	21.000	0.829	0.017
29 M12120	19.000	0.750	0.016
199 S13005	18.000	0.711	0.015
65 A13046	18.000	0.711	0.015
24 M12012	18.000	0.711	0.015
7 M11008	17.000	0.671	0.014
1 M11000	16.000	0.632	0.013
40 A12004	16.000	0.632	0.013
6 M11007	16.000	0.632	0.013
60 A13031	16.000	0.632	0.013
198 S13003	15.000	0.592	0.012
48 A13004	15.000	0.592	0.012
211 S23010	15.000	0.592	0.012
56 A13023	13.000	0.513	0.011
67 A13051	13.000	0.513	0.011
100 C13017	12.000	0.474	0.010
66 A13047	12.000	0.474	0.010
137 C22007	12.000	0.474	0.010
16 M11118	11.000	0.434	0.009
32 M12306	10.000	0.395	0.008
98 C13012	10.000	0.395	0.008
13 M11093	10.000	0.395	0.008
93 C12026	10.000	0.395	0.008
107 C13038	9.000	0.355	0.007
159 C23033	9.000	0.355	0.007
96 C13007	9.000	0.355	0.007
158 C23031	8.000	0.316	0.007
91 C12015	8.000	0.316	0.007
102 C13026	7.000	0.276	0.006
164 C23058	7.000	0.276	0.006
37 M15510	7.000	0.276	0.006
126 C13133	6.000	0.237	0.005
193 C23294	6.000	0.237	0.005
89 C12008	6.000	0.237	0.005

12度数.txt

```
 55 A13020          6.000         0.237         0.005
 51 A13009          6.000         0.237         0.005
 31 M12208          6.000         0.237         0.005
206 S13019          6.000         0.237         0.005
 86 A24002          6.000         0.237         0.005
108 C13039          6.000         0.237         0.005
 27 M12112          6.000         0.237         0.005
155 C23017          6.000         0.237         0.005
208 S13024          6.000         0.237         0.005
204 S13016          6.000         0.237         0.005
210 S23005          6.000         0.237         0.005
 44 A12009          6.000         0.237         0.005
196 S13001          6.000         0.237         0.005
 39 A12001          6.000         0.237         0.005
140 C22011          5.000         0.197         0.004
 76 A22033          5.000         0.197         0.004
 62 A13035          5.000         0.197         0.004
128 C13141          5.000         0.197         0.004
114 C13052          4.000         0.158         0.003
 87 C12002          4.000         0.158         0.003
 23 M12003          4.000         0.158         0.003
 28 M12113          4.000         0.158         0.003
110 C13045          4.000         0.158         0.003
 99 C13014          4.000         0.158         0.003
106 C13037          4.000         0.158         0.003
 75 A22026          4.000         0.158         0.003
 12 M11058          4.000         0.158         0.003
119 C13088          4.000         0.158         0.003
178 C23167          3.000         0.118         0.002
 83 A23014          3.000         0.118         0.002
124 C13122          3.000         0.118         0.002
123 C13113          3.000         0.118         0.002
162 C23052          3.000         0.118         0.002
 11 M11027          3.000         0.118         0.002
184 C23198          3.000         0.118         0.002
 30 M12126          3.000         0.118         0.002
179 C23170          3.000         0.118         0.002
201 S13010          3.000         0.118         0.002
175 C23127          3.000         0.118         0.002
161 C23049          3.000         0.118         0.002
103 C13027          3.000         0.118         0.002
203 S13012          3.000         0.118         0.002
144 C22027          3.000         0.118         0.002
 35 M14411          3.000         0.118         0.002
 81 A23011          3.000         0.118         0.002
207 S13023          3.000         0.118         0.002
187 C23227          3.000         0.118         0.002
116 C13007          3.000         0.118         0.002
209 S15000          3.000         0.118         0.002
 45 A12010          3.000         0.118         0.002
151 C22072          3.000         0.118         0.002
133 C13191          3.000         0.118         0.002
212 S23022          3.000         0.118         0.002
```

```
DESCRIPTIVE STATISTICS

                          1            2            3
                     Degree    NrmDegree        Share
               ------------ ------------ ------------
  1     Mean          5.689        0.225        0.005
  2  Std Dev          9.073        0.358        0.008
  3      Sum       1206.000       47.630        1.000
  4 Variance         82.318        0.128        0.000
  5      SSQ      24312.000       37.922        0.017
  6    MCSSQ      17451.453       27.221        0.012
  7 Euc Norm        155.923        6.158        0.129
  8  Minimum          1.000        0.039        0.001
  9  Maximum         69.000        2.725        0.057

Network Centralization = 2.52%
Heterogeneity = 1.67%.  Normalized = 1.21%

Note: For valued data, the normalized centrality may be larger than 100.
      Also, the centralization statistic is divided by the maximum value in the input dataset.

Actor-by-centrality matrix saved as dataset FreemanDegree

----------------------------------------
Running time:  00:00:01
Output generated:  16 一月 15 23:37:29
Copyright (c) 1999-2005 Analytic Technologies
```

政府项目网络中心度计算结果(2013 年)

13度数.txt

FREEMAN'S DEGREE CENTRALITY MEASURES:

Diagonal valid? NO
Model: SYMMETRIC
Input dataset: d:\Users\Administrator\Desktop\e第六次汇报—政府非政府\政府\13-Aff

	1 Degree	2 NrmDegree	3 Share
19 M12108	55.000	3.358	0.049
6 M11016	53.000	3.236	0.048
12 M11219	52.000	3.175	0.047
49 A13039	46.000	2.808	0.041
30 A12004	36.000	2.198	0.032
31 A12006	35.000	2.137	0.031
169 S13011	27.000	1.648	0.024
46 A13028	27.000	1.648	0.024
174 S13019	23.000	1.404	0.021
20 M12112	23.000	1.404	0.021
173 S13017	22.000	1.343	0.020
166 S13005	21.000	1.282	0.019
69 C12026	16.000	0.977	0.014
38 A13004	15.000	0.916	0.013
151 C23174	15.000	0.916	0.013
1 M11000	14.000	0.855	0.013
51 A13051	14.000	0.855	0.013
11 M11118	14.000	0.855	0.013
4 M11007	14.000	0.855	0.013
21 M12126	13.000	0.794	0.012
165 S13003	12.000	0.733	0.011
66 C12008	11.000	0.672	0.010
37 A12012	11.000	0.672	0.010
68 C12015	11.000	0.672	0.010
23 M12306	10.000	0.611	0.009
108 C22007	10.000	0.611	0.009
47 A13031	9.000	0.549	0.008
181 S23010	9.000	0.549	0.008
22 M12208	9.000	0.549	0.008
168 S13010	9.000	0.549	0.008
50 A13047	9.000	0.549	0.008
42 A13012	8.000	0.488	0.007
176 S13023	8.000	0.488	0.007
9 M11093	8.000	0.488	0.007
80 C13038	7.000	0.427	0.006
29 M15510	7.000	0.427	0.006
81 C13039	7.000	0.427	0.006
131 C23058	7.000	0.427	0.006
160 C23294	6.000	0.366	0.005
122 C23017	6.000	0.366	0.005
10 M11112	6.000	0.366	0.005
53 A13054	6.000	0.366	0.005

13度数.txt

48	A13035	6.000	0.366	0.005
172	S13015	6.000	0.366	0.005
179	S23003	6.000	0.366	0.005
180	S23005	6.000	0.366	0.005
163	S13001	6.000	0.366	0.005
134	C23067	6.000	0.366	0.005
177	S13024	6.000	0.366	0.005
64	A24002	6.000	0.366	0.005
52	A13052	5.000	0.305	0.004
56	A22022	5.000	0.305	0.004
124	C23028	5.000	0.305	0.004
57	A22033	5.000	0.305	0.004
99	C13141	5.000	0.305	0.004
89	C13072	5.000	0.305	0.004
167	S13007	5.000	0.305	0.004
17	M12003	4.000	0.244	0.004
34	A12009	4.000	0.244	0.004
129	C23052	4.000	0.244	0.004
8	M11058	4.000	0.244	0.004
65	C12006	4.000	0.244	0.004
117	C22053	3.000	0.183	0.003
104	C13195	3.000	0.183	0.003
94	C13122	3.000	0.183	0.003
150	C23170	3.000	0.183	0.003
93	C13113	3.000	0.183	0.003
149	C23167	3.000	0.183	0.003
24	M12313	3.000	0.183	0.003
16	M11604	3.000	0.183	0.003
73	C13017	3.000	0.183	0.003
175	S13021	3.000	0.183	0.003
95	C13125	3.000	0.183	0.003
7	M11027	3.000	0.183	0.003
25	M12403	3.000	0.183	0.003
71	C13012	3.000	0.183	0.003
5	M11008	3.000	0.183	0.003
157	C23227	3.000	0.183	0.003
13	M11303	3.000	0.183	0.003
35	A12010	3.000	0.183	0.003
127	C23045	3.000	0.183	0.003
126	C23033	3.000	0.183	0.003
27	M14411	3.000	0.183	0.003
128	C23049	3.000	0.183	0.003
63	A23014	3.000	0.183	0.003
85	C13048	3.000	0.183	0.003
87	C13064	3.000	0.183	0.003
146	C23139	3.000	0.183	0.003
88	C13067	3.000	0.183	0.003
170	S13012	3.000	0.183	0.003
91	C13103	3.000	0.183	0.003
183	S25001	3.000	0.183	0.003
138	C23080	3.000	0.183	0.003
61	A23011	3.000	0.183	0.003
76	C13027	3.000	0.183	0.003

DESCRIPTIVE STATISTICS

		1 Degree	2 NrmDegree	3 Share
1	Mean	6.077	0.371	0.005
2	Std Dev	8.883	0.542	0.008
3	Sum	1112.000	67.888	1.000
4	Variance	78.912	0.294	0.000
5	SSQ	21198.000	79.007	0.017
6	MCSSQ	14440.929	53.823	0.012
7	Euc Norm	145.595	8.889	0.131
8	Minimum	1.000	0.061	0.001
9	Maximum	55.000	3.358	0.049

```
Network Centralization = 3.02%
Heterogeneity = 1.71%.  Normalized = 1.17%

Note: For valued data, the normalized centrality may be larger than 100.
      Also, the centralization statistic is divided by the maximum value in the input dataset.

Actor-by-centrality matrix saved as dataset FreemanDegree

----------------------------------------
Running time:  00:00:01
Output generated:  17 一月 15 00:09:18
Copyright (c) 1999-2005 Analytic Technologies
```

第三篇

基于复杂性理论海外生产线项目转移的风险评价体系研究

朱金会

一、引言

（一）研究背景

随着经济全球化的发展，越来越多的海外公司到中国投资。中国巨大的市场潜力为外资公司提供了良好的商业发展空间。对于制造业来说，中国已经成为名副其实的世界工厂。外资公司在国内建厂投产之际，相关制造的工程、技术、生产线、产品、质量、供应链、市场以及管理模式同时会转移到中国国内。另外，随着外资企业自身和市场需求的不断发展，更多的制造业相关的生产线项目在企业发展过程中也源源不断从国外向中国转移，以此抢占巨大的市场份额并为企业的战略发展奠定基础。

海外生产线项目转移从 20 世纪 60 年代到现在，先后经历西方发达国家将生产线项目转移到新加坡、韩国等亚洲地区；然后从 80 年代开始，将生产线项目转移到中国、越南、印度、乌克兰等发展中及欠发达国家和地区（毕文林，2007）。与此同时，生产线项目也从中国香港、中国台湾、新加坡、韩国等亚洲发达地区向发展中国家或欠发达国家和地区转移。海外生产线转移呈现从最初低端、低技术含量靠廉价劳动力为主要方向的项目转移逐渐转变为将研发、高新技术、新产品向中国国内转移的新趋势。最近几年来，随着国内劳动力及其他方面成本的上升，又出现了部分企业将生产线项目从中国转移到印度、越南等国家的新趋势。

这些生产线项目跨国转移的成功与否，将直接影响到公司发展的战略规划，进而影响公司的长远发展。而影响项目转移成功与否的因素较多，例如政治、经济、社会环境、人口、文化、技术、生态环境、法律法规、宗教等。任何一个要素或者其中的一个细节都有可能极大地影响海外生产线项目转移的成功与否。如果这些影响项目转移的诸多因素不能够被很好地处理，即使最终能够将项目转移，但是项目绩效考核的范围、时间、成本和质量都会受到一定程度的影响。况且生产线从一个国家转移到另外一个国家，其外部环境发生了根本性的变化，因而其风险因素变得更多且更复杂。与此同时，其风险因素发生的概率也大大增加。

基于此,要求组织需要具有一定的能力对风险影响因素进行分析与管理。

以往大部分研究风险的文献和理论主要集中在风险管理的计划、识别、分析、回应、监管与控制上,较少关注项目复杂性而引起的风险研究。因此由于项目复杂性而引起的风险问题值得深入研究。

(二)研究问题

本文主要研究海外生产线项目转移过程中由复杂性而引起的风险管理问题。为了便于进一步研究,文中所提及的风险定义为:由不确定性引起的对项目会产生损失的风险。文中所提及的海外生产线项目转移是指将生产线从一个国家转移到另外一个国家,直到将生产线并入正常生产运营中为止。

本文是以X美资公司过去6条及现在正在进行的1条重要生产线项目从美国转移到中国所经历的各种风险和产生的影响为基础,研究项目转移的风险管理问题。首先从比较成熟的风险管理理论进行研究分析,结合比较前沿的项目复杂性管理理论,然后借鉴以上两种理论的国内外文献进行比较分析。再在对X公司的现状进行分析的基础上,提出了基于复杂性理论海外生产线项目转移的风险评价体系。用评价体系对X公司正在进行的一个项目进行评估,通过评估提出针对X公司案例项目的风险管理方面的建议。最后对这些建议进行实际效果的验证和评价体系进行验证。

本文要解决的关键问题主要有以下两点。

(1) 针对海外生产线项目转移,提出了基于复杂性理论海外生产线项目转移的风险评价体系,为制造业普遍存在的海外生产线项目转移提供风险管理的评估方法。

(2) 通过基于复杂性理论海外生产线项目转移的风险评价体系对X公司海外生产线项目转移案例提出了风险方面的改进措施和建议,以期在现有的和后续的生产线项目转移中起到一定的帮助作用,减少风险因素对项目转移的影响。

(三)研究内容及意义

1. 研究内容

制造业海外生产线项目转移过程中,由于地理位置以及政治、经济、社会环境、人口、文化、技术、生态环境、法律法规、宗教等因素的影响,风险比一般的项目风险因素要复杂得多。如果这些风险要素不能够被有效地进行分析并管理,那么海外生产线项目转移极有可能无法按时按要求在一定的预算前提下完成,企业发展的战略计划和目标也会受到影响。因此，对项目转移复杂性相关的风险问题的深入研究，将会提高企业项目的风险管理能力，提高项目转移的成功性，最终实现公司的发展战略。

本文将以X公司过去海外6条生产线及现在进行的1条生产线项目转移到中国过程中所经历的各种风险状况以及影响为例进行深入研究。基于以下两个方面，研究结果可以为海外生产线项目转移的风险管理提供一定的借鉴。一方面，X公司属于美国著名的汽车及机械工业应用制造集团的一家中国分公司，生产线项目转移在集团内部发生不是个案。因此企业所遇到的问题具有一定的普遍性，大多问题在海外生产线项目转移过程中可能会遇到。另一方面，制造业的生产线项目转移较为普遍。

综上所述，本文主要的研究内容有以下两个。

(1) 海外生产线项目转移中复杂性引起的风险管理问题。

(2) 在海外生产线项目转移中，怎样提高项目转移的风险管理能力？

2. 本文结构

本文共从七个部分进行论述和分析。

第一部分：引言。本部分主要包括研究背景、研究问题、研究内容及意义、研究方法和技术路线。通过对背景的研究提出本文的研究意义及本文要解决的主要问题，提出海外生产线项目转移过程中复杂性引起的风险管理重要性。

第二部分：文献研究。本部分主要对国内外风险管理的文献进行分析和研究，同时对国内外项目复杂性管理文献进行研究分析，然后对风险管理及项目复杂性管理理论进行比较，提出了风险评价体系的理论框架，为下一步基于复杂性理论海外生产线项目转移的风险评价体系提供一定的理论支撑和依据。

第三部分：X公司项目转移风险管理现状分析。本部分通过对X公司发展过程中遇到的风险、X公司海外生产线项目转移的风险管理现状、项目转移对X公司战略的风险和风险管理的迫切性进行分析，强调了基于复杂性理论海外生产线项目转移的风险评价体系的建立对X公司的风险管理的重要性。

第四部分：风险评价体系建立。本部分结合第二部分的理论分析和第三部分的X公司现状的分析，构建了适合目标公司及制造业的风险评价体系。

第五部分：X公司项目转移案例风险评估。本部分应用第四部分已经建立的基于复杂性理论海外生产线项目转移的风险评价体系对目标公司正在进行的案例项目进行风险评估，针对评估结果提出了风险措施。

第六部分：改善建议和评价体系验证。依据第五部分对X公司案例项目提出的风险施进行实际效果的验证，同时对基于复杂性理论海外生产线项目转移的风险评价体系进行验证。

第七部分：结论及展望。总结研究结果，分析本研究结果的不足之处及需要改进之处。

3. 研究意义

1）理论意义

风险管理的课题研究较早且目前也较为成熟，但是以往的大部分风险管理方面的文献和理论主要集中在风险管理的计划、识别、分析、回应、监管与控制上；较少关注复杂性引起的风险研究。虽然如此，但是在实际项目管理过程中仍然会有风险不能够被很好识别、分析和管理而导致项目处于风险中的案例。由此可以设想，风险管理理论中可能存在着没有被涉及的项目风险部分。项目复杂性管理理论较为前沿，主要针对项目中的不确定性进行了系统的分析和分类。由于不确定性是风险的重要来源，因此怎样利用风险管理理论和复杂性管理理论将对海外生产线项目转移的风险管理起到重要的作用。

本课题基于 PMI 项目管理的相关知识对项目的复杂性进行研究分析，并结合成熟的风险管理理论和 X 公司海外生产线项目转移的风险管理情况进行分析，提出了基于复杂性理论海外生产线项目转移的风险评价体系。通过对项目风险管理和项目复杂性管理理论的优点进行整合而提出的基于复杂性理论海外生产线项目转移的风险评价体系，对于后续海外生产线项目转移的风险管理理论提供了新的思路和方法，以供借鉴。

2）实践意义

（1）基于项目风险管理、项目复杂性管理及对 X 公司研究基础而提出的基于复杂性理论海外生产线项目转移的风险评价体系，将有助于 X 公司对现有的海外生产线项目转移的风险管理提供切实可行的改善方案同时为 X 公司将来新的海外生产线项目转移提供实践指导意义和最佳实践应用。

（2）为跨国制造业企业普遍存在的海外生产线项目转移的风险管理问题提供了实践上的新方法。

（四）研究方法和技术路线

1. 研究方法

文献研究法：通过对项目复杂性管理及风险管理文献的研究，以此作为对本文提出的问题进行研究分析的理论基础。

观察法：研究者根据研究目的，利用感官和辅助工具直接参与并观察被研究组织，以此获得相关的研究资料。

调查问卷法：通过调查问卷的方法来获得资深项目管理人员和参与人员的经验和判断，以此为后续的研究提供一定的资料来源。

案例分析法：对具体案例进行分析研究并验证其建议和改善方案的可行性，可以作为对研究结果有效性的论证。

归纳总结法：通过对项目复杂性、风险管理理论归纳总结，以此建立基于复杂性理论海外生产线项目转移的风险评价体系。

PMI 项目管理方面的理论和实践指导是比较成熟和公认的管理方法。本文主要基于 PMI 项目管理方面的理论和实践进行研究，在实践中具有一定的可操作性和实用性。

首先，《项目复杂性管理实践指南》(*Navigating complexity: A practical guide*)是目前项目管理理论中比较前沿的一种理论。对于在复杂多变的项目管理环境中，复杂性的管理理论对于研究项目复杂性的问题具有一定的可行性。

其次，风险管理理论研究已经比较成熟，在项目的管理中实践性比较强。

最后，基于前沿的项目复杂性管理实践与比较成熟的风险管理理论而提出的基于复杂性理论海外生产线项目转移的风险评价体系，可以为海外生产线项目转移提供可实践的改进建议和方法，对于 X 公司以及其他制造业公司关于海外生产线项目转移的风险管理研究具有一定的参考价值。

2. 研究技术路线

本文的研究技术路线如图 3－1 所示。

二、文献综述

笔者在检索涉及海外生产线项目转移复杂性的风险研究文献的过程中发现，很少有文献涉及海外生产线项目转移复杂性的研究。鉴于此，笔者针对以下两个方面对项目复杂性的风险研究进行分析：一个是项目复杂性管理方面文献的研究，另一个是风险管理方面文献的研究。同时从国内和国外两个方面对相关文献进行研究和分析。

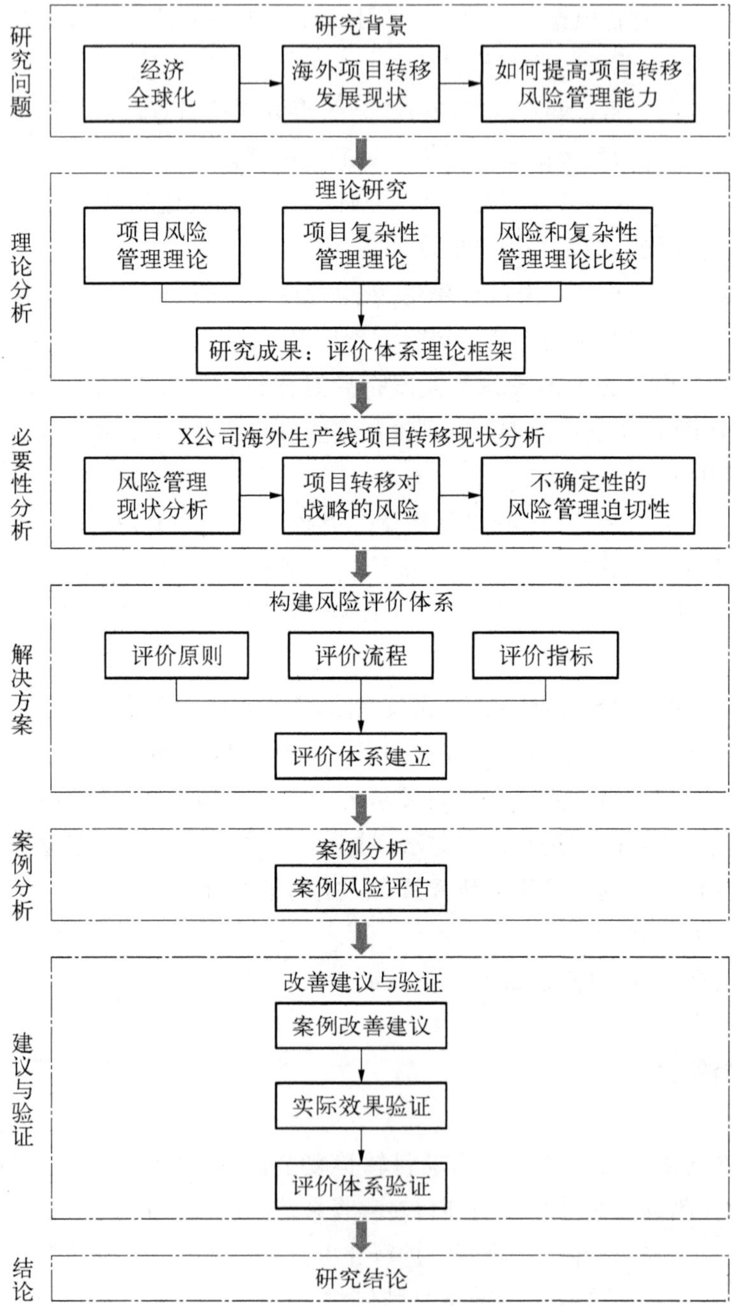
研究问题
研究背景
经济全球化
海外项目转移发展现状
如何提高项目转移风险管理能力
理论分析
理论研究
项目风险管理理论
项目复杂性管理理论
风险和复杂性管理理论比较
研究成果：评价体系理论框架
必要性分析
X公司海外生产线项目转移现状分析
风险管理现状分析
项目转移对战略的风险
不确定性的风险管理迫切性
解决方案
构建风险评价体系
评价原则
评价流程
评价指标
评价体系建立
案例分析
案例分析
案例风险评估
建议与验证
改善建议与验证
案例改善建议
实际效果验证
评价体系验证
结论
研究结论

图 3－1　研究技术路线

（一）国外项目风险和复杂性文献研究

1. 国外项目风险管理文献研究

项目风险管理理论自提出以来，经过多年的发展已经变得比较成熟。国外关于项目风险管理方面的文献与理论依时间先后顺序主要有以下几个。

（1）Copper在2005年所著的《项目风险管理指导》（*Project Risk Management Guidelines: Managing Risk in Large Projects and Complex Procurement*）中针对复杂的或者大型的项目活动的风险管理做了分析和阐述。文中对风险管理的流程做了详细的介绍和分析。风险管理流程由以下几个步骤组成：背景分析、定义、分析、评估、处理、监管和回顾、沟通和咨询。《项目风险管理指导》对于复杂的或者大型的项目活动的风险管理提供了切实可行的风险管理方法和指导作用。

（2）Edwards和Bowen在2005年所著的《项目组织中的风险管理》（*Risk Management in Project Organizations*）一书中，在风险来源、风险后果和风险发生概率三个要素的基础上增加了时间作为风险的第四个要素。作者提出了时间对于风险的发生、影响以及管理具有一定的影响。比如同一个风险处于项目生命周期的不同阶段，其影响、后果和发生概率都会有很大的差异。这一观点的提出给后续项目风险管理提供了新的关注点，对项目风险管理在时间节点上的把控起到了积极的作用。

（3）PMI的《项目风险管理实践标准》（*Practice Standard for Project Risk Management*）（2009）主要针对风险管理的计划、定义、定性分析、定量分析、风险回应以及风险监管和控制几个方面分别进行了目的描述、提出关键成功要素、工具和技巧等。其中的风险管理流程与Copper在《项目风险管理指导》中提到的项目风险管理流程较为相似。以往大部分的风险管理文献和理论主要集中在风险管理流程方面进行研究和分析。

（4）Winch在2010年所著的《管理建筑项目》（*Managing Construction Projects*）以及Winch和Maytorena在2011年合著的《管理项目的风险和不确定性：认知方法》（*Managing risk and uncertainty on projects: a cognitive approach*）中提到了风险和不确定性的认知模型（图3－2）。该模型分为四个象限：Known Knowns，Known Unknowns，Unknown knowns和Unk-unks，对于风险和不确定性的认知具有一定的借鉴意义。

（5）与此同时，Winch在2010年的《管理建筑项目》（*Managing Construction*

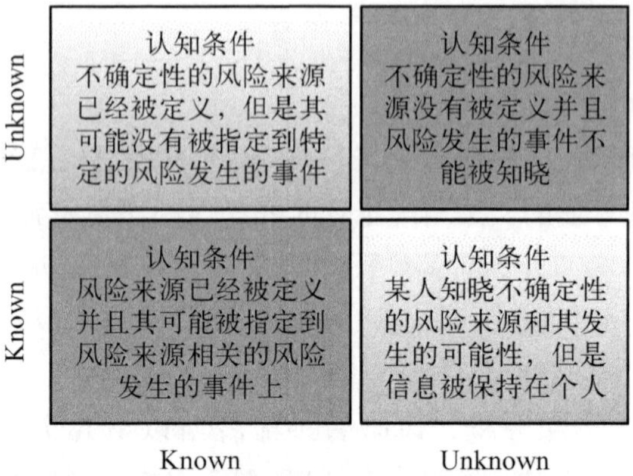

图 3-2 风险和不确定性的认知模型

Projects)以及 Morris，Pinto 和 Soderlund 在 2013 年的《项目管理牛津手册》(*The oxford handbook of project management*)中描述了风险管理的流程。其中所描述的风险管理流程主要为：风险登记、风险定义、风险评估、风险回应和风险控制几个方面(图 3-3)。

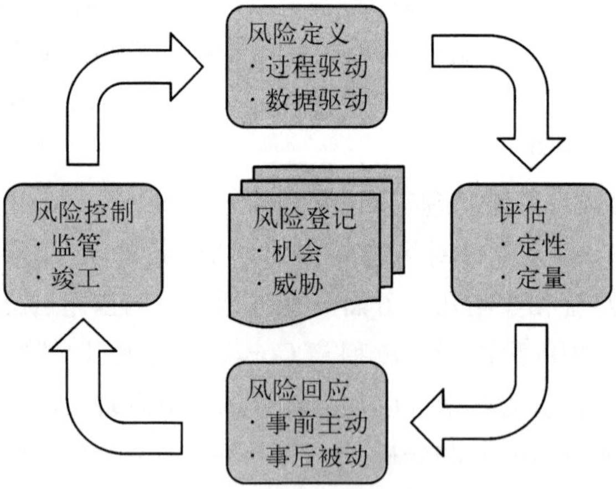

图 3-3 风险管理流程

由图 3-3《项目管理牛津手册》中的风险管理流程来看，与 Copper 在《项目风险管理指导》和 PMI 的《项目风险管理实践标准》中描述的风险管理流程非常接近。

Morris，Pinto 和 Söderlund 还在 2013 年的《项目管理牛津手册》(*The oxford handbook of project management*)中强调了利益相关者(Stakeholders) 管理的重要

性,并提出了利益相关者分析图(Stakeholder mapping)。依据分析结果,找出支持和反对者并提出与之相对应的措施。利益相关者分析图的应用对于项目利益相关者的分析具有直观的效果,对于项目风险管理中利益相关者的管理起到了重要的作用,提高了项目实施的成功性和绩效指标。

(6) Lowe 在 2013 年的《商业管理: 理论与实践》(*Commercial Management: Theory and Practice*)一书中,提到风险管理包含风险和不确定性两个方面;在当今快速变化的商业环境中,组织不仅需要更加关注风险和不确定性,更需要关注的是怎样监管他们。在文献中对于风险管理的流程依然是风险定义、分析、回应以及监管和控制四个方面。在此四个流程中,沟通扮演着重要的角色。

由此可见,在风险管理流程方面的理论研究已经比较成熟和接近统一,其流程可以在项目风险管理中被借鉴。

(7) 随着项目风险管理理论在实践应用中越来越成熟,项目风险管理方面的成熟度模型也在不断地成长而变得成熟。涉及项目风险管理成熟度模型方面的理论和概念有针对 ICT 行业的 MMGRseg,制造业的 RM_CMMI,建筑行业的 RM3 和不同行业的 OGC's model。其中 OGC(Office of Government Commerce)有 P3M3(Portfolio, Programme and Project Management Maturity Model)和 PRINCE 2 两种风险成熟度模型。

英国政府商务办公室 OGC 的 P3M3 和 PRINCE 2 中都有对项目风险管理成熟度的评估。P3M3 主要包含项目组合、项目集和项目的模型以及项目组合、项目集和项目的自我评估三个部分。在 P3M3 的项目风险管理成熟度模型中,成熟度共分为五个层级,分别是: 认知级、可重复级、定义级、管理级和优化级。

五个层级的成熟度分别对管理控制、利益管理、财务管理、利益相关者管理、风险管理、组织监管和资源管理进行评估。可以针对其中一项、多项或者全部进行评估。因此对于风险管理成熟度来说,一共有五个层级的成熟度。评估过程中所采用的指标有通用指标(Generic attributes)和特定指标(Specific attributes)两种。

PRINCE 2 成熟度模型来自 P3M3 理论,同时 PRINCE 2 采用与 P3M3 相同的五个层级的成熟度、七个方面的评估以及通用指标和特定指标。

项目风险管理方面的研究在当前已经较为成熟,不仅在国外的实际应用中较为广泛和成熟,而且在国内的工程建设项目中的应用也越来越广泛和成熟。

2. 国外项目复杂性管理文献研究

国外关于项目复杂性管理研究的文献依时间先后顺序主要有以下几个方面。

(1) Baccarini 在 1996 年的《项目复杂性概念》(*The concept of project complexity*)期刊中针对项目复杂性这一概念提出了建设性的定义，即：没有相互关联的一些部分组成了项目的复杂性。在对其进行分析的时候，主要依靠差别化、相互依赖性或者关联性；组织和技术复杂性是比较常见的项目复杂性。

(2) De La Cruz 在 1998 年提出了直接复杂性和间接复杂性；Williams 提出了结构复杂性这一概念。Baccarini 的项目复杂性的一般概念、De La Cruz 的直接复杂性与 Willams 的结构复杂性相一致。

(3) Alfredo 在 2002 年的《项目风险管理集成技术》期刊中认为，不确定性是间接复杂性的最主要来源。这一点与 Williams 的观点是一致的。

(4) PMI 2014 年的《项目复杂性管理实践指南》(*Navigating complexity: A practical guide*)主要从人的行为、系统行为以及不确定性三个方面进行了复杂性的分析。文献提供了相关的问题评估问卷，问卷共设计了 48 个问题(附录 A)。对于否定的回应预示着复杂性的存在并且鼓励使用者考虑复杂性的潜在原因。同时，该文献提出了 12 种复杂的情形(附录 B)和与之相对应的可行性行动方案，此外还提出了有用的实践方案以及怎样开发行动计划的建议。

复杂性是一个项目集或者项目或者自身环境的一个特征，由于人的行为、系统行为以及不确定性而难以进行管理。另外复杂性与项目集或者项目的规模大小并不一定成比例关系；规模小的项目集或者项目也可能包含大量的复杂性。在任何具有复杂性特征的项目集或者项目中，都具有内在的风险(Risks)和不确定性因素(Uncertainties) 需要管理。值得注意的是，虽然复杂性的存在会增加风险和不确定性因素，但是复杂性的存在并不会改变项目集或者项目的基本管理方式和方法对复杂性认知水平的提高将会增加复杂性管理的成功性。

《项目复杂性管理实践指南》(*Navigating complexity: A practical guide*)中关于项目复杂性的研究是当前世界上比较前沿的研究成果。在当今由于科学、技术、信息、互联网和创新等不断快速发展而引起的越来越快的不断变化的经济环境中，复杂性的概念变得越来越重要，关于复杂性的研究对于项目管理的重要性也慢慢显现出来。因此，此文献对于本论文的海外生产线项目转移的风险研究具有重要的研究和借鉴意义。

国外从提出项目复杂性概念到 2014 PMI 的《项目复杂性管理实践指南》经

历了一段时间，随着时间的推移，项目复杂性的研究也变得越来越重要，但是针对项目复杂性研究还是比较新的一个课题，较为系统的和成熟的项目复杂性管理还有待进一步研究和发展。

（二）国内项目风险和复杂性文献研究

笔者检索了2009年至2014年国内关于海外生产线项目转移复杂性的风险研究文献，从海外生产线项目转移、项目的复杂性研究和风险管理研究三个方面来对相关文献进行了研究。其相关文献依时间先后顺序如下。

1. 国内项目风险管理文献研究

关于海外生产线、产品、技术转移的相关文献依时间先后顺序主要有以下几个方面。

(1) 刘艳在2006年的《跨国公司生产和技术区域转移项目的管理》中，对生产和技术区域转移项目的特点进行分析以后，提出了在项目转移的管理实践中应该注意以下几个方面的管理：范围、时间、成本、采购、风险、HR、质量和沟通等；同时提出了项目转移的门径管理流程模型。该文献对于海外生产线项目转移具有一定的借鉴意义，其中不足之处在于没有对跨国公司生产和技术区域转移项目在管理过程中会遇到的复杂性情形进行深入的分析，并以此提出与之相对应的改善及管理措施。

(2) 毕文林在2007年的《海外产品转移项目的探讨》中，针对海外产品项目转移，分别从工程技术、产品、研发、质量以及供应链等几个方面进行了分析，同时分析了与之相对应的风险并提出了风险应对措施。该文对制造业海外产品项目转移具有一定的借鉴意义。文中没有对海外产品转移项目所涉及的工程技术、产品、研发、质量以及供应链的利益相关者进行分析。利益相关者不仅对于项目的成功与否起着重要作用，而且对项目进度、成本和控制都起着决定性的作用。

关于项目风险管理研究的相关文献依时间先后顺序，主要有以下几个方面。

(1) 胡艳妮于2010年的《工程项目风险识别与分析方法探讨》一文中，研究了工程项目建设中风险识别的两种方法：定性分析法和定量分析法，并且对其识别方法与分析方法进行了分析。其中定性分析法包括头脑风暴法、德尔菲法、趋势外推法、幕景分析法、流程图法、财务报表法、经验数据法、初始清单法，风险调查法和系统分析法；定量分析法包括盈亏平衡分析、敏感性分析和概率分析。本文主要介绍了风险管理之风险识别方法中比较常用的方法。

(2) 周兴国于2011年的《探索工程项目风险管理的科学方法》中，分析了承包商对工程项目及施工过程中风险的管理方法。另外，在文献中作者还提出了风险措施：回避、降低、分散、转移和自留。此风险应对措施的五个方面是目前风险管理理论中比较成熟和科学的风险应对方法。

(3) 邓修权、张迪、陈俊杰于2012年的《风险管理方法流程化体系研究》中，在现有项目风险管理的基础上，从多角度阐述了项目信息搜集的五大途径。作者建议用流程化体系对风险进行管理，主要针对较大范围的项目有针对性、动态地、系统地进行风险识别、评估，以此形成项目风险管理方法流程化体系。

(4) 杨玉武于2012年的《认知差异及其对项目风险管理的影响研究》中，主要论述了工程项目团队成员之间对风险主观认知方面的差异将极大影响工程项目管理；而工程项目团队的职责划分、个人经历、风险意识、风险处理能力、利益相关者对风险的认知方面的改善都将能够提高工程项目风险管理。文章对风险认知方面进行了分析和研究，对于项目风险管理过程中的关注点提出了新的方面，有助于提高项目风险管理的有效性。

(5) 贾广社在2012年《衡量大型建筑工程项目风险管理成熟度》(*Measuring the maturity of risk management in large-scale construction projects*)中，基于系统科学和成熟的风险管理成熟度模型理论，针对大型建筑工程项目提出新的风险管理成熟度系统的原则和方法。该系统使用网络分析法(ANP)衡量了主要风险因素的整体有效性。其风险管理成熟度系统(RMMS)包含三个主要部分：风险管理中的能力、评估和演变。该文献针对复杂的大型建筑工程项目的风险管理成熟度方面具有创新和独特的见解，具有比较好的借鉴意义。

国内针对风险管理方面的研究也已不断成熟，风险管理的理念与风险管理方法在不断地应用到工程项目中了并且随着风险管理成熟度模型的发展，风险管理成熟度模型新的观点和理论也在不断地发展。

2. 国内项目复杂性管理文献研究

关于项目复杂性研究的相关文献依时间先后顺序主要有以下几个方面。

(1) 齐二石、姜琳在2008年的《大型工程项目的复杂性及其集成化管理》中提出了时间复杂性和空间复杂性概念，分析了大型工程项目的复杂特征和存在的管理问题；提出了三个集成化的管理方法：信息集成化、过程集成化和参与方的集成化。该文献提出的时间复杂性和空间复杂性概念对于大型工程项目复杂性的研究和分析有一定的帮助，同时对于处于复杂环境中的项目风险管理具有一定的提升作用。

(2) 吴绍艳在 2009 年《工程项目的复杂性探讨》中提出了项目复杂性来源有三个方面：系统要素、环境因素和系统结构。文中提出，首先需要确定复杂性的根源，然后判断其复杂性程度，最后找到相应的管理方法、模式和工具。该文献与齐二石 2008 年所著的《大型工程项目的复杂性及其集成化管理》相比，提出了新的三个复杂性要素。

(3) 蒋卫平、李永奎、何清华在 2009 年的《大型复杂工程项目组织管理研究综述》中提出了大型工程项目的复杂性：组织的复杂性、技术的复杂性和不确定性；同时提出了针对复杂性管理的两个方向：自组织管理和协同管理。

(4) 黄恒振在 2010 年的《基于复杂性的工程风险管理研究》中，介绍了风险管理的复杂性并初步建立了风险管理复杂性的分析框架(思维层面、方法层面、具体操作层面)。其中谈到工程风险复杂性主要体现在风险类型的多样性、复杂性以及风险形成机理的复杂性三个方面；涉及工程风险管理的复杂性有：工程风险管理主体结构的复杂性以及管理技术所带来的不确定性两个方面。该文献中研究了复杂性以及风险管理两个方面，并对工程项目风险管理的复杂性进行了分析，对后续项目风险复杂性研究提供了参考。

综合以上国内项目复杂性管理研究文献的分析，关于项目复杂性的概念有时间复杂性、空间复杂性、组织的复杂性、技术的复杂性和不确定性等。复杂性来源主要有系统要素、环境因素、系统结构、工程风险管理主体结构的复杂性以及管理技术所带来的不确定性等。针对项目复杂性而提出的管理措施主要有集成化的管理方法(信息集成化、过程集成化和参与方的集成化)、自组织管理和协同管理、以及风险管理复杂性分析框架(思维层面、方法层面、具体操作层面)等。

(三) 风险与复杂性管理理论的比较

在对国内外风险管理和项目复杂性管理的文献进行研究之后，本文将对风险管理理论与项目复杂性管理理论进行以下几个方面的比较，以此为基于复杂性理论海外生产线项目转移的风险评价体系的建立奠定理论基础。

1. 研究现状的比较

项目的风险管理理论研究经过长期的发展，理论研究已经十分成熟。针对风险管理的认知、流程和风险管理工具的研究，已经形成相对稳定和统一的模式。基于风险管理理论方面的认知，其风险管理流程也相对成熟，主要以风险管理理论方面的认知以及不断循环的持续改善方式作为风险管理的流程。随着理论研究的发展，项目风险管理成熟度模型也在各个机构的理论体系中逐渐发展起来。

项目复杂性管理理论的研究相对来说比较前沿，尚未进入成熟的阶段。关于其复杂性的分类主要有直接复杂性和间接复杂性、时间复杂性和空间复杂性、组织复杂性和技术复杂性、不确定性（复杂性的来源和管理方法如上一节所述）。

项目复杂性管理最新的研究是 PMI 2014 年的《项目复杂性管理实践指南》（*Navigating complexity: A practical guide*）。该文献主要以人的行为、系统行为以及不确定性三个方面进行复杂性的分析，以问题调查的评估方式并结合项目复杂性情形进行分析并给予可行的行动措施。

2. 研究内容的比较

风险管理理论研究的主要内容包括两个方面，即风险和不确定性，针对风险和不确定性，主要内容又可以分为风险管理的计划、风险的定义、风险的分析、风险的评估、风险的回应、风险的监管、风险的控制、风险管理的回顾和报告几个方面（表 3-1）。

表 3-1　风险管理研究的主要内容

主要内容	风　　险	不确定性
风险管理	风险管理计划 风险定义 风险分析 风险评估 风险回应 风险监管 风险控制 风险回顾与报告	

项目复杂性管理的主要研究内容有人的行为、系统行为和不确定性三个方面。针对此三个方面又可以细分为个人行为、团体组织政治行为、沟通与控制、组织设计与发展、关联性、信赖性、系统动态、涌现和不确定性（表 3-2）。

表 3-2　复杂性管理主要研究内容

主要内容	人　的　行　为	系统行为	不确定性
复杂性	个人行为	关联性	突　现
	团体、组织、政治行为	信赖性	不确定
	沟通与控制	系统动态	
	组织设计与发展		

风险管理主要是对风险和不确定性进行分析然后采取相应的措施。其中风险可以定义为可以定义出的风险，而不确定性可以联系到 Winch 的风险和不确性认知模型即三个象限：Known Unknowns，Unknown knowns 和 Unk-unks。

而复杂性管理主要是从复杂性的角度出发对人的行为、系统行为和不确定性进行深入分析。对人的行为、系统行为两个方面研究分析可知，都存在着不确定性的特性，因此项目的复杂性管理主要是以不确定性为主要研究内容。对于其中各个方面否定的回应即意味着有存在风险的可能性，然后再进行分析并提出应对措施。

3. 假设的比较

根据《韦氏国际词典》对假设的解释，假设是基本的前提或者假定，是提出一个认为是理所当然或不言自明的命题（彭宏超，2007）。管理假设是指管理者在实施管理活动中，当遇到尚未确知的事务时，依其正常情况或事务的发展趋势做出比较合乎情理的判断和假设；管理假设包括自私性、理智性、可塑性和不信任性假设（王博荣，2009）。

笔者在对风险管理的假设和复杂性管理的假设文献搜索时发现，关于风险管理的假设主要集中在财务管理方面，较少有关于项目风险管理的假设研究；关于项目复杂性假设的文献研究几乎没有。因此，笔者基于管理假设、人性的假设、行为科学的假设、项目风险管理及项目复杂性管理实践的文献对其假设做了以下的分析和比较。

1）项目风险管理的假设

项目风险管理的假设主要有以下几个方面。

（1）信息不对称假设

所谓信息不对称即项目的利益相关者之间或者影响项目因素的信息或多或少，由于各种原因而造成信息的不对称。因此在实际的项目管理中，信息不对称造成了在项目管理中风险的存在。信息不对称越大，那么项目的风险也就越大。

（2）风险偏好、厌恶、中立型假设

项目管理者对风险的态度可以分为风险偏好、风险厌恶和风险中立型三个态度。针对此三种态度也就有了在风险管理上的三种态度即风险偏好、风险厌恶和风险中立型假设。

项目风险管理最开始的研究主要是为了消除或者减少风险的影响，把风险当作是产生负面影响的因素。随着项目风险管理理论和实践的不断演变和发展，项目风险管理理论也在不断地变化之中。从最初的认为风险完全是负面的逐渐演变成风险包括风险(Risk)和机会(Opportunity)两个方面。因此当前的项目风险管理理论是建立在风险中立型的假设之上,即风险不仅能产生负面的影响,也能产生积极正面的影响。

(3) 风险与机会假设

由以上的风险中立型假设可以认知到风险不仅会产生负面影响的风险,同样也可以产生积极正面的影响。也就是说,风险有时候也是一个可以对项目产生积极影响的机会,因此项目风险管理也是建立在风险和机会假设基础之上。

(4) 不确定性假设

所谓不确定性即是暂时没有足够的信息来判断其具体是项目的什么风险或者项目风险发生的时间、程度和频率。项目风险的不确定性一个是由信息的不对称引起的,而信息的不对称可以是由认知方面引起的(图 3-4)。

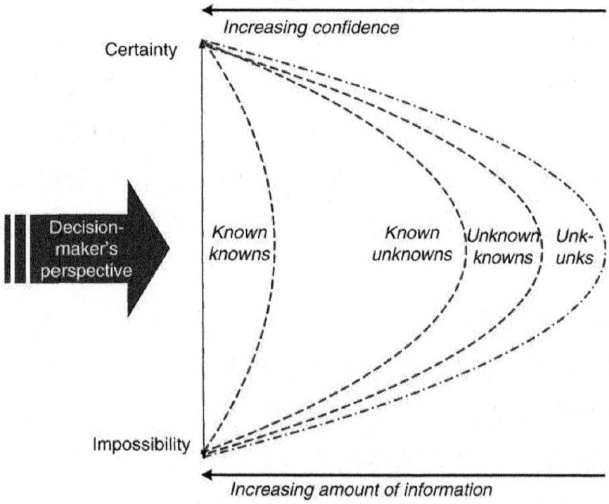

图 3-4 风险和不确定性认知模型

由图 3-4 可以看出,随着获取项目风险信息的增加,其项目的不可能性逐渐变小;同时随着对项目风险管理的信息的增加,其项目的必然性也就变得越来越高,从而支持项目的决策者做出相应的正确决策。

不确定性产生的另一个原因是人的有限理性,也就是说人对项目风险信息理性认知、项目风险管控的理性自信以及项目决策者针对决策的理性都是有限的,无法保证百分之百理性。这也是不确定性产生的原因之一,因此不确定性也是项目风险管理的一个假设。

(5) 有限理性假设

由项目风险的不确定性假设可以看出人的有限理性是产生不确定性的一个原因，人的有限理性假设是项目风险管理假设之一。

2) 项目复杂性管理的假设

项目复杂性管理的假设主要有以下几个方面。

(1) 人的行为假设

人的行为假设包括其自私性、理智性、可塑性、不信任性。自私性即人做出选择总是希望其决策对自己有利；理智性即人在做决策时会基于理性，但是理性却是有限的，即有限理性；可塑性即人经过管理或者教育或者培训能够得到塑造；不信任性即人与人、人与组织、组织与组织之间的不信任性，但是不信任性可以通过团队建设、管理、教育或者培训建立一定的信任(王博荣，2009)。

人的行为假设还有人在社会的活动中会追求利益的最大化，为了追求利益的最大化，人便会有机会主义的倾向；另外人还会追求非利益的最大化以达到其目的(宋晶，2008)。除此之外，人的行为假设还有其行为本身的复杂性和不确定性(秦峰，2009)。

(2) 系统行为假设

系统行为的假设是指其项目之间的关联性、依赖性和系统动态，也就是说项目的各个要素之间是相互关联、相互依赖的，并且各个要素是处于动态变化的。基于这样的系统行为假设，是复杂性产生的基础和前提，因为其中任何一个要素发生变化，必然会引起其他要素之间的连锁反应，导致项目的复杂性加强。

(3) 不确定性假设

不确定性与项目风险管理中的不确定性假设有交集之处。对于项目复杂性理论来说，其不确定性包括涌现(Emergence)和不确定性两个方面，其中不确定性方面与项目风险管理理论的不确定性相似，涌现的事件是项目复杂性管理的另一种假设。

4. 理论基础的比较

1) 项目风险管理的理论基础

项目风险管理的理论基础主要来自 PMI 的 PMBOK(Project Management Body of Knowledge)知识体系。其理论基础主要有以下几个方面。

(1) 风险认知

风险的认知涉及风险和不确性的认知模型(图 3－2 和图 3－4)。人对风险的认知受其自身因素的影响和对信息获取多少、质量、有效性等的影响。如果能够对风险有很好的认知，那么将对风险的管理起到积极有效的作用，反之则会影响对风险的管理。

(2) 信息论

风险相关的信息对风险管理的计划、风险的定义、风险的分析、风险的回应以及风险的监控整个风险管理流程都起着十分重要的作用。无效的或者错误的信息将会导致最终风险管理失效，而信息的不对称性会造成对风险的判断及控制失效。

(3) 不确定性

对于风险的认知中包括不确定性的因素。不确定性的风险是在没有前兆情况下发生的。对于有前兆的风险因素，可以通过风险管理计划对其进行识别，然后进行预防性的管理，以达到风险管理的目的。

(4) 风险与收益的权衡

项目风险的管理过程中，风险管理的理论给出了针对风险可以采取的一些措施。对于同一个风险来说，可以采取不同的措施，不同的风险措施所产生的成本、所需的时间、所需的资源可能会有很大的不同，因此在选择风险管理的措施时，需要权衡风险与成本、时间、资源的关系。

(5) 委托与代理理论(Principal-Agent)

作为委托人的股东和管理者的代理人之间存在着相互合作的关系。与此同时，他们之间存在着信任和信息不对称的问题。作为代理人，可能会做出对自己有利的决策，但是却不一定是对项目或者组织最有利的决策。

(6) 概率论及数理统计方法

项目风险定义之后，通常情况下会对项目风险进行定性分析和定量分析。在项目风险管理中，项目风险的定量分析通常会采取概率论的方法来对风险发生的概率来进行分析。在对整个项目风险定量分析的过程中，数理统计的方法理论也会应用到项目风险管理之中。

(7) 项目生命周期理论

项目如同一个产品、一个企业一样具有生命周期，项目的生命周期理论对于项目的管理具有重要的意义，对于项目的风险管理也具有重要的作用。

2) 项目复杂性管理的理论基础

《项目复杂性管理实践》是 PMI 的比较前沿的针对项目复杂性管理的理论，其理论可以说也是基于 PMI 的 PMBOK(Project Management Body of Knowledge)知识体系的，其中部分理论基础是最新的创新。其主要的项目复杂性管理的理论基础主要有以下几个方面。

（1）人的行为理论

人的行为理论是《项目复杂性管理实践》中重点讨论的，也是比较前沿的一个理论。理论主要针对人的行为进行分析，强调了人的行为是项目复杂性的一个重要因素。人的行为包括个人行为，团体、组织和政治行为，沟通与控制，组织设计与发展。人的行为受众多因素影响，因此人的行为有规律性，但同时也具有一定的复杂性和不确定性。

（2）系统论

项目集或者项目可以被当作是存在于其他系统中的一个系统。在一个复杂多变的环境中，项目集或者项目通过他们组件（Components）或者单元（Parts）之间的联系而相互依赖，因此复杂性可以是组件或者单元之间关联的结果（Project Management Institute，2014）。

（3）不确定性

项目复杂性的不确定性包括涌现和不确定。不确定性除了认知方面的不确定性外，还有其他对项目会产生影响而暂无法识别的因素。不确定性的特性决定了其不一定是产生负面影响的事件，也可能是会产生正面影响的事件。

（4）最佳实践及 PMI 基本标准

最佳实践及 PMI 基本标准都是源于 PMI 的 PMBOK。最佳实践包括：优化组织结构、建立有效的监管、批准前对项目集或者项目的研究、项目集或者项目经理人与关键团队成员的匹配、专家意见、有效整合、关注变革管理、鼓励弹性思维、关注引起大的变化的微小信号、避免过度简化和鼓励反思。基本标准包括：项目范围、沟通、利益相关者和风险。

通过以上对项目风险管理和项目复杂性管理的分析可以看出，项目的风险管理的理论基础主要包括风险认知、信息论、不确定性、风险与收益的权衡、委托与代理、概率论及数理统计、和项目生命周期理论，而项目复杂性管理理论基础主要基于人的行为、系统行为、不确定性、PMI 的最佳实践和基本标准理论。

项目和风险管理与项目复杂性管理在理论基础方面有共同点，如：不确定性。同时也存在着比较大的不同点，如：人的行为和系统行为等。

5. 操作流程的比较

1）风险管理操作流程

表 3－3 是各机构风险管理流程的对照表（Jia 等，2012），由表可以看出，风

险管理的流程相对成熟、内容相对稳定，基本都在围绕几个方面的内容进行研究和分析。

表 3-3 风险管理理论认知方面的总结

风险管理流程	研究内容				
	PMI	OGC	ISO	IRM	HM treasury
风险管理计划	√		√		
风险定义	√	√	√		√
风险分析	√		√		
分析评估		√	√	√	√
风险回应	√	√	√	√	
风险监管	√	√	√	√	
风险控制	√				√
风险管理回顾和报告			√	√	√

PMI 的《项目风险管理实践标准》(*Practice Standard for Project Risk Management*)(2009)的风险管理流程(表 3-4)主要由计划风险管理、风险定义、风险定性分析、风险定量分析、风险回应和风险监控组成。风险管理流程是重复性的、不断持续改善的一个过程，其他风险管理的流程基本上都是以同样的方式达到持续改善的目的。流程中的每一个步骤都提供了与之相对应的工具、方法以及关键的成功因素。

表 3-4 风险管理与复杂性管理流程比较

流程	步骤 1	步骤 2	步骤 3	步骤 4	步骤 5	步骤 6	步骤 7
风险管理	计划风险管理	风险定义	风险定性分析	风险定量分析	风险回应	风险监控	
复杂性管理	熟悉介绍、组织考虑、定义及分类、基本标准及有用实践	完成评估问卷 48 个问题	针对否定回应决定可能的复杂性原因	复杂性情形评估	批判性思考	建立行动计划和执行管理	持续评估行动计划结果

2）项目复杂性管理流程

项目复杂性管理主要由 7 个步骤组成(表 3－4)。作为实践指南,项目复杂性管理的流程主要以指南中的内容与操作步骤进行研究和分析。

通过对风险管理流程和项目复杂性管理流程的分析比较可以看出,风险管理流程已经十分成熟并相对稳定,而项目复杂性管理实践指南是比较前沿的理论,其流程主要以指南中各章节介绍的内容和步骤来进行分析,尚没有形成比较成熟的管理流程,因此两者在流程管理上存在比较大的区别。

6. 提供的项目风险管理方案比较

项目风险管理所提供的常见方案主要有：风险回避、风险降低、风险分散、风险转移和风险自留(周兴国,2011),而项目复杂性管理理论针对复杂性所提供的方案与风险管理所提供的方案的方法完全不同。项目复杂性管理在对 48 个评估问题分析后,然后分析复杂性情形,最后针对复杂性情形及其中的可应用问题提供可能的行动方案供使用者考虑和选择。因此不同的复杂性情形会针对不同的可应用的问题,来评估和提供不同的行动方案给使用者考虑和选择(表 3－5)。

表 3－5　风险管理与复杂性管理提供的方案比较

理　论	方　　案
风险管理	风险回避
	风险降低
	风险分散
	风险转移
	风险自留
复杂性管理	情形 1：可应用的行动方案
	情形 2：可应用的行动方案
	情形 3：可应用的行动方案
	情形 4：可应用的行动方案
	情形 5：可应用的行动方案
	情形 6：可应用的行动方案
	情形 7：可应用的行动方案

续 表

理　论	方　案
复杂性管理	情形 8：可应用的行动方案
	情形 9：可应用的行动方案
	情形 10：可应用的行动方案
	情形 11：可应用的行动方案
	情形 12：可应用的行动方案

（四）研究成果综合评述

综合以上相关文献的研究可以看到，风险管理文献的研究已经相当成熟，不足之处在于较少对复杂性引起的风险进行研究。而项目复杂性的研究比较前沿，其在人的行为、系统行为和不确定性方面的研究和分析值得借鉴。根据以上的研究分析，本文中基于复杂性理论海外生产线项目转移的风险评价体系理论框架由以下几个部分组成。

基于复杂性理论海外生产线项目转移的风险评价体系建立于风险管理与复杂性管理理论基础之上。通过分析、筛选、研究、补充不足和总结后，最终建立基于复杂性理论海外生产线项目转移的风险评价体系。其构建思路如下。

A：项目风险管理

B：项目复杂性管理

C：项目风险评价体系

A、B、C 分别代表项目风险管理、项目复杂性管理和项目风险评价体系。

$$A=A1+A2=\text{评估}+\text{措施}$$

$$B=B1+B2=\text{评估}+\text{措施}$$

A 项目风险管理和 B 项目复杂性管理流程经过分析可知，分别主要由评估和措施两部分组成。

$$C=C1+C2=(A1+B1)+(A2+B2)=\text{评估}+\text{措施}$$

经过分析、筛选、研究、补充不足和总结，将 A 项目风险管理和 B 项目复杂性管理中的评估和措施两部分组成基于复杂性理论海外生产线项目转移的风险评价体系的两个部分，并且这两个部分仍然是由评估和措施组成。本小节构建思路如图 3－5 所示。

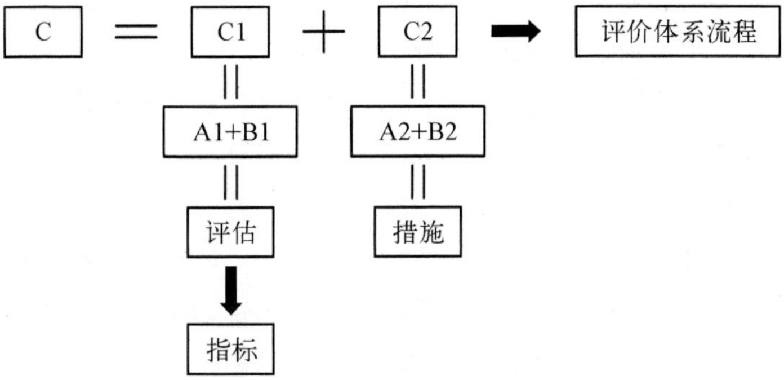

图 3-5 评价体系构建思路

由项目风险管理与项目复杂性管理流程的评估和措施部分建立评价体系的流程。由项目风险管理与项目复杂性管理流程的评估部分建立评价体系流程评估部分。在项目风险管理与项目复杂性管理流程的评估部分建立评价体系指标。由项目风险管理与项目复杂性管理流程的措施部分建立评价体系的措施部分。

以上不是简单的相加整合，而是基于项目风险管理和复杂性管理的优缺点和对比分析后进行分析、筛选、研究、补充不足和总结而成。评价体系的具体流程内容、评价指标、风险定义方法、风险措施将在第四部分风险评价体系构建中详细论述。

三、X 公司风险管理现状分析

（一）公司概况

1. 公司介绍

X 公司主要生产金属塑料复合滑动轴承，目前在全世界各地有多处办事处和销售渠道。公司的产品目前大约 50%供应给汽车制造企业，另外 50%的产品供应给其他工业行业应用。具体产品应用主要包括：航空航天、农业、汽车、建筑行业、能源、液压传动、通用工业、初级金属和休闲运行装备等。

为了满足中国国内客户的需求并进一步拓展中国市场，2008 年 X 公司（中国）有限公司成立。该中国公司的主要目的是满足国内汽车及其他工业应用客户的产品和服务需求。近几年随着公司业务的发展与增长，X 公司的产品业务已经逐渐渗透到亚洲其他国家，如印度、韩国等。

目前公司共计有七条不同产品的生产线，每条生产线都是从国外集团公司下属的不同公司转移到中国区进行生产运营的。在海外生产线项目转移到中国的过程中所经历的各种风险对公司的运营管理产生了重要的影响，这也正是本文所要研究的重点。

2. 组织架构

X公司组织架构如图3－6所示，公司销售、生产运营、财务与人事分别向公司集团总部汇报，人事与财务部门在中国区共同为集团属下的两家分公司服务。这两家分公司工厂的厂区位于同一地址，在生产运营上单独运营管理。

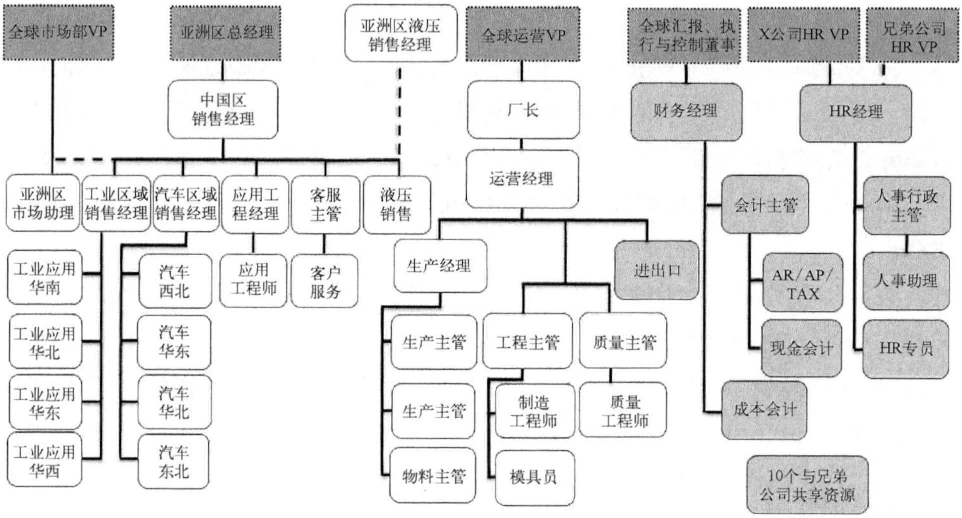

图3－6 X公司组织架构图

（二）风险管理现状分析

1. 项目转移的组织架构

X公司海外生产线项目转移所组成的项目团队是由相关海外公司和X公司内部相关部门临时组成的一个项目团队。其海外生产线项目转移组织团队架构如图3－7所示。当海外生产线项目转移结束后，该项目并入公司正常的生产运营管理中，临时组成的海外生产线项目转移的项目团队也随之解散，项目团队成员仍然回到各自之前的岗位工作。

海外生产线项目转移较多采用此矩阵式项目组织结构。矩阵式项目组织结构吸收了纯项目组织结构和功能性项目组织结构的优点，并尽量避免各自缺点

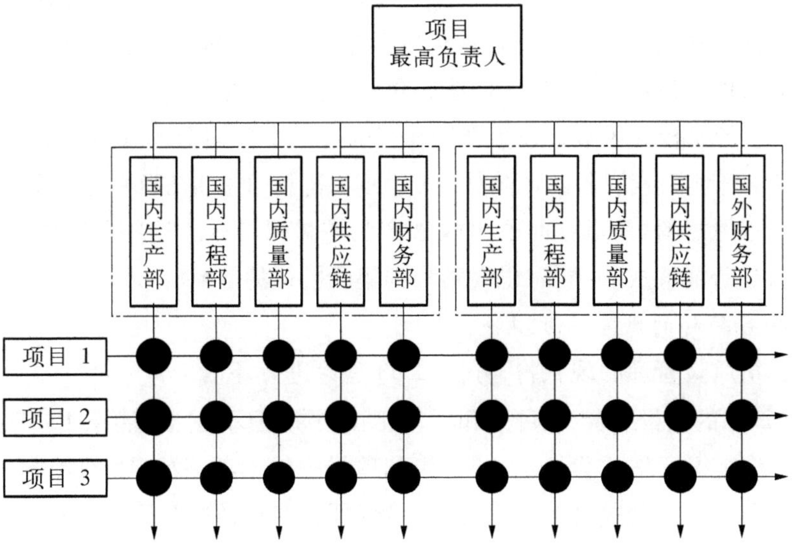

图 3-7　X 公司海外生产线项目转移组织架构

(Mantel,2011)。矩阵式项目组织结构实际上也是纯项目组织结构和功能性项目组织结构的叠加。

2. 发展过程中遇到的风险

自 2008 年公司在中国建厂以来,从最初的一条生产线到现在发展到七条生产线。由于每一条生产线都是从国外集团公司下属分公司转移到中国工厂安装生产,因此在生产线从海外转移到中国的过程中存在着诸多风险。随着公司的不断发展,将来会有更多的生产线从海外转移到中国工厂内安装、调试和生产,因此在将来的公司发展过程中同样会遇到一定的风险。

海外生产线项目转移过程中所遇到的风险可以分为项目本身的风险和外部环境带来的风险两大类,项目本身的风险和外部环境带来的风险相互影响。下面将分析 X 公司在发展过程中遇到的主要风险。

(1) 交付周期。由于原材料皆由美国和法国公司生产,全球各家工厂尤其是离原材料工厂较远的其他洲的公司面临着原材料交付周期长的问题。对于中国分公司而言,从下单到收到原材料,通常海运要四个月的交付周期。如果空运的话可以节省一个月以上的时间,但是其超额运费将会使产品成本大大增加,因此销售预测就显得特别重要,但是在现在如此变化复杂的环境下,很难做到准确的销售预测,况且很多公司不会提供准确的销售预测,只要求需要产品的时候能在一个星期或者两个星期内供货。

（2）成本。公司提供的产品大部分是由国内生产，但是仍然有相当一部分产品是中国公司向国外兄弟公司购买后再直接卖给客户。为了降低成本以及提供及时有效的售后服务，则将生产线转移到国内进行生产。

（3）生产线转移风险。在生产线转移的过程中公司会面临众多的风险。主要风险有：环境因素引起的风险如政治因素，利益相关者方面的风险，供应链方面的风险如原材料，质量方面的风险如产品质量保证等。这些风险将会极大地影响项目是否能够成功，同时也会影响到集团公司的战略。

3. *项目转移的风险管理现状*

X公司风险管理的现状将通过P3M3理论进行评估。

P3M3中的项目组合、项目集和项目相互关联，但不相互依赖。P3M3的灵活性在于允许组织评估项目组合、项目集和项目中的七项指标（管理控制、收益管理、财务管理、收益相关者参与管理、风险管理、组织监管、资源管理）。这些指标不仅可以单独评估，而且还可以只评估七个指标中的一项或者多项（AXELOS，2013）。

通过评估，其评估结果将依据P3M3指标标准（AXELOS，2013）分成五个等级的成熟度。其五个成熟度分别如下：Level 1——认知级；Level 2——可重复级；Level 3——定义级；Level 4——管理级；Level 5——优化级。

通过对七项指标中之一的风险管理指标采用P3M3和自评估（Self-Assessment）标准（AXELOS，2010）进行评估，与之相对应的评估问题为：风险管理的最佳描述。其结果如图3-8所示。

a	几乎无证据显示风险管理正在被用于项目管理的有益效果方面。有风险的证据在档，但是几乎无进行积极风险管理的证据。
b	风险管理被认知并应用在项目管理上，但是前后矛盾的方法导致承诺和效果在不同的级别上。
c	项目风险管理是基于核心定义的流程。该流程是组织为了风险管理而制订的政策所认知的并且被一致性使用。
d	项目风险管理运作有效，融入组织管理中，风险管理的价值能够被展示。
e	风险管理融入到组织的文化中并且加强了项目的决策的基础，有持续改进的证据。

图3-8　X公司风险管理成熟度所处的等级

以上所述的X公司海外生产线项目转移过程中存在的种种问题使得其风险很大,影响严重。与P3M3 Risk management指标中的特殊属性(Specific Attributes)和一般属性(Generic Attributes)进行比对后,可以判定。其风险管理水平与P3M3的Level 1风险管理成熟度极其接近。

根据以上的分析可以判断,X公司目前风险管理的水平处于Level 1的认知初级水平。为了公司项目的风险管理以及后续公司海外项目转移风险管理角度出发,有必要提高X公司的风险管理水平,同时需要分析项目复杂性引起的风险,为海外生产线项目转移提供良好的理论基础和借鉴。

(三) 项目转移对战略的风险

项目转移的主要目的是与公司的发展战略保持一致性。项目转移本身在项目实施过程中存在着一定的风险,同时项目转移对公司的战略也存在着一定的风险。集团公司在中国建厂并将生产线转移到中国的主要战略目的,是将中国建成亚洲的产品制造中心,经过不断发展逐渐从中国向韩国、印度、泰国等国家扩张。

项目转移对战略的风险主要有以下几个方面。

1) 项目转移失败

项目转移的失败可能是由众多原因而造成的,但是项目转移失败将直接导致集团公司设定的公司发展战略无法实现,这将给公司在亚洲地区的发展计划和市场发展前景带来直接的影响,进而影响集团公司在中国地区甚至亚洲地区的下一步发展计划。

2) 项目转移延误

项目转移的延误将会推迟生产线在中国地区的投产,影响生产线项目产品对中国地区及亚洲地区客户的供货。其次,生产线项目转移的延误会错失市场时机,造成重大损失。一般来讲,当集团公司决定将一条生产线转移到另外一个国家的时候,一种情况是市场初步开发且市场处于上升期,另外一种情况是市场处于良好发展时期。X公司生产线的转移往往是基于后一种情况。如果生产线项目转移延误较长的时间,可能会错失业务发展的良好时机。例如:X公司原来一条冲压生产线的转移就是在市场最好的时候没有转移过来,等到这条生产线从国外转移到中国之后,国内市场环境已经发生变化而导致错过了最佳时机。现在这条生产线由于订单严重不足而基本处于停产状态,给公司的战略发展带来了一定的影响。

（四）风险管理的迫切性

1. 项目转移的特点

下面将对制造型企业的海外生产线项目转移的特点和影响因素进行分析。通常情况下，制造业的海外生产线项目转移具有以下几个方面的特点。

（1）成本方面的考虑。由于发达国家的劳动力及其他方面的成本相对较高，从降低产品成本的角度出发，公司会考虑将制造业的生产线转移到劳动力及其他方面成本较低的国家和地区，以此增强公司产品在市场上的价格竞争力。

（2）市场战略方面的考虑。除了成本方面的考虑外，公司还会从抢占市场占有率的方面来考虑，将制造业的生产线转移到其他国家或者地区。

（3）周期长。海外生产线项目转移需要大量的人力、物力和资源的调用，从项目初期的规划到实施以及项目最终完成，需要比较长的时间。如果考虑正式投产并顺利向客户供货，将需要更长的时间。

（4）转移成本高。海外生产线的项目转移是将一条或者数条生产线从一个国家转移到另外一个国家，无论项目的大小，其项目转移的费用相对于整个项目来说都占到了很大比例，因此，项目转移的投资回报率值得公司高度关注，需要在项目前期做好充分的预算准备和评估。

（5）复杂性程度高。当生产线从一个国家转移到另外一个国家的时候，整个项目将面对着众多的复杂因素。其中任何一个因素都有可能对整个项目的进展以及成败起着决定性的作用。因此，海外生产线的项目转移，复杂性程度远比单纯项目本身的复杂性要高，并且其复杂性对项目的影响程度也比较深。

2. 项目转移中的风险

1）利益相关者

由于利益相关者在项目转移前后会发生很大的变化，同时参与到项目转移的利益相关者背景不同，因此可以预见在利益相关者方面存在着较大的风险。利益相关者本身的行为受到众多并且复杂的因素影响，因此利益相关者的行为对项目转移具有一定的风险。

2）项目本身

对于海外生产线项目转移来说，其项目本身主要包括生产、质量、工程技术、和供应链四个方面。这四个方面在项目转移前后会有一定的变化和差距，这些变化和差距可能将导致项目在转移过程中存在一定的风险。

3）外部环境

当一条或者数条生产线项目从一个国家转移到另外一个国家时，其外部环境（PESTEL）发生巨大的变化。尤其是发达国家与发展中国家或者欠发达国家之间的项目转移，其风险发生的可能性和严重性会比同等级国家之间的项目转移要大得多。

3. 项目转移中风险的不确定性

生产线项目跨国转移的利益相关者包括转出国的项目利益相关者和转入国的项目利益相关者两个方面。在有些情况下还会牵涉到第三方国家的利益相关者。

利益相关者包括但不局限于转出国和转入国的公司股东、国家政府、当地政府、监管机构、供应商、客户、竞争者、雇员和居民等。任何利益相关者的个人行为、团体行为、组织行为、政治行为、信仰行为、沟通与控制、组织设计与发展行为等方面都会影响项目的实施。这些利益相关者的行为具有不确定性特征。

项目本身的各个任务之间有着紧密的关联并且相互影响。可以将项目看作是一个系统，那么这个系统的各个组件之间是紧密关联并且相互影响的。其中任何一个组件都会在很大程度上影响项目的实施，再加上项目本身的变化性，就使得项目本身的复杂性和不确定性显得更加突出。

外部环境存在着转出国与转入国的复杂性和不确定性两个方面。外部环境的六个方面相互作用使得项目的风险具有复杂性和不确定性的特征。

由以上对利益相关者、项目本身、外部环境的复杂性分析可以看出，项目转移过程中的复杂性会引起较大的风险和不确定，并且其复杂性的风险和不确定性伴随着整个项目的生命周期。

4. 不确定性的风险管理迫切性

通过对上述的X公司所遇到的各种风险，以及用P3M3对该公司项目风险管理能力的测评结果，可以得出X公司对海外生产线项目转移的风险管理缺乏经验，因此很有必要加强X公司项目转移的风险管理水平。

通过对海外生产线项目转移的特点分析、影响因素的分析、复杂性的风险分析可以看出海外生产线项目转移的风险管理十分重要。可以说，项目实施是否能够成功，在很大程度上取决于项目的风险管理。

通过对X公司海外生产线项目转移的风险管理现状分析、项目转移对战略的风险、项目转移过程中的风险分析可以看出，X公司项目转移复杂性的风险管理能力对于公司现在的发展以及将来生产线项目转移的战略发展将会产生重大影响，由此也可见风险管理的必要性和迫切性。

四、风险评价体系构建

本部分将建立基于复杂性理论海外生产线项目转移的风险评价体系。评价体系的建立一方面可以作为X公司针对海外生产线项目转移的风险评估，另一方面也可以作为类似的制造业海外生产线项目转移的风险评估。

（一）构建原则

基于复杂性理论海外生产线项目转移的风险评估体系将遵循以下几个方面的原则。

(1) 风险管理与复杂性管理相结合的原则。由第二部分的理论分析可知，风险管理理论研究已经相当成熟，复杂性管理理论研究相对前沿。风险评估体系将采用结合风险管理与复杂性管理流程相结合的原则来建立评估流程(构建思路见第二部分第四节内容)。

(2) 项目生命周期内重复性原则。由第二部分的理论分析可知，《项目复杂性管理实践指南》与《项目风险管理实践标准》理论的一个共同点便是提出了针对整个项目生命周期内重复性的评估与分析。在项目的整个生命周期的不同时间点，随着信息量的变化以及不确定性的变化，需要不断地对项目进行评估和分析以便最终实现项目目标。

(3) 量身订制原则。PMI的《项目复杂性管理实践指南》关于项目复杂性评估问卷方面共提供了48个综合的评估问题(附录A)。基于风险管理理论(内、外部风险)、项目复杂性管理评估问卷以及制造业生产线项目转移的特性量身订制评价体系的评价指标。

（二）评价体系流程

基于第二部分中理论分析总结中关于评价体系构建思路，下面将建立基于复杂性理论海外生产线项目转移的风险评价体系评估流程。

A(项目风险管理)由A1评估+A2措施组成；B(项目复杂性管理)由B1评估+B2措施两部分组成。将A1和B1进行整合而形成C(项目风险评价体系)，

C1 部分即评价体系的评估部分。将 A2 和 B2 进行整合形成 C 评价体系的 C2 部分，即评价体系的措施部分，如图 3－9 所示。

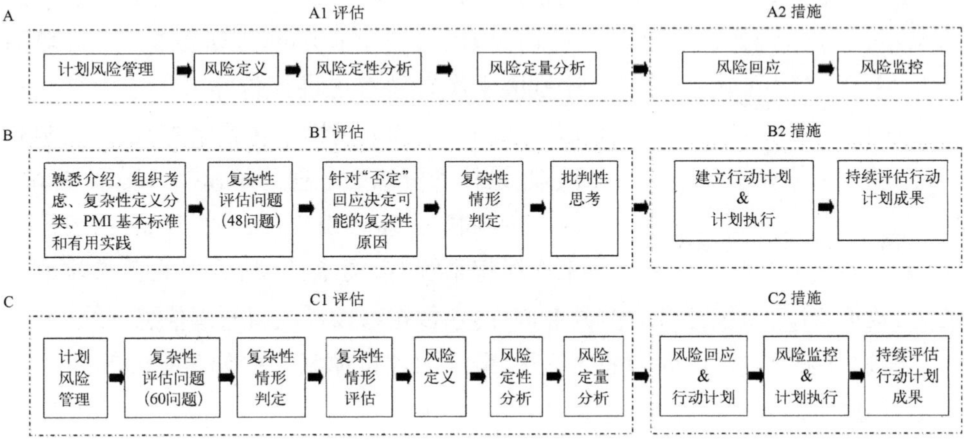

图 3－9　评价体系流程构建

基于复杂性海外生产线项目转移的风险评价体系，其主要流程思路为：针对新的复杂性评估问题进行评估→依评估结果判断复杂性情形→对复杂性情形进行人的行为、系统行为和不确定性三个方面进行评估→依据评估结果进行风险的定义、定性分析、定量分析及风险回应、监控→项目周期内持续性的评估。

（三）评价指标

评价体系的评价指标依前所述是基于风险管理理论（内、外部风险）、项目复杂性管理评估问题以及制造业生产线项目转移的特性整合而成，最终基于以上三个方面完善后的复杂性评估问题。评价体系指标的构建思路如下所述（图 3－10）。

A：项目风险管理

B：项目复杂性管理

C：项目风险评价体系

A：＝内部风险＋外部风险（PESTEL）

B：＝复杂性评估问卷 48 个问题（过滤筛选）

C：＝完善后的复杂性评估问题

＝复杂性评估问卷 48 个问题（过滤筛选）＋生产线转移特性的补充问题＋（内部风险＋外部风险）

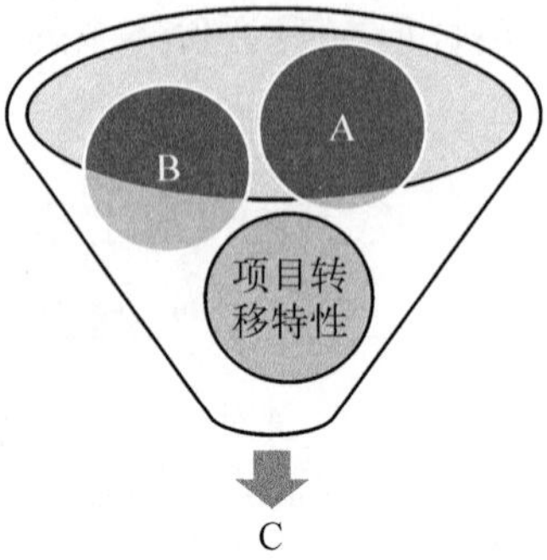

图 3-10 评价体系指标

除了基于以上风险管理理论、复杂性理论的评估问题和项目转移的特性三个方面外，评价体系指标还针对PMBOK®（2013年，第五版）中的事业环境因素进行了考量，以防影响事业环境的个别因素没有被考虑进评价体系指标而存在一定的缺陷。事业环境因素包括组织文化、结构和治理；设施和资源的地理分布、政府或行业标准、人力资源状况、基础设施、人事管理制度、公司的工作授权系统、市场条件、利益相关者风险承受能力、政治氛围、组织已有的沟通渠道、商业数据库以及项目管理信息系统。

经过分析、筛选、研究和补充不足，最终的评价体系指标如附录D所示。对其进行分类，如表3-6所列。

表 3-6 评价体系指标分类

No.	类 别	评价指标(复杂性评估问题)
1	整 合	1, 6, 7, 8, 10, 11, 12, 21, 24, 25, 32, 38, 40, 41, 43
2	范 围	2
3	时 间	22, 31, 33, 45, 59
4	成 本	37
5	质 量	3, 53, 56
6	人力资源	20, 48, 51
7	沟 通	14, 17, 18, 34, 39
8	风 险	28
9	供应链	30, 50, 52, 54
10	利益相关者	5, 19, 26, 42, 44, 49, 55, 58
11	事业环境因素	4, 13, 15, 16, 23, 27, 29, 35, 36, 46
12	技 术	9, 47, 57, 60

(四) 风险定义方法

项目风险管理理论中风险的定义方法很多，如：假设&约束分析、头脑风暴、因果分析、检查清单、德尔菲法、文件回顾、FMEA、SWOT分析、RBS、WBS回顾等等。其大部分最终是以专家、小组会议等头脑风暴的方式来定义风险。

项目复杂性管理则是针对复杂性评估的48个问题进行评估,针对“否定”回应即预示着潜在风险而进行复杂性的三个方面进行评估,最后的评估结果可以用来定义风险。

本文的风险评价体系中的风险定义方法采用的是针对完善后的复杂性评估问题按照项目复杂性管理中的方法来定义风险,即针对“否定”回应即预示着潜在风险而进行复杂性的三个方面进行评估,最后的评估结果可以用来定义风险(图3-11)。

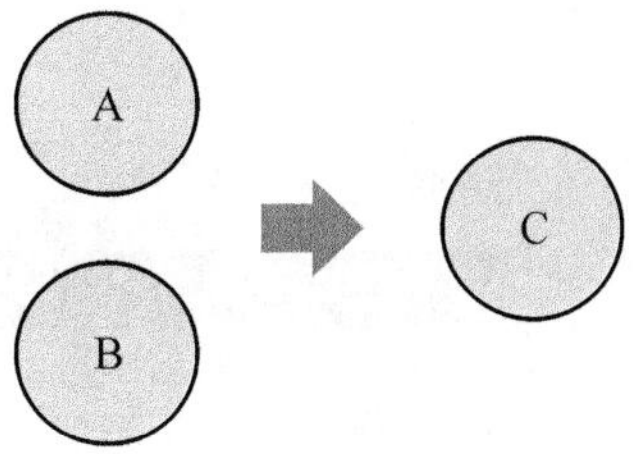

图3-11 评价体系风险定义方法

A: 项目风险管理

B: 项目复杂性管理

C: 项目风险评价体系

A: 假设&约束分析、头脑风暴、因果分析、检查清单、德尔菲法、文件回顾、FMEA/失效树、调查问卷、RBS、SWOT、WBS等。

B: =复杂性评估问卷48个问题(由“否定”回应对应复杂性情形,再进行复杂性三个方面的评估;依评估结果可以定义风险)

C: =完善后的复杂性评估问卷60个问题(由“否定”回应对应复杂性情形,再进行复杂性三个方面的评估;依评估结果定义风险)

(五) 风险措施

由第二部分的理论分析可知,项目风险管理理论比较成熟的风险措施主要有:风险回避、风险降低、风险分散、风险转移和风险自留几种(周兴国,2011)。项目复杂性管理理论主要是依复杂性情形给出了针对复杂性情形可行的行动措施。本风险评价体系中的风险措施将结合风险管理和复杂性管理的方式进行,其风险措施的思路如下图3-12所示。

A: 项目风险管理

B: 项目复杂性管理

C: 项目风险评价体系

评价体系的风险措施按图3-12整理后如附录G所示。复杂性理论的风险措施主要是针对复杂性情形而提供的可行的行动措施,在实际的使用中并不是

图 3－12　评价体系风险措施

所有的措施都对风险的处理有效。除此之外,需要根据风险的实际情况采取其他有效的风险应对措施。

(六) 评价体系的建立

前面几节主要介绍了评价体系的构建原则、评价体系流程、评价指标、风险定义方法以及风险措施方法。基于复杂性理论海外生产线项目转移的风险评价体系由评价体系流程(图 3－9)和评价指标(即完善后的 60 个复杂性评估问题)构成,详见附录 D。

在使用此评价体系依流程对单个项目进行评价时,针对风险的定义采用第四节内容的方式,针对风险的措施采用第五节介绍的方法,对复杂性的情形及复杂性情形的评估参见更新后的附录 E 和 F。以上内容构成了基于复杂性理论海外生产线项目转移的风险评价体系。

五、X 公司项目转移案例风险评估

本部分将用第四部分建立的基于复杂性理论海外生产线项目转移的风险评

价体系对 **X** 公司最近的一个项目转移案例进行风险评估，同时针对评估出的风险给予改善建议和措施。评价体系的运用主要包括两个方面，即风险评估和风险措施。

（一）案例背景

评估案例以最近 X 公司从美国转移的一条液压零件生产线为例。下面将介绍项目的计划、团队和供应链方面的案例背景。

1. 项目计划方面

X 公司原计划于 2012 年将集团公司并购的一家美国公司的一条生产液压泵/液压马达产品的生产线转移到中国进行生产。此款系列产品之前一直是由法国、美国、斯洛伐克或者德国分公司向中国地区客户供货，应集团公司战略发展以及中国国内业务不断发展的需要，将此生产线转移到中国地区生产。考虑到美国现有的全自动化设备成本较高而且剩余产能不多，集团公司决定从中国上海、日本和美国采购设备及工装运到美国工厂进行调试。同时从中国安排人员到美国进行培训然后将生产线转移到中国。

该项目自 2012 年初启动，到 2012 年 5 月份美国方面已经将生产线全部调试完毕。原计划于 2012 年 5 月份安排人员到美国学习、接受培训并与项目团队一起负责将生产线转移至中国。由于计划过于仓促而引起不可预见的原因而推迟到当年 10 月底，才将人员安排到美国工厂接受培训并负责生产线转移任务。

第一阶段培训结束后，在赴美人员回国准备赴美进行第二阶段项目任务之际，集团公司决定取消第二阶段培训，直接将在美国调试好的生产线拆装打包发往中国，以迎接在中国召开的集团峰会。与此同时，中国方面也在积极准备各项工作，如：生产车间的建造、地基、水、电、气等项目任务。

附件 H 为此时更新后新的产品转移计划，其中设备转移列为其中一个项目(No.38 Move machinery to Suzhou and Install)。其持续时间(Duration)是基于乐观时间(Optimistic estimation)、悲观时间(Pessimistic estimation)和最有可能完成时间(The most likely estimation)，经 PERT 分析得出的预期时间(Expected time)。

由于部分设备是从日本采购成中日合资生产的，位于中国的日本设备服务中心需要 X 公司出具相关证明，以证明是从日本采购的设备或者是用日本技术在中国制造的设备，并不是用于制造大规模杀伤性武器。另外需要获得日本方面批复的出口许可证后，方可从美国将设备运往中国，否则位于中国的日本设备服务中心将拒绝为此设备提供技术服务。

实际情况是，该公司在没有获得出口许可证的情况下将设备从美国发出，到达中国后停放在海关两三个月左右再运回美国补办出口许可证，随后设备又在美国停留半年左右从美国再次发往中国。最终设备于 2013 年 11 月底 12 月初由美国发出，于 2014 年 1 月初运到中国工厂等待进行安装调试。但在设备抵达工厂拆箱后发现主要的三台高精度设备由于包装及运输不当全部被撞击过，造成精度受损，因此在设备安装后第一件事便是对设备进行维修，又造成了一定程度的经济、时间损失，更重要的是对设备的精度及寿命产生了一定的影响和隐患。由于没有购买运输过程中的保险，无法向任何一方索赔，只能自己承担风险后果，受损原因最终也无法调查清楚，最后不了了之。

项目最初计划 2012 年底完成生产线项目转移延误至 2014 年初才完成设备转移。产品转移于 2014 年 3 月底 4 月初才最终完成，前后不仅共延误近一年半时间，而且造成项目转移的预算严重超支。由于设备转移的延误，在项目转移的甘特图中，原本不属于关键路径的设备转移(No.38 Move machinery to Suzhou and Install)变成了关键路径而且带来严重影响。

2. 项目团队方面

项目团队由来自法国、美国、斯洛伐克、中国分公司各相关部门人员组成。其中只有个别人员具有项目转移方面的经验，再加上不同国家的政治、经济、文化等等各方面原因，造成项目团队成员之间的沟通存在一定的难度。

项目团队采用的是矩阵式的组织结构，项目团队成员完成项目转移任务之后，各自回到自己之前岗位工作，项目团队也就随之解散。由于整个项目团队成员缺乏足够的风险管理知识和经验。虽然之前也有过其他生产线的转移，但是不同的生产线项目转移人员也不同，风险管理方面的知识和经验没有得到分享和传承，也没有形成比较系统的风险管理方面的知识体系和流程。

另外，生产线设备的采购、调试等工作全部在美国完成，这一系列的项目任务增加了美国工厂的工作量。再加上美国工厂的人员紧张，利益相关者(Stakeholders)的态度在很大程度上影响了生产线项目转移的进度，因此很有必要对利益相关者进行深入的分析并采取一定的预防措施和方法。图 3 - 13 是对此次项目转移的利益相关者的分析结果。

3. 供应链方面

(1) 生产线数控设备的质量和性能问题。在 X 集团公司的其他公司同样生

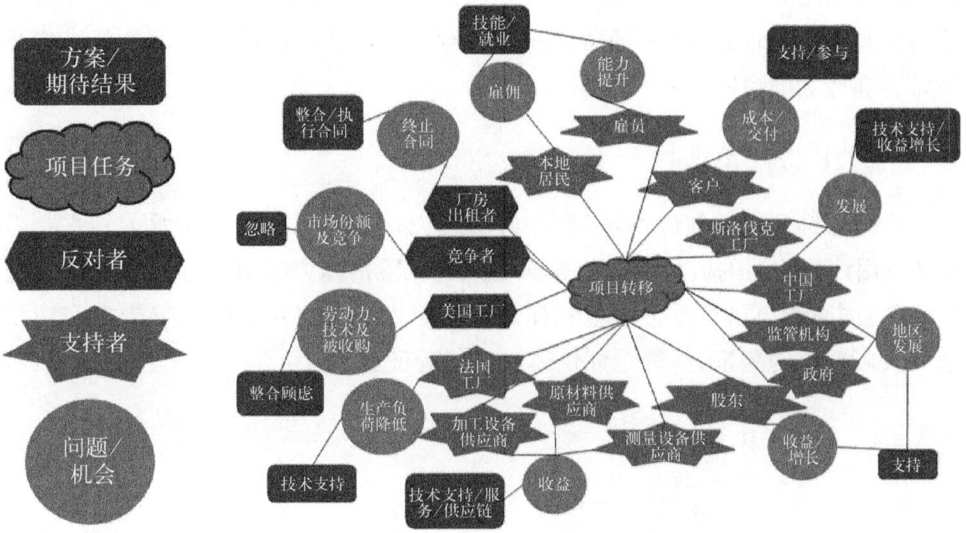

图 3－13　项目转移关键利益相关者分析

产相似系列液压产品的设备都较为先进，但是为中国工厂采购的用于生产同样产品的数控设备性能低于国外同样水平。此外，由于此设备是日本设备厂商在上海工厂生产的经济型设备，因此其质量水平和性能具有一定的局限性，以致在后续的实际使用中出现多次的设备问题而导致停机停产，严重影响生产线项目的运转和预期收益。由于设备不是直接由 X 公司向上海设备制造商购买，技术服务中心缺乏积极愿意提供相关服务。

(2) 原材料采购问题。X 集团所属的所有全球公司生产产品所用的原材料之前是由集团公司自己研发和生产的，近年来从战略方面考虑，授权欧美原材料生产商用集团公司的保密配方生产原材料，为集团公司所属的全球各分公司供货。此欧洲原材料供应商在为生产线提供原材料时，存在较为严重的质量问题，导致生产中断影响交货。生产线运行初期不合格品数量连续达到 50 000 件。再加工供应链周期达四个月，实际给 X 公司造成了较大的经济损失。由于合同是由法国分公司签署，而且按集团要求中国分公司不可与原材料供应商直接联系，进而加大了供应链的风险(如：问题产品的召回与索赔等问题)。

(3) 生产用工装夹具。生产用的工装夹具是由美国分公司与其工装夹具供应商联合研发的产品。美国公司与其供应商宣称拥有此产品的知识产权，拒绝提供相关图纸在中国国内生产配件及后续新的工装夹具，后续所有的备件及新的工装夹具必须向美国分公司或者其工装夹具供应商联系报价并供货，导致其工装夹具的成本较高并且交付周期较长，对于国内新产品的开发以及新客户开发都存在较大的风险。

（二）评价实施设计

针对目标公司的评价实施，其评价实施设计方案下图 3-14 所示。主要思路为：用评价体系的流程、指标、风险定义和风险措施方法对目标公司的案例进行评估，同时给出风险改善措施和建议。在第六部分将对风险改善措施和建议进行实际效果的验证，另外对评价体系进行验证。

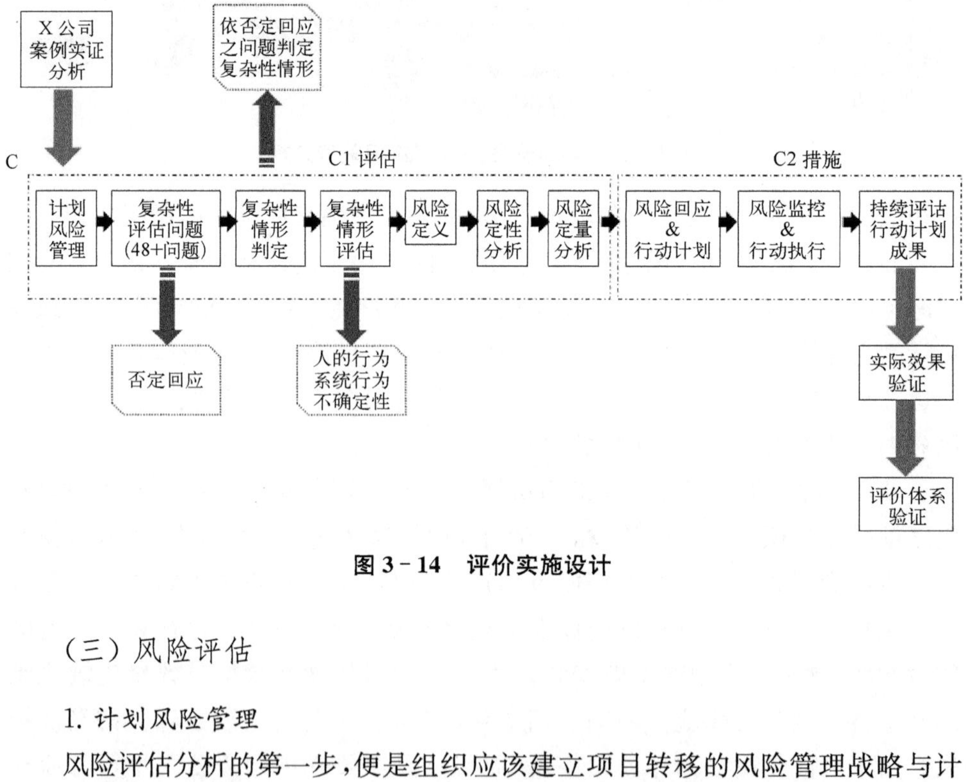

图 3-14　评价实施设计

（三）风险评估

1. 计划风险管理

风险评估分析的第一步，便是组织应该建立项目转移的风险管理战略与计划。此战略与计划应该与组织的项目管理保持一致性，与组织的发展战略保持一致性，只有这样才能最终实现组织的目的和目标。目前 X 公司对项目的风险管理是处于比较初始的阶段（图 3-8），对计划风险管理方面还处于比较薄弱的阶段。

项目转移的风险战略与计划的目的主要是制定和计划风险管理流程以开发

整个项目的风险管理战略，决定项目风险管理流程怎样将被执行，并将风险管理与其他项目管理活动整合在一起进行管理。

风险管理的战略与计划还应该阐述风险与复杂性之间的关系、一般的项目管理和管理流程。为了使复杂性的风险得到有效的管理，在项目初期，复杂性的风险计划就应该被整合到整个项目管理中去，并且与之相对应的复杂性的风险管理活动也应该被整合到整个项目管理计划中。

另外，针对项目复杂性的风险管理的成本，即对应每个不同的复杂性的风险所需要的费用、资源、时间等，都应该设定一定的目标和计划，以便整合到整个项目管理中便于以后执行和跟踪。

2. 复杂性评估问题

PMI 的《项目复杂性管理实践指南》提供了 48 个项目复杂性的评估问题，经笔者完善后，现共有 60 个关于海外生产线项目转移的评估问题。这 60 个复杂性评估问题也就是基于复杂性海外生产线项目转移的风险评价体系的评价指标。对于评估问题的“否定”回应预示着复杂性的存在，复杂性的存在预示着不确定性，而不确定性则预示着潜在的风险。

附录 D 为 X 公司海外生产线项目转移复杂性问题分析结果。从复杂性评估问题的分析可以看出，在 60 个问题中共有 41 个“否”定的回应。在这 41 个问题中可能预示着复杂性的存在，同时也可能存在着潜在的风险需要分析和管理。

3. 复杂性情形判定

PMI 的《项目复杂性管理实践指南》中共有 12 种复杂性的情形，此 12 种情形基本涵盖了海外生产线项目转移会遇到的情形，因此在海外生产线项目转移复杂性情形中没有加入其他的情形。下面将对 X 公司海外生产线项目转移所经历的复杂性情形进行分析，每一个复杂性情形都有可行的对策和建议。

表 3－7 为 X 公司海外生产线项目转移过程中所经历的复杂性情形，可以看出，在整个项目的实施过程中，共经历了 9 个复杂性的情形。

X 公司海外转移的这条生产线相对来说是属于一个比较小的项目，但是项目虽小，所遇到的复杂性却相对较多。这也正验证了 PMI 的《项目复杂性管理实践指南》中提到的项目所遇到的复杂性与项目集或者项目大小不一定成正比关系，小的项目集或者项目可能包含大量的复杂情形。在任何一个具有复杂性的项目集或者项目中，都存在潜在的风险和不确定性需要分析管理。

表 3-7 X 公司海外生产线项目转移经历的复杂性情形

X 公司海外生产线项目转移所经历的复杂性情形		
情景	描　　述	是否
1	由于从多方利益相关者那里接收到相互冲突的信息，项目集或者项目需求频繁改变或者不能被清楚地定义	×
2	项目集或者项目已经变得很显然不再能够满足交付给客户的需求	×
3	组织以前没有遇到过项目集或者项目先进的和技术的特性结合。这种结合有几个相互关联的组件或者流程。另外，团队成员不具备必要的技能和经验	√
4	由于需要新技术来完成可交付成果，在项目集或者项目初期有效的技术逐渐失去有效性	×
5	项目集或者项目团队成员处于在全球各地的分散状态，并且有文化、语言和时差的挑战	√
6	项目集或者项目有大量来自多个机构不相干的团队和赞助者的利益相关者，每个利益相关者有自己的做事方法和流程。有各种各样的第三方供应商，其管理结构和责任是不清晰的	√
7	需求源自不同的和目标冲突的多种资源。除此之外，法规或者质量要求可能对项目集或者项目产生决定性的影响	√
8	项目集或者项目遭遇与日俱增不断变化的要求。人们不再受激发而工作。除此之外，有来自供应商、客户或者合同方未解决的权利要求。许多主要绩效指标和其他标准都表明项目集或者项目处于麻烦的趋势中	√
9	由于大量的依赖性和相互关系的存在，和缺少供应商或者合同方对完工日期的承诺，项目不太可能达到一致认可的完工日期的要求。这是项目遭遇大量变化的综合结果	√
10	项目集或者项目遭遇的复杂性程度即将对绩效评估和汇报产生影响	√
11	项目由多方赞助者或者资源投资，每一方都有自己的目标和日程安排	√
12	项目集或者项目经理应用和取得组织资源去执行项目集或者项目活动存在一定的困难。除此之外，功能性团体的目标与项目集或者项目的目标和指标不一致	√

4. 复杂性情形评估

针对每一种复杂性的情形，都有相对应的可应用的问题。由于 X 公司在海外生产线项目转移过程中，先后共经历过 9 种复杂性情形，因此将 9 种情形所涉及的可应用的问题进行分析。由于在第五部分中对复杂性的评估问题进行了评估，其中共有 41 个问题存在着“否定”的回应，下面将对所涉及到的可应用的 41

个问题从人的行为(Human Behavior)、系统行为(System Behavior)和不确定性(Ambiguity)三个方面按具体分类进行分析。

附录F为X公司海外生产线项目转移复杂性情形的分析结果，该结果分别从复杂性的三大类进行分析，分析结果将作为评价体系流程中风险定义的基础，在风险定义后将依风险管理流程进行风险的分析、回应与监管。

5. 风险定义

风险只有在定义之后才能被有效地管理。风险的定义将以项目复杂性情形的评估结果作为风险定义的基础。风险定义的目的是为了实现风险管理。有些风险是未知的或者是紧急出现而不可预知的，但是随着项目的进行和时间的不断推进，此类风险会慢慢变成可知的。对于此类风险需要定期地、重复地进行风险管理流程评估以发现新的风险。在项目的初期，不可能定义所有的风险。一旦风险定义完成后，潜在的风险回应也可以同时被定义。

在第二部分的理论分析中，针对风险定义的方法做了简单的介绍。本节将以项目复杂性情形分析的清单为基础进行项目风险的定义(表3-8)。

表3-8　X公司项目转移案例风险定义

风险类型	风　险　事　例	风险是否影响项目？是、不、不知道、不适用
1. 利益相关者	R1 生产线关键技术受制于转出地或者被供应商牵制	是
	R2 项目资源受制于个人或者个别团体	是
	R3 利益相关者之间存在利益冲突	是
2. 事业环境因素	R4 生产线关键设备或者软件转移受法律法规限制无法按时、禁止转移或者无法提供相关服务	是
3. 时间	R5 项目任务因组件遗漏无法如期达成	是
	R6 生产线不能按期整合到生产运营中	是
4. 质量	R7 生产线提供的产品质量达不到客户要求	是
	R8 生产线所提供的产品质量与客户所需存在认知偏差	是
5. 供应链	R9 供应商无法实现本土化	是
	R10 原材料供应商单一并受制于供应商	是
	R11 生产线设备转移途中受损	是

基于X公司海外生产线项目转移复杂性情形的分析结果，其潜在的主要风险定义如表3-8所列。表中所列的是项目转移过程中面临的主要风险。

6. 风险定性分析

风险分析分为定性分析（Qualitative analysis）和定量分析（Quantitative analysis）两种。定性分析主要是评估和估计项目定义的单个风险（Individual risk）的特性和基于一致同意的风险特性排列，其优先顺序以便于对风险进行管控。

单个风险的定性分析评估每个风险将要发生的概率和单个风险对项目的影响，并不直接显示出全部风险和每个单独风险相互作用和整体作用对项目的整体影响。风险分析要想取得一定的作用，建议使用利益相关者达成一致的方法、风险条款、风险高质量信息和重复循环地进行风险定性分析。

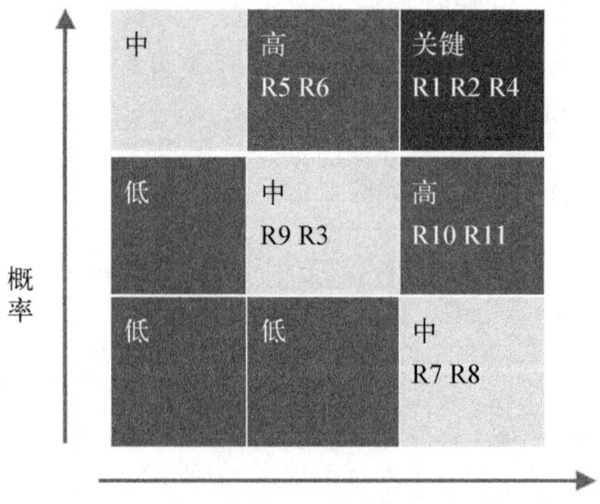

图3-15 定性分析概率与影响

由于前面一节已经对风险进行了定义，这些风险是在项目复杂性的情形分析基础上进行的，下面将对已经定义的风险进行定性地分析（图3-15）。采用风险矩阵的方法对所有风险进行定性分析，分析将依其影响的大小和发生的概率性进行分析，然后分配到各个矩阵区域内（Mitchell，2014）。其结果将为后续的风险管理提供依据。

7. 风险定量分析

定量分析（Quantitative Analysis）提供一个当一起考虑风险时，基于当前计划和信息，风险对项目目标整体影响的量化评估。风险定量分析可以被用来评估取得项目成功的可能性和应急储备（Contingency reserve），通常适用于时间和成本两种风险类型和项目利益相关者的风险承受能力（Risk tolerance）（Project Management Institute，2009）。

但是定量分析并非适合于所有的项目风险分析，尤其对于比较小的项目，定性分析（Qualitative analysis）可能为有效的风险回应提供足够的信息。因此，在计划风险管理流程中，风险量化分析的收益应该被分配一定的权重来确保多付出和努力取得与之相对应的收益（Project Management Institute，2009）。

本文将不针对X公司项目转移案例的风险进行定量分析，主要以风险的定性风险来分析其发生的概率与严重度。

（四）风险措施

1. 风险回应及行动计划

风险的回应是针对已经识别和分析的风险提出风险的应对措施，以此将风险的影响降到最低，确保项目能够按要求顺利完工。风险策略工具有风险回避、风险降低、风险分散、风险转移和风险自留等（周兴国，2011）。项目管理者应该根据风险的影响及发生的概率来决定风险的回应措施，以避免风险不在管理状态之中。

根据前面对风险的分析，结合项目风险管理常用的风险策略工具和《项目复杂性管理实践指南》中根据复杂性情形而提供的可能的行动措施（附录G），目标公司项目案例转移过程中的风险回应措施如表3－9所列。

表3－9　X公司项目转移案例的风险回应措施

风险类型	影响	风　险　事　例	风险回应措施
1. 利益相关者	关键	R1 生产线关键技术受制于转出地或者被供应商牵制	风险自留：与集团内兄弟公司合作 风险降低：夹具治具自主设计；借鉴兄弟公司设计；技术整合开发
	关键	R2 项目资源受制于个人或者个别团体	风险降低：利益相关者分析；权衡利益相关者之间的利益关系和需求；利益相关者介入及密切关注
	中	R3 利益相关者之间存在利益冲突	风险降低：权衡利益相关者之间的利益关系和需求；加强冲突管理和协商方面的培训及密切关注
2. 事业环境因素	关键	R4 生产线关键设备或者软件转移受法律法规限制无法按时、禁止转移或者无法提供相关服务	风险降低：法务部门咨询及介入
3. 时间	高	R5 项目任务因组件遗漏无法如期达成	风险降低：WBS等项目管理工具＋定期回顾
	高	R6 生产线不能按期整合到生产运营中	风险转移：兄弟工厂交付

续 表

风险类型	影响	风 险 事 例	风险回应措施
4. 质量	中	R7 生产线提供的产品质量达不到客户要求	风险回避：转移前后样品试制、客户确认
	中	R8 生产线所提供的产品质量与客户所需存在认知偏差	风险降低：面对面及书面确认；样件交付确认
5. 供应链	中	R9 供应商无法实现本土化	风险自留：转出地及集团兄弟工厂采购
	高	R10 原材料供应商单一并受制于供应商	风险降低：备用供应商
	高	R11 生产线设备转移途中受损	风险转移：保险 风险降低：物流公司选择 风险降低：专业人士的拆装

以下的这些风险回应将有效地消除或者降低项目转移过程中的风险，其实际效果的验证将在下一部分做详细阐述。同时需要注意的是，随着项目的进行，任何变更或者信息的不断完善都需要组织定期进行风险的回顾并更新风险的回应措施。

2. 风险监控和计划执行

制订风险的回应后，下一步便是对这些风险回应进行监控其行动计划的执行情况。有效的项目风险管理依赖于执行已经批准的风险回应计划，如果这些计划能够被正确执行、回顾和定期更新，付出的努力将来会得到回报以及项目将会从中受益。

风险监管的主要目标是追踪已经定义的风险、监视剩余风险、定义新的风险，确保风险回应计划能够在适当的时间执行和评估他们的有效性。

在X公司海外生产线项目转移过程中，针对风险管理方面没有很好地定义风险管理的项目管理内容，因此没有预先做好准备，从而导致后续遭遇严重的风险事件发生，而没有能够提供及时有效的应对措施。

3. 持续评估行动计划成果

无论是风险管理理论还是复杂性管理理论，都强调了在项目的生命周期内，不断循环和重复地进行评估。在项目生命周期的不同节点，项目复杂性、不确定性和风险在不断发生变化，因此有必要持续地进行风险状况评估，同时持续评估行动计划成果，为项目的最终顺利达成而努力。

（五）评估结果综述

本部分利用第四部分建立的基于复杂性理论海外生产线项目转移的风险评价体系对目标公司最近的一个海外生产线项目转移案例进行评估。经过评价体系的流程分析以及对相关的评价指标进行评价，分析出了项目转移过程中所遇到的风险。随后利用评价体系中的风险措施方法以及针对实际风险性质结合风险管理理论的方法，提出了风险的应对措施。

六、改善建议和评价体系验证

在第五部分中利用风险评估体系对 X 公司的项目转移案例进行风险评估以及提供风险措施。结合评估结果综述，本部分将对其风险措施进行实际效果的验证，然后再对评价体系的可行性进行验证。

（一）验证实施设计

在对风险措施的实际效果和评价体系的可行性进行验证之前，需要对其验证方式进行设计。实际效果验证的实施设计如下图 3－16 所示，评价体系验证的实施设计如图 3－17 所示。

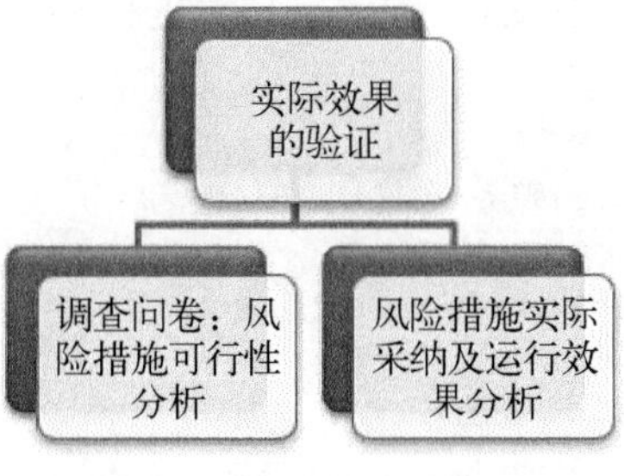

图 3－16　实际效果验证

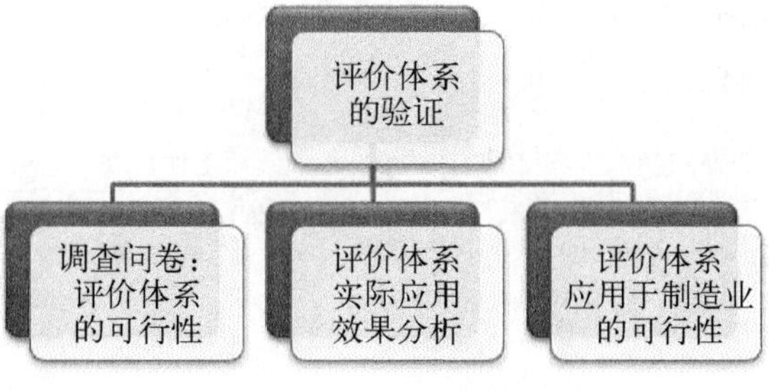

图 3－17　评价体系验证

（二）调查问卷的设计

调查问卷的设计内容共涉及五个方面：调查的问题、调查方式、受访人员、人员职务和人员所属地区（图 3－18）。

弗洛德.J.福勒（Floyd J.Fowler）在其《调查问卷的设计与评估》（*Improving Survey Questions: Design and Evaluation*）一书中关于调查问卷设计提到了以

下几个方面。

(1) 问卷设计时,需要对所要研究的问题进行清晰地定义。

(2) 当对研究的问题进行重复测量时,前后结果的一致性是十分重要的。

(3) 信度是指调查问卷结果的一致性程度即如果所描述的状态是一致的,那么答案也是一致的。效度的含义则是指调查问卷结果与所设法描述或测量的假想"真值"(true value)的一致程度,因此在调查问卷关于所问问题的设计和问卷结果方面,应该将信度与效度检验考虑进去。

张士玉在其2015年的《问卷调查数据分析实务》中提到,问卷设计常见的选项有四种：定类变量、定序变量、定距变量和定比变量。前两种定性变量不能进行算术运算,其中定类表示类别不同,定序表示顺序。后两种是定量变量可以进行算术运算,其中定距仅做加减运算,定比可以做各种算术运算。

本调查问卷采用的是常见的李克特5级量表,以便后续对其进行数据分析以及信度和效度检验。基于以上这些原则,关于风险措施的实际效果及评价体系的可行性调查问卷设计如附录Ⅰ所示。

1. 调查的问题

调查的问题包括风险措施的可行性和评价体系的可行性两个方面。

风险措施的可行性问题主要围绕第五部分内容中表3-9风险回应措施的相关内容进行展开。评价体系的可行性主要调查评价体系的风险与复杂性管理相结合、评价流程、评价指标、风险定义的方法、风险回应措施等方面进行展开调查。

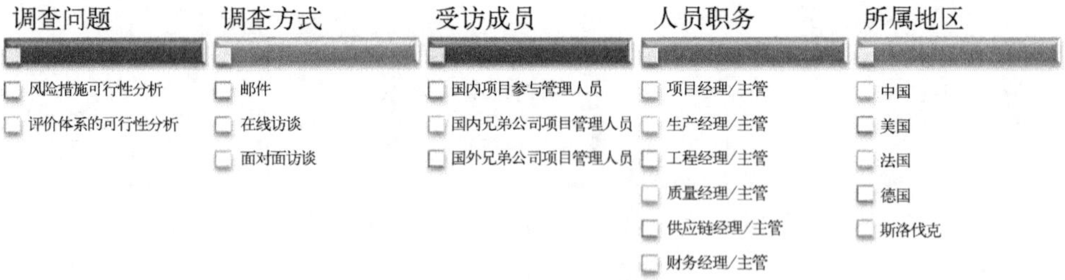

图3-18 调查问卷的设计

2. 调查方式

调查方式主要有邮件、在线访谈和面对面访谈几种。

调查问卷采用中英文双语,针对国内转入地公司以及苏州一家分公司,主要以调查问卷发放的形式进行评估及回收。针对上海另外3家分公司以及国外

16 家兄弟分公司则采用邮件方式进行问卷发放及回收。

3. 受访人员

其人员分布及详细情况如表 3 - 10 所列，共涉及 21 家分公司，共 203 个管理相关人员。受访人员包括：

① 目标公司项目参与的管理人员和其他项目相关职能部门人员；

② 国内兄弟公司项目负责人员和其他项目相关职能部门人员；

③ 国外兄弟公司项目负责人员和其他项目相关职能部门人员。

表 3 - 10　问卷调查人员统计

分　　类	职　　务	人　数
安全项目转移	项目负责人	1
转出地公司	财务经理/主管	3
	工程经理/主管	3
	生产经理/主管	1
	质量经理/主管	2
	供应链管经理/主管	2
	项目经理/主管	2
转入地公司	财务经理/主管	3
	工程经理/主管	2
	生产经理/主管	2
	质量经理/主管	2
	供应链管经理/主管	3
	项目经理/主管	2
兄弟公司： 国内 3 家公司 国外 16 家公司	财务经理/主管	18
	工程经理/主管	20
	生产经理/主管	32
	质量经理/主管	23
	供应链管经理/主管	29
	项目经理/主管	53
人员总计		203

4. 人员职务

人员职务为：项目经理/主管、生产经理/主管、工程经理/主管、质量经理/主管、供应链经理/主管和财务经理/主管。

5. 人员所属地区

受访人员所属地区包括：中国、美国、法国、德国和斯洛法克。

（三）评估结果统计分析设计

在调查问卷设计完成之后，调查问卷将按表 3－10 上的人员进行发放。随后便是对调查问卷的回收和统计，接着进行数据的分析。数据分析的主要步骤包括：数据准备、设计数据分析方案、数据描述和分析、完成分析报告。除此之外，本文中还增加了信度检验和效度检验两个步骤。评估结果统计分析设计如图 3－19 所列。

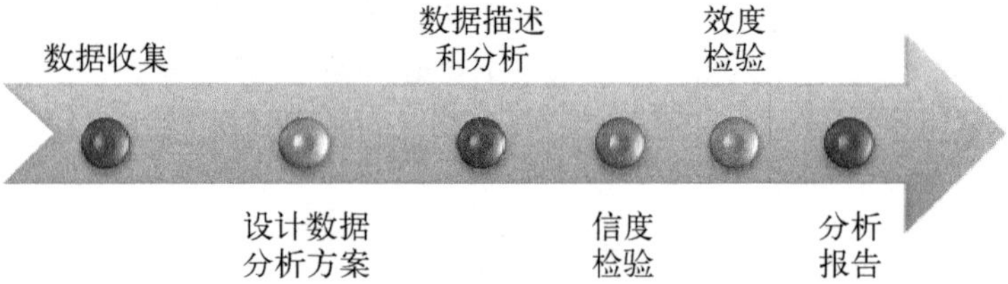

图 3－19　评估结果统计分析设计

1. 数据收集

调查问卷共发放 203 份，回收 168 份。在数据收集之前，首先要确认调查问卷是否有效，对于无效的问卷需要剔除。无效问卷有以下几种情形：遗漏项目过多、恶意作答及不符合逻辑等。最终获得风险措施有效问卷 126 份，评价体系有效问卷 118 份。在此有效问卷的基础上，将其数据录入 EXCEL 表格以便后续对这些数据进行分析。具体如表 3－11 所列。

表 3－11　调查问卷回收汇总

职　　务	人数总计	发放问卷数	回收问卷数	风险措施有效问卷数	评价体系有效问卷数
项目负责人	1	1	1	1	1
财务经理/主管	24	24	22	15	11
工程经理/主管	25	25	23	16	14

续　表

职　　务	人数总计	发放问卷数	回收问卷数	风险措施有效问卷数	评价体系有效问卷数
生产经理/主管	35	35	27	17	17
质量经理/主管	27	27	21	15	15
供应链主管经理/主管	34	34	25	19	17
项目经理/主管	57	57	49	43	43
总　　计	203	203	168	126	118

2. 设计数据分析方案

设计数据分析方案基本遵循三个原则：研究目的、数据特点和结构化的表达方式；当用定序（如李克特量表）测量单选题时，如果其等级大于等于五个，使用者可以将其作为定性变量处理，另外也可以将其作为定量变量处理。

本文将根据数据的特点对数据进行分析。由于其既可以作为定性变量处理，也可以作为定量变量处理，本文将按定量变量及统计分析的方法对数据进行分析。在对数据进行统计后进行数据描述和分析后，进行信度检验和因子分析的方法进行效度检验。

3. 数据描述和分析

表 3－12 和表 3－13 分别是风险措施和评价体系可行性的调查问卷数据汇总。由表中数据可知，其数据均值全部在 3—4 之间，众数在 3 和 4，这意味着大多数受访者对风险措施和评价体系的可行性持基本可以接受的态度。对这些调查问卷的数据，后续将进行信度和效度的检验，以确认数据的一致性和有效性。

表 3－12　风险措施调查问卷数据分析

		a1	a2	a3	a4	a5	a6	a7	a8	a9	a10	a11
N	有效	126	126	126	126	126	126	126	126	126	126	126
	缺失	0	0	0	0	0	0	0	0	0	0	0
均　值		3.26	3.13	3.12	3.10	3.37	3.11	3.13	3.64	3.76	3.67	3.76
中　值		3.00	3.00	3.00	3.00	3.00	3.00	3.00	4.00	4.00	4.00	4.00
众　数		3	4	3	4	3	3	4	4	4	4	4

续 表

		a1	a2	a3	a4	a5	a6	a7	a8	a9	a10	a11
全　距		4	4	4	4	4	4	4	4	4	4	4
极小值		1	1	1	1	1	1	1	1	1	1	1
极大值		5	5	5	5	5	5	5	5	5	5	5
和		411	394	393	391	424	392	395	459	474	462	474
		a12	a13	a14	a15	a16	a17	a18	a19	a20	a21	a22
N	有效	126	126	126	126	126	126	126	126	126	126	126
	缺失	0	0	0	0	0	0	0	0	0	0	0
均　值		3.92	3.59	3.41	3.44	3.39	3.48	3.47	3.35	3.63	3.41	3.63
中　值		4.00	4.00	3.00	3.00	3.00	4.00	3.50	3.00	4.00	3.50	4.00
众　数		4	3	3	3	3	4	4	3	4	4	4
全　距		3	4	4	4	4	4	4	4	4	4	4
极小值		2	1	1	1	1	1	1	1	1	1	1
极大值		5	5	5	5	5	5	5	5	5	5	5
和		494	452	430	433	427	439	437	422	458	430	457

表 3－13　评价体系调查问卷数据分析

		b1	b2	b3	b4	b5	b6	b7	b8	b9
N	有效	118	118	118	118	118	118	118	118	118
	缺失	0	0	0	0	0	0	0	0	0
均　值		3.31	3.61	3.41	3.44	3.30	3.41	3.58	3.40	3.35
中　值		3.00	4.00	3.00	3.00	3.00	4.00	4.00	4.00	3.00
众　数		3	3	3	3	4	4	4	4	4
全　距		4	4	4	4	4	4	4	4	4
极小值		1	1	1	1	1	1	1	1	1
极大值		5	5	5	5	5	5	5	5	5
和		390	426	402	406	389	402	422	401	395

4. 信度检验

IBM 的 SPSS 软件是常用的信度检验工具。该软件可以对调查问卷的数据进行分析。分析后便可以得知信度的克朗巴哈系数 Cronbach's Aphpa。克朗巴哈系数的公式如下所示：

$$\alpha = \frac{p^2 \bar{\sigma}_{ij}}{\sigma_x^2} = \frac{p}{p-1}\left(1 - \frac{\sum_{j=1}^{p} \sigma_j^2}{\sigma_x^2}\right)$$

Cronbach's Aphpa 系数数值范围在 0～1 之间，其区间意义的判断方法如下。

Cronbach's Aphpa>0.9：信度非常好；

0.7<Cronbach's Aphpa<0.8：信度良好；

0.6<Cronbach's Aphpa<0.7：需要修订部分量表；

Cronbach's Aphpa<0.6：内部信度不足。

针对本文中的两份调查问卷，主要测量其内在信度，即同组数据是否测量同一概念。外在信度主要是指在不同的时间段进行的重复性的测量，以此来判断其一致性。

将收集的数据导入 SPSS 软件后，对变量和数据名称进行设定，进入分析 à 度量(Scale)可靠性分析(Reliability Analysis)，便可以选择要测量的项目和相关设定，最后得到统计量的分析数据。

风险措施调查问卷的分析结果如表 3-14 所列。

表 3-14　风险措施中各潜变量的克朗巴哈系数

调　查　量　表	Cronbach's Alpha	N of Items
整体数据	0.853	22
利益相关者	0.898	7
事业环境因素	0.823	4
时　间	0.79	2
质　量	0.896	4
供应链	0.854	5

根据表 3-14 可知，整体数据及各测量维度的克朗巴哈系数 Cronbach's Aphpa>0.7，表明其内部一致性良好。

评价体系问卷的分析结果如表 3-15 所列。

表 3-15 评价体系潜变量的克朗巴哈系数

调 查 量 表	Cronbach's Alpha	N of Items
整体数据	0.733	9
评价体系流程	0.872	4
评价指标	0.834	2
风险管理	0.819	3

同样根据表 3-15 可知，整体数据及各测量维度的克朗巴哈系数 Cronbach's Aphpa>0.7，表明其内部一致性良好。

5. 效度检验条件验证

效度检验包括表面效度(Face Validity)、准则效度(Criterion Validity)和构建效度(Construct Validity)。由于两份调查问卷中的问题都有相关分类，即哪些问题反应了哪个方面，因此本文将对调查问卷的内容进行构建效度的检验。

在进行效度检验之前，本文将对两份调查问卷的数据进行分析，以判断其是否适合效度检验，即是否适合做验证性因子分析(CFA)。IBM 的 SPSS 软件提供了 Kaiser-Meyer-Olkin(KMO) 测度和 Bartlett 的球形度检验功能。KMO 主要是判断其数据是否适合做验证性因子分析即构建效度检验。Bartlett 球形性检验功能是判断其数据是否是单位阵即数据是否独立。

KMO 和 Bartlett 系数通常的判断标准如下。

KMO>0.9：非常适合做因子析；

0.8<KMO<0.9：很适合；

0.7<KMO<0.8：适合；

0.6<KMO<0.7：尚可；

KMO<0.5：放弃。

Bartlett 系数 p<0.001 说明其数据是非单位矩阵，具有强相关性，适合做因子分析。结合 Bartlett 系数，通常 KMO>0.5，Sig.<0.05 时，说明调查问卷的数据适合做验证性因子分析。

使用前面已经导入 SPSS 软件并分析的数据，进入分析降维(Data Reduction)、因子分析(Factor)，选择要测量的项目和相关设定，最后得到 Kaiser-Meyer-Olkin(KMO)测度和 Bartlett 的球形度检验的分析数据。

风险措施调查问卷的分析结果如表 3-16 所列。

表 3-16　风险措施的 KMO 和 Bartlett 分析结果

KMO 值和巴特利特球形检测

样本的 KMO 值测量		0.780
Bartlett's(巴特利特)球形检测	(Approx. Chi-Square)近似方卡值	1610.522
	自由度(Df)	231
	显著度(Sig.)	0.000

根据表 3-16 可知,KMO>0.5, Sig.<0.05,说明数据适合做构建效度分析。

评价体系问卷的分析结果如表 3-17 所列。

表 3-17　评价体系的 KMO 和 Bartlett 分析结果

KMO 值和巴特利特球形检测

样本的 KMO 值测量		0.617
Bartlett's(巴特利特)球形检测	(Approx. Chi-Square)近似方卡值	518.723
	自由度(Df)	36
	显著度(Sig.)	0.000

根据表 3-17 可知,KMO>0.5, Sig<0.05,说明数据适合做构建效度分析。

6. 效度检验

经过对风险措施及评价体系的数据分析可以看出,对两份调查问卷进行验证性因子分析是可以的。进行验证性因子分析的目的是考察模型的拟合效果和量表的效度。下面将用常用的 AMOS 软件对两份调查问卷进行构建效度的检验。

1) 风险措施调查问卷的效度分析

风险措施的效度分析主要是表 3-9 中的风险措施指标。五个潜变量即为风险措施的五个主要分类,其中观察变量即为项数(表 3-18)。

表 3-18　风险措施的潜变量及指标数

潜　变　量	项　　数
利益相关者	7
事业环境因素	4

续 表

潜 变 量	项 数
时 间	2
质 量	4
供应链	5
Total	22

将相关数据及信息输入到 AMOS 中并进行分析，风险措施调查问卷的模型参数估计结果如表 3-19 所列。

表 3-19 模型参数估计结果

因素关系			非标准化估计值	S.E.	C.R.	标准化估计值	P
a1	←	利益相关者	1			0.689	
a2	←	利益相关者	1.282	0.144	8.887	0.853	***
a3	←	利益相关者	0.986	0.14	7.052	0.669	***
a4	←	利益相关者	1.381	0.144	9.592	0.953	***
a5	←	利益相关者	0.925	0.127	7.305	0.697	***
a6	←	利益相关者	0.892	0.137	6.515	0.618	***
a7	←	利益相关者	0.973	0.135	7.181	0.682	***
a8	←	事业环境因素	1			0.717	
a9	←	事业环境因素	0.958	0.128	7.509	0.715	***
a10	←	事业环境因素	1.064	0.14	7.592	0.833	***
a11	←	事业环境因素	0.878	0.13	6.779	0.692	***
a12	←	时 间	1			0.886	
a13	←	时 间	1.109	0.182	6.082	0.886	***
a17	←	质 量	1			0.858	
a16	←	质 量	0.911	0.082	11.089	0.831	***
a15	←	质 量	1.005	0.08	12.629	0.877	***

续　表

因　素　关　系			非标准化估计值	S.E.	C.R.	标准化估计值	P
a14	←	质　量	0.839	0.09	9.35	0.744	***
a22	←	供应链	1			0.695	
a21	←	供应链	1.138	0.153	7.452	0.743	***
a20	←	供应链	1.219	0.142	8.563	0.800	***
a19	←	供应链	1.064	0.145	7.321	0.701	***
a18	←	供应链	1.325	0.168	7.897	0.826	***

注：CR 大于 1.96、5%水平显著；CR 大于 2.58、1%水平显著

根据上表数据结果可知：以上 22 个观察变量与对应的 5 个潜在变量间，因素负荷量(标准化估计值，范围处于 0.5—0.95 之间，值越大表明指标变量能够被构念解释的变异越大)均高于 0.5 的标准。同时 C.R.(临界比值)均高于 2.58，表明所有的路径系数参数值均在 1%水平高度显著，表示研究模型具有良好的内部一致性与收敛效度。

AMOS 验证性因素分析模型的拟合度指标结果汇总如表 3－20 所列，可见各项指标评价都符合评判标准。由此可知，通过潜在变量的验证性因素分析结果可以判定该量表具有良好的结构效度。

表 3－20　模型拟合指标

指标标准	绝 对 适 配 度				简约适配度		增值适配度
	X^2/df	RMR	RMSEA	GFI	PGFI	PNFI	CFI
结　果	1.778	0.024	0.012	0.915	0.631	0.685	0.923
指标标准	<2.00	<0.05	<0.08	>0.900	>0.50	>0.50	>0.90

为了判断和区分潜在变量的收敛效度，下面将计算每个因素的平均方差抽取量(AVE：Average Variance Extracted)。平均方差抽取量(AVE)计算公式为：

$$Average\ variance\ extracted(AVE):\ \sum(\lambda\hat{}2)/\ n$$

根据以上公式，分别计算 5 个因素的 AVE 值，汇总结果如表 3－21 所列。

表 3-21 AVE 值计算

因　　素	AVE 指标	判定标准
利益相关者	0.556	>0.5
事业环境因素	0.549	
时　间	0.785	
质　量	0.687	
供应链	0.571	

观察以上结果可以发现，5 个因素的 AVE 值均高于 0.5 的标准。由此可以判断，该量表具有良好的收敛效度。

2）评价体系的效度分析

评价体系的效度分析主要是关于新建立的基于复杂性理论海外生产线项目转移的评价流程、评价指标、风险定义及风险措施方面。一共 3 个潜变量和 9 个观察变量。

表 3-22 评价体系的潜变量及指标数

潜　变　量	项　　数
评价体系流程	4
评价指标	2
风险管理	3
Total	9

将相关数据及信息输入到 AMOS 中并进行分析，风险措施调查问卷的模型参数估计结果如表 3-23 所列。

表 3-23 模型参数估计结果

因　素　关　系			非标准化估计值	S.E.	C.R.	标准化估计值	P
b1	←	评价体系流程	1			0.731	
b2	←	评价体系流程	1.079	0.119	9.038	0.852	***
b3	←	评价体系流程	0.957	0.116	8.234	0.791	***
b4	←	评价体系流程	1.136	0.129	8.837	0.818	***
b5	←	评价指标	1			0.823	

续　表

因素关系			非标准化估计值	S.E.	C.R.	标准化估计值	P
b6	←	评价指标	1.065	0.689	7.999	0.883	***
b7	←	风险管理	1			0.727	
b8	←	风险管理	1.12	0.148	7.586	0.889	***
b9	←	风险管理	0.912	0.118	7.703	0.736	***

注：CR 大于 1.96、5%水平显著；CR 大于 2.58、1%水平显著

根据表 3－23 数据结果可知：以上 9 个观察变量与对应的 3 个潜在变量间，因素负荷量(标准化估计值，范围处于 0.5—0.95 之间，值越大表明指标变量能够被构念解释的变异越大)均高于 0.5 的标准。同时 C.R.(临界比值)均高于 2.58，表明所有的路径系数参数值均在 1%水平高度显著，表示研究模型具有良好的内部一致性与收敛效度。

AMOS 验证性因素分析的模型的拟合优度指标结果汇总如表 3－24 所列，可见各项指标评价都符合评判标准。由此可知，通过潜在变量的验证性因素分析结果可以判定，该量表具有良好的结构效度。

表 3－24　模型拟合指标

指标标准	绝对适配度				简约适配度		增值适配度
	X2/df	RMR	RMSEA	GFI	PGFI	PNFI	CFI
结　果	1.349	0.037	0.019	0.931	0.614	0.709	0.951
指标标准	＜2.00	＜0.05	＜0.08	＞0.900	＞0.50	＞0.50	＞0.90

为了判断和区分潜在变量的收敛效度，下面将通过计算每个因素的平均方差抽取量(AVE)。根据以上公式，分别计算 3 个因素的 AVE 值，汇总结果如表 3－25 所列。

表 3－25　AVE 值计算

因　素	AVE 指标	判定标准
评价体系流程	0.639	＞0.5
评价指标	0.729	
风险管理	0.621	

观察以上结果可以发现，3 个因素的 AVE 值均高于 0.5 的标准。由此可以判断，该量表具有良好的收敛效度。

（四）实际效果验证

实际效果验证包括两个部分，即：调查问卷关于改善措施可行性的验证和风险措施实际采纳及运行效果分析。

1. 调查问卷改善措施可行性

根据上一节对调查数据的描述可以看出，受访者对风险措施的可行性判断大都集中在 3—4 分之间即大多数人对其可行性持可接受的态度。随后上一节对调查问卷数据内容进行了信度方面的检验，检验结果显示调查问卷的信度较好。根据前文对调查问卷的效度检验，本调查问卷的效度通过验证。

基于以上数据描述、信度检验及效度检验结果，可以判断，风险措施对于风险管理具有一定的效果。建议目标公司采纳相关的建议，运用到实际的项目，同时可以作为组织的过程资产以便用于后续生产线项目转移中。

2. 改善措施实际采纳及运行效果分析

针对五个方面风险的相关改善措施（表 3 - 9），部分建议已经在目标企业中实施。其实际采纳及运行效果如表 3 - 26 所列。

根据实际风险措施的采纳情况来看，11 个风险中有 8 个风险的建议已经被采纳并运行到实际的项目管理及生产运营中，取得了一定的效果。

表 3 - 26　风险措施的实际采纳及运行效果

<table>
<tr><th>风险类型</th><th>影响</th><th>风险</th><th>建议采纳状况</th><th>实 际 效 果 描 述</th></tr>
<tr><td rowspan="3">1. 利益相关者</td><td>关键</td><td>R1</td><td>采纳</td><td>1. 项目并入生产初期，与美国公司及供应商合作。短期内无风险。
2. 法国、斯洛伐克正在与中国工程技术部门合作开发样件及量产件夹治具。</td></tr>
<tr><td>关键</td><td>R2</td><td>待采纳</td><td>后期新项目考虑</td></tr>
<tr><td>中</td><td>R3</td><td>待采纳</td><td>后期新项目考虑</td></tr>
<tr><td>2. 事业环境因素</td><td>关键</td><td>R4</td><td>采纳</td><td>1. 当前项目法务部门已经介入并申请相关证件，问题解决。
2. 后续新项目需要从项目初期介入并密切关注。</td></tr>
</table>

续　表

风险类型	影响	风险	建议采纳状况	实际效果描述
3. 时间	高	R5	待采纳	后期新项目考虑
	高	R6	采纳	1. 项目延误或者其他原因导致无法供货仍由国外三家集团分公司供货；需要提前评估与协商集团分公司产能及负荷状况。暂无风险。 2. 推广到后续生产运营中。
4. 质量	中	R7	采纳	1. 转移前后样件确认及书面确认。 2. 推广至其他产线产品，现极少依图面生产量产直接发货。
	中	R8	采纳	1. 转移前后样件确认及书面确认。暂无风险。 2. 推广至其他产线产品，现极少依图面生产量产件直接发货。
5. 供应链	中	R9	采纳	设备夹治具、刀具配件由转出地及兄弟工厂提供。暂无风险。
	高	R10	采纳	法国作为第二大原材料供应商正在评估中，评估指标包括质量、成本及交期。将来风险将有效降低。
	高	R11	采纳	1. 针对技术要求较高及价值较高的物品现已经采取保险方式转移风险。 2. 现有国际物流公司仍由总部指定。相关指标由总部统一考核。 3. 推广到所有主要设备由专业人士拆装。如：2016 工厂搬迁

（五）评价体系验证

评价体系验证包括三个部分，即：调查问卷关于评价体系可行性部分、评价体系实际应用效果分析和评价体系应用于制造业的可行性。

1. 调查问卷评价体系可行性

根据前文对调查数据的描述可以看出，受访者对评价体系的可行性判断大都集中在 3—4 分之间，即大多数人对其可行性持可接受的态度。随后对调查问卷数据内容进行了信度方面的检验，检验结果显示，调查问卷的信度较好。根据对调查问卷的效度检验，本调查问卷的效度通过验证。

基于以上数据描述、信度检验及效度检验结果，可以判断，评价体系应用于风险管理具有一定的可行性。建议目标公司可以采用基于复杂性理论海外生产线项目转移的风险评价体系用于海外生产线项目转移的风险管理。

2. 评价体系实际应用效果分析

本文在第四部分构建了基于复杂性理论海外生产线项目转移的风险评价体系，在第五部分中用评价体系对目标公司的案例项目进行风险评估并提供了风险措施，并且风险措施在实际的应用中已经取得了一定的效果。

在本部分中利用调查问卷对风险措施进行评估，其评估结果通过 SPSS 软件的信度分析、KMO 和 Bartlett 球形检验。最后对调查问卷进行了 AMOS 的效度分析，其结果显示效度分析通过。

以上的实际案例在一定程度上说明了评价体系在实际应用中具有一定的效果。

3. 评价体系应用于制造业的可行性

评价体系针对目标公司的案例项目应用效果说明，其在目标公司具有一定的实际效果，同时评价体系应用于制造业具有一定的可行性。主要原因如下。

(1) 目标公司的案例具有一定的代表性。目标集团公司属于工业应用及汽车零件制造行业，其生产线跨国转移不是个案。另外，案例项目经历过以前几个项目没有经历过的复杂性情形和风险，属于比较典型的案例，具有一定的研究价值，其中的经验也值得借鉴。

(2) 评价体系的建立是基于制造业生产线项目转移的特点、风险和不确定性。这一点在第三部分中已经进行过具体的分析。

(3) 评价体系的建立是基于 PMI 项目管理办公室的相关文献理论，包括《项目风险管理实践标准》《项目复杂性管理实践》《项目管理知识体系指南》等，因此评价体系具有一定的实际操作性。

(六) 评估结果综述

本部分主要对第五部分中风险措施进行了实际效果的验证和第四章建立的风险评价体系进行可行性的验证。下面将依实际效果、评价体系、评估设计、风险管理与复杂性管理两个标准四个方面分别进行综述。

1. 风险措施实际效果

风险措施的实际效果验证主要是通过调查问卷对其可行性的调查和风险措施的采纳及运行效果的分析。调查问卷结果显示，其风险措施具有一定的可行性。针对调查问卷的 SPSS 的信度检验和 AMOS 的效度检验说明了调查问卷的可信性(Reliability)和有效性(Validity)。结合风险措施在目标公司的实际采纳及应用状况，也说明了风险措施具有一定的可行性。

因此，本文利用基于复杂性理论海外生产线项目转移的风险评价体系进行风险评估并提出的风险回应措施，在实际的应用中具有一定的效果和可行性。

2. 评价体系

评价体系的验证主要是通过调查问卷对其可行性的调查、评价体系的实际应用以及评价体系应用于制造业的可能性来证明其可行性。调查问卷结果显示其评价体系具有一定的可行性。针对调查问卷的 SPSS 的信度检验和 AMOS 的效度检验同样说明了调查问卷的可信性(Reliability)和有效性(Validity)。

另外，评价体系针对目标公司案例的分析和应用，显示评价体系对生产线跨国转移具有一定风险管理效果。最后，目标公司案例的代表性、结合了制造业项目转移的特点、风险和不确定性的评价体系以及评价体系的 PMI 理论基础，说明其具有一定的可操作性。

针对评价体系的理论框架部分，从三个方面分别对评价体系进行阐述。

A：项目风险管理

B：项目复杂性管理

C：项目风险评价体系

A＝A1＋A2＝评估＋措施

B＝B1＋B2＝评估＋措施

C＝C1＋C2＝(A1＋B1)＋(A2＋B2) ＝评估＋措施

(1) C1＝A1＋B1

评价体系的评估部分 C1 结合了项目风险管理与项目复杂性管理两个标准流程的评估部分。用复杂性的理论(人的行为、系统行为和不确定性)进行分析，将项目中的潜在风险识别出来，然后以风险管理流程中风险评估的方法进行评估，这样在海外生产线项目转移过程中由复杂性引起的潜在风险能够被有效地识别而进行评估，为后续的风险管理措施实施奠定了基础。

(2) C2＝A2＋B2

评价体系的措施部分 C2 结合了项目风险管理与项目复杂性管理两个标准流程的措施部分。在措施部分用风险回应的 5 种方法对复杂性 12 种情形中的可应用行动方案进行了分类，便于使用者在使用过程中采取相应的风险措施。除了使用这些分类的可应用行动方案，还需要结合实际风险情况采取有效的风险回应措施。在第五部分的案例中，风险回应措施就采用了分类的可应用行动方案，同时结合实际风险情况采取有效的风险回应措施。这也验证了第四部分评价体系构建中关于风险措施方面的设计是可行的。

(3) C＝A＋B

评价体系的构建由 C1 的评估部分和 C2 的措施部分组成，实际上也就是由风险管理 A 和复杂性管理 B 组成。在此过程中，去除了不适用于海外生产线项目转移的部分，同时也加入了原有理论中不足的部分，即为海外生产线项目转移量身订制的部分。基于此，评价体系有理论支撑，为评价体系具有实践性奠定了基础。

在实际操作中，用评价体系的 C1 部分对案例项目进行风险评估，用 C2 部分为识别出的风险提供有效的风险回应措施。经过对案例项目的研究分析，验证了评价体系的可操作性。

值得注意的是，评价体系的流程来自于风险管理流程和复杂性管理流程。因此评价体系具有两个标准流程的共性之处，即在项目生命周期内，需要持续不断地对项目进行分析以有效地对项目进行风险管理。

3. 评估设计

本文在第五部分中对目标公司的案例进行分析评估，其评估实施设计采用的是用评价体系的流程对目标公司的海外生产线项目转移案例进行分析。在 C1 部分将案例中由于复杂性因素引起的潜在风险进行识别并进行风险的分析。在 C2 措施部分依据分类的风险回应措施及依实际风险状况采取的风险措施进行风险管理，然后再针对风险措施的实际效果进行验证，最后对评价体系的可行性进行验证。

评估设计的主要目标是利用案例以验证评价体系的可行性。案例风险回应措施来自于评价体系。评价体系可行，那么风险回应措施也应该具有一定的可行性。经过本部分的分析，风险措施的实际效果较好，对目标公司的风险管理起到了一定的作用。同时分析结果也显示了评价体系对于海外生产线项目转移的风险管理是可行的，将其推广到制造业的海外生产线项目转移中具有一定的可行性。

4. 复杂性管理

成熟的风险管理理论为项目的风险管理做出了巨大的贡献。但是在实际的项目应用中，项目的风险管理理论并不能覆盖到所有的风险领域。尤其是本文中所论述的处于复杂性情形中的项目。复杂性理论中的人的行为、系统行为和不确性有效地弥补了传统项目风险管理理论中的不足部分。因此针对处于复杂环境中的海外生产线项目转移的风险管理，很有必要将复杂性管理理论引入到项目的风险管理中。

复杂性管理理论有效地分析了复杂性的情形并提供了可应用的有效措施，但是复杂性理论并没有对复杂性引起的潜在风险进行识别并进行针对性的评估及提出针对性的回应措施，因此风险管理和复杂性管理都存在着一定的优点和不足之处。为了有效地利用两个理论标准的优点，风险管理与复杂性管理的结合显得很有必要。在本部分中，经过使用结合了风险管理与复杂性管理理论的评价体系对案例进行了评估分析，最后，经验证，风险管理与复杂性管理相结合对于生产线项目跨国转移的风险管理是可行的。

（七）小结

本部分的研究不仅验证了风险措施的可行性，也验证了评价体系的可行性。评价体系不仅对目标公司的海外生产线项目转移的风险管理具有一定的作用，而且可以作为制造业的海外生产线项目转移风险管理的理论基础。

七、结论与展望

（一）结论

本文主要研究了在海外生产线项目转移过程中，由复杂性情形的不确定性引起的风险管理问题。在本文的研究过程中，笔者主要做了以下几方面的工作。

(1) 对 PMI 2014 年的《项目复杂性管理实践指南》(*Navigating complexity: A practical guide*)的翻译。由于此文献较新，尚无中文版本，为了本文的研究，笔者针对本文献进行了翻译，以便后续研究所需。

(2) 风险管理理论与复杂性管理理论的比较。本文对风险管理理论与复杂性管理理论进行了比较，比较内容包括 6 个方面，即研究现状、研究内容、假设、理论基础、操作流程和提供的方案。

(3) 基于复杂性理论海外生产线项目转移的风险评价体系建立。评价体系的流程主要包括评估和措施两个部分。其中评估部分结合了风险管理与复杂性管理流程中的评估部分，措施部分结合了风险管理与复杂性管理流程中的措施部分。

评价体系中的评价指标在原《项目复杂性管理实践指南》中 48 个复杂性评估问题(附录 A)的基础上,去除不适合海外生产线项目转移的指标。同时结合风险管理中的内外部风险、制造业海外生产线项目转移的特点以及 PMBOK® 2013 年第五版中的事业环境因素,对评价体系的评价指标做了增加完善(共 60 个评价指标)(附录 D)。除此之外,基于完善后的 60 个评价指标依据《项目复杂性管理实践指南》中的 12 种复杂性情形(附录 B)进行了相关情形的问题更新(附录 E)。

风险措施部分依据风险管理理论中的 5 个分类以及复杂性管理理论中的 12 种复杂性情形的可应用措施进行了分类(附录 G)。

(4) 调查问卷的设计及数据处理。本文在第五章对评价实施进行了设计,依设计对目标公司的项目案例进行评估并提供相关的风险措施。随后对风险措施和评价体系的可行性在本章进行了验证。验证部分使用了常用的调查问卷,本文对风险措施的实际效果及评价体系的可行性分别设计了调查问卷(附录 I)。在数据收集完后,对数据进行了 SPSS 的信度检验和 AMOS 的效度检验。

本文的贡献主要分为以下两个方面。

1) 理论贡献

本文笔者首先对 PMI 的《项目复杂性管理实践指南》和《项目风险管理实践标准》的理论进行分析和比较;同时对国内外风险管理和复杂性管理理论方面的文献进行研究分析;然后结合风险管理与复杂性管理理论的优点,提出了基于复杂性理论海外生产线项目转移的风险评价体系的理论框架。

笔者在对风险管理和复杂性管理理论中的评估流程分析研究后,提出了评价体系的流程。此流程结合了成熟的风险管理流程和前沿的复杂性管理理论流程。同时对复杂性理论的复杂性评估问题进行筛选分析,结合风险管理的内外部风险以及生产线项目转移的特点,提炼出了复杂性的 60 个评估问题,即评价体系的评价指标。然后提出了风险定义的方法以及结合风险管理和复杂性管理理论的风险措施方法。

2) 实践贡献

针对已经建立的评价体系,笔者用目标公司最近的一个项目转移案例进行评价,依据评价结果给予风险改善措施。随后对风险措施的实际效果和评价体系的可行性进行验证。经过验证,风险改善措施的实际效果对目标公司项目具有一定的实际改善效果。同时也证明评价体系对于目标公司和制造业海外生产线项目转移的风险管理具有一定的可行性。另外其他制造型企业可以在此基础上做改善，以建立适合自己组织的基于复杂性理论海外生产线项目转移的风险评价体系。除此之外，经过论证本文也证明了复杂性理论解决风险管理问题是可行的。

另外就目标公司的案例项目而言，X 公司目前案例项目存在的风险需要密切的关注，制订相关的风险管理计划以便对风险实现有效的管控。在后续的组织运营过程中，X 公司需要不断提升自己组织的风险管理能力。

（二）展望

在本文中，笔者构建了基于复杂性理论海外生产线项目转移的风险评价体系，但是还存在着一定的不足之处，有待于进一步的论证与完善。

(1) 虽然本文借用了全球知名的 PMI 的理论，但是受制于篇幅、笔者理论知识水平及时间，本文中的评价体系还有待于进一步的改进和论证。

(2) 针对海外生产线项目转移，由于不同行业相关的生产线转移内容和要求存在一定的不同，因此需要对评价体系进行量身定制，以建立适合自身组织的风险评价体系。

(3) 在理论研究方面，风险管理理论还有待于进一步的完善以便更加有效地对项目的风险进行管理，以此弥补其不足之处。

(4) 在复杂性管理理论方面，虽然其理论较为前沿，但同时也存在着一定的完善空间。在后续的项目复杂性管理理论方面，还有待于研究者不断补充和完善。

(5) 风险管理与复杂性管理理论结合的可行性和效果在本文中得到了验证。但是，本文在风险管理与复杂性管理理论结合的研究方面还存在一定的不足，有待于研究者不断地修改、补充和完善。

参考文献

[1] AFLREDO DEL CANO, MASCE P E, PILAR DE LA CRUZ. Integrated methodology for project risk management[J]. Journal of Construction Engineering and Management, 2002(12): 473-485.

[2] AXELOS. Introduction and Guide to P3M3. Portfolio, Programme and Project Management Maturity Model[Z]. P3M3, 2013.

[3] AXELOS. Project Management: Self-Assessment[Z]. P3M3, 2010.

[4] AXELOS. Project model[Z]. P3M3, 2013.

[5] BACCARINI D. The Concept of project complexity-a review [J]. International Journal of Project Management. 1996,14(4), 201 - 204.
[6] COOPER D, GREY S, RAYMOND G, et al. Project Risk Management Guidelines: Managing Risk in Large Projects and Complex Procurements [M]. England: John Wiley & Sons Ltd,2005.
[7] DE LA CRUZ M P. Una metodologia integrada para la respuesta yel control ante los riesgosy oportunidades en proyectos de construction[M]. Spain: Technical University of Madrid Press, 1998.
[8] EDWARDS P J, BOWEN P A. Risk Management in Project Organisations[M]. Oxford: Elsevier Butterworth Heinemann, 2005.
[9] JIA G, NI X, ZHEN C, et al. Measuring the maturity of risk management in large-scale construction projects[J]. Automation in Construction, 2013, 34(1): 56 - 66.
[10] LOWE D. Commercial Management: Theory and Practice[M]. UK: Wiley-Blackwell, 2013.
[11] MANTEL S J, MEREDITH J R, SHAFER S M, et al. Project Management Practice [M]. 4th ed. Hong Kong: John Wiley & Sons (Asia) Pte Ltd, 2011.
[12] MITCHELL C. Strategic Management of Projects [Z]. Manchester Business School, 2014.
[13] MORRIS W G, PINTO J K, SÖDERLUND J. The oxford handbook of project management[M]. Oxford: Oxford University Press, 2013.
[14] Project Management Institute. Navigating complexity: A practice guide[M]. Newtown Square, PA: PMI, 2014.
[15] Project Management Institute. Practice standard for project risk management [M]. Newtown Square, PA: PMI, 2009.
[16] WILLIAMS T M. The Need for New Paradigms for Complex Projects[M]//Managing and Modelling Complex Projects. Springer Netherlands, 1997.
[17] WINCH G M. Managing construction projects [M]. 2nd ed. Singapore: Ho Printing Singapore Pte Ltd, 2010.
[18] WINCH G, MAYTORENA E. Managing risk and uncertainty on projects: a cognitive approach. In: PWG Morris, JK Pinto and J Soderlund (eds) The Oxford Handbook of Project Management[M]. Oxford: Oxford University Press, 2011.
[19] 毕文林.海外产品转移项目的探讨[D].上海：复旦大学,2007.
[20] 陈晓萍.组织与管理研究的实证方法[M].2 版.北京：北京大学出版社,2008.
[21] 邓修权,张迪,陈俊杰.风险管理方法流程化体系研究[J].经济与管理,2012: 25 - 30.
[22] 弗洛德.J.福勒.调查问卷的设计与评估[M].重庆：重庆大学出版社,2010.
[23] 胡艳妮.工程项目风险识别与分析方法探讨[J].现代商贸工业,2010: 46 - 47.
[24] 黄恒振.基于复杂性的工程风险管理研究[J].吉林建筑工程学院年报,2010: 44 - 48.
[25] 蒋卫平,李永奎,何清华.大型复杂工程项目组织管理研究综述[J].项目管理技术,2009: 20 - 24.

[26] 刘艳.跨国公司生产和技术区域转移项目的管理[D].天津：天津大学，2006.
[27] 彭宏超，马广奇.论财务管理假设[J].财会月刊，2007(12)：3-5.
[28] 齐二石，姜琳.大型工程项目的复杂性及其集成化管理[J].科技管理研究，2008：191-193.
[29] 秦秦峰.当代行为科学的三个基本假设[J].商业文化月刊，2009(12)：93-94.
[30] 宋晶，谷苗.人性假设：传统经济学、新制度经济学及管理学的比较[J].财经问题研究，2008(10)：14-19.
[31] 王博荣.对管理假设的探讨[J].宝鸡文理学院学报(社会科学版)，2009(3)：115-117.
[32] 吴绍艳.工程项目的复杂性探讨[J].项目管理，2009：22-25.
[33] 项目管理协会.项目管理知识体系指南[M].5版.北京：电子工业出版社，2013.
[34] 杨玉武.认知差异及其对项目风险管理的影响研究[J].现代管理科学，2012：46-48.
[35] 张士玉.问卷调查数据分析实务[M].北京：首都经济贸易大学业出版社，2015.
[36] 周兴国.探索工程项目风险管理的科学方法[J].热点关注，2011：177-178.

附录 A　项目复杂性评估 48 问题

序号	问　　　　题	是	否
1	现阶段项目集或者项目需求能够被清楚地定义?		
2	项目集或者项目范围和目标能够被清楚地定义?		
3	仅有几个项目集或者项目需要符合不与其他矛盾的质量要求?		
4	项目集或者项目的设想和限制条件很可能保持稳定?		
5	利益相关者的需求不太可能频繁改变?		
6	在项目集或者项目组件中有有限数量的依赖关系?		
7	项目集或者项目经理有权限应用内部或者外部资源于项目集或者项目活动?		
8	有针对客户或者委托方的转变流程或者产品的计划?		
9	项目集或者项目可交付成果仅利用几项不同的技术,如电气方面的、机械方面的、数字方面的?		
10	对于项目集或者项目可交付成果,有一个可管理的数量的组件、组件集和相互关联部分?		
11	项目集或者项目与可能同时进行的其他项目集或者项目和方案的边界已经被清楚地定义了?		
12	客户沟通与客户实际所需是否一致?		
13	项目集或者项目团队成员在同一个地区?		
14	在项目集或者项目生命周期内,自始至终可以取得准确的项目集或者项目状态报告?		
15	项目集或者项目在一个单独组织内进行协调?		
16	项目集或者项目将在一个政治和环境稳定的国家里管理?		
17	在整个项目生命周期内,项目集或者项目团队成员将主要以面对面的方式而不是虚拟的方式工作?		
18	利益相关者和项目集或者项目团队之间是开放式沟通和协作,并存在着信任?		
19	项目集或者项目将对一些可管理的来自不同国家、背景、语言和文化的利益相关者有一定的影响?		

续　表

序号	问　　　　题	是	否
20	组织拥有具备必需技能和能力的人员，同样拥有工具、技巧或者资源来支持项目集或者项目？		
21	高层管理团队完全致力于项目集或者项目？		
22	项目集或者项目将在一些利益相关者变更可管理的情况下，在一个相对短的时间内实施？		
23	项目集或者项目有从组织或者职能团体获得支持、承诺和优先权？		
24	项目集或者项目是从一个单独的资源或者赞助者那里获得的？		
25	项目集或者项目成功的标准已经被利益相关者定义、记录、达到一致？		
26	对一个跨多个组织赞助的项目集或者项目，所有组织关于项目管理的流程、工具和技巧是达成一致的？		
27	有一些可管理数量的第三方项目集或者项目关系？		
28	组织曾经实施过此种类型的项目集或者项目？		
29	为了变革的实际利率和类型或者倾向是可以管理的？		
30	项目集或者项目有一些可管理的问题、风险和不确定因素？		
31	项目集或者项目法律或者法规要求必须遵守可以管理的？		
32	供应商将能够满足项目集或者项目的承诺？		
33	从项目集或者项目的完工估算有很高的自信度？		
34	切实的期待已经被制定在项目集或者项目成功标准？		
35	项目集或者项目将在承诺的时间交付？		
36	委托方准备接受并签发可交付成果？		
37	项目集或者项目档案和文件（如：计划基准、最终计划、变革授权、支付、信函、合同）保持最新状态放置在团队成员接触到的地方？		
38	所有项目集或者项目相关的合同都免受客户供应商的索赔条款权力主张？		
39	项目集或者项目所有部分都不受经济处罚的影响？		
40	达成一致恰当的框架便于工作包级的财务跟踪？		
41	项目集或者项目指标是适当的、稳定的并且定期报告的？		

续　表

序号	问　　题	是	否
42	对逐步完善产生的新的信息在项目集或者项目计划中被当地获取有着比较高的自信?		
43	对相互关联的项目集或者项目组件将以可预知的方式实施有比较高的自信?		
44	当有证据表明取得期望结果不太可能时,有可能终止、推迟或者取消一个项目集或者项目活动?		
45	团队成员或者利益相关者能够接受违背他们的信仰、预期或者观点的项目集或者项目数据或者信息?		
46	在组织内有效的项目组合管理流程支持战略一致性并使项目集或者项目能够成功交付?		
47	主办单位或者项目组织以在内部和外部相关利益者中推行透明和信任的方式管理其业务?		
48	在项目集或者项目中有一些可管理的关键路径?		

附录 B　项目复杂性 12 种情形

复杂性情景	描　　述	可应用的评估问题（否定回应的问题）
1	由于从多方利益相关者那里接收到相互冲突的信息，项目集或者项目需求频繁改变或者不能被清楚地定义	1，2，3，4，5，6，8，12，18，21，22，25，28，29，30，34，35，36，37，38，41，42，43，44，45，46，47
2	项目集或者项目已经变得很显然不再能够满足交付给客户的需求	2，3，4，5，6，9，10，12，19，20，21，22，24，25，28，29，30，33，34，35，36，40，41，42，43，44，45，46，47
3	组织以前没有遇到过项目集或者项目先进的和技术的特性结合。这种结合有几个相互关联的组件或者流程。除此之外，团队成员不具备必要的技能和经验	1，2，4，6，9，10，20，28，30，34，35，41，42，43，44，45，46，47
4	由于需要新技术来完成可交付成果，在项目集或者项目初期，有效的技术逐渐失去有效性	4，5，9，10，22，25，29，30，34，35，37，41，42，43，44，45，46，47
5	项目集或者项目团队成员处于在全球各地的分散状态，并且有文化、语言和时差的挑战	13，14，15，16，17，34，45，46
6	项目集或者项目有大量来自多个机构不相干的团队和赞助者的利益相关者，每个利益相关者有自己的做事方法和流程。有各种各样的第三方供应商，其管理结构和责任是不清晰的	3，4，5，6，13，14，15，16，17，18，19，25，26，27，28，30，32，33，34，39，40，41，43，44，45，46
7	需求源自不同的和目标冲突的多种资源。除此之外，法规或者质量要求可能对项目集或者项目产生决定性的影响	1，2，3，4，5，15，18，19，21，23，25，26，27，30，32，33，35，39，40，41，42，43，44，45，46
8	项目集或者项目遭遇与日俱增不断变化的要求。人们不再受激发而工作。除此之外，有来自供应商、客户或者合同方未解决的权利要求。许多主要绩效指标和其他标准都表明项目集或者项目处于麻烦的趋势中	2，4，5，6，8，10，11，12，20，21，23，25，26，27，29，30，31，32，33，34，35，37，38，39，40，41，42，43，44，45，46

续 表

复杂性情景	描述	可应用的评估问题（否定回应的问题）
9	由于大量的依赖性、相互关系的存在和缺少供应商或者合同方对完工日期的承诺，项目不太可能达到一致认可的完工日期的要求。这是项目遭遇大量变化的综合结果	1，2，3，4，5，6，8，10，12，15，16，18，19，21，22，25，26，27，28，29，30，31，32，33，34，35，36，37，38，39，40，41，42，43，44，45，46，47，48
10	项目集或者项目遭遇的复杂性程度即将对绩效评估和汇报产生影响	1，2，3，4，5，6，，7，11，14，18，21，23，25，26，27，37，38，39，40，41，42，43，44，45，46
11	项目由多方赞助者或者资源投资，每一方都有自己的目标和日程安排	1，2，3，4，5，6，11，18，19，20，21，24，25，26，27，30，32，33，34，37，38，39，40，41，42，45，46
12	项目集或者项目经理应用和取得组织资源去执行项目集或者项目活动存在一定的困难。除此之外，功能性团体的目标与项目集或者项目的目标和指标不一致	1，2，3，4，5，7，13，15，16，17，18，19，20，21，23，24，25，26，27，28，34，37，38，39，40，41，42，43，44，45，46

附录 C 项目复杂性情形分析评估模板

复杂性情形分析评估 Scenario Mapping											
情形 #											
可应用的评估问题											
复杂性原因分类→			人的行为					系统行为		不确定性	
复杂性原因→											
评估问题		否定回应	个人行为	团体组织政治行为	沟通与控制	组织设计与发展	关联性	依赖性	系统动态	突现	不确定
1	现阶段项目集或者项目需求能够被清楚地定义?										
2	项目集或者项目范围和目标能够被清楚地定义?										
3	仅有几个项目集或者项目需要遵守而不与其他发生矛盾的质量求?										
4	项目集或者项目的设想和限制条件很可能保持稳定?										
5	利益相关者的需求不太可能频繁改变?										
6	在项目集或者项目组件中有有限数量的依赖关系?										
7	项目集或者项目经理有权限应用内部或者外部资源于项目集或者项目活动?										
8	有针对客户或者委托方的转变流程或者产品的计划?										
9	项目集或者项目可交付成果仅利用几个不同的技术,如:电气的、机械的、数字的?										
10	对于项目集或者项目可交付成果,有一个可管理的数量的组件、组件集和相互关联部分?										

续 表

复杂性原因→			个人行为	团体组织政治行为	沟通与控制	组织设计与发展	关联性	依赖性	系统动态	突现	不确定
评估问题		否定回应									
11	项目集或者项目与可能同时进行的其他项目集或者项目和方案已经清楚地定义了边界?										
12	客户沟通与客户实际所需是否一致?										
13	项目集或者项目团队成员在同一个地区?										
14	在项目集或者项目生命周期内,自始至终可以取得准确的项目集或者项目状态报告?										
15	项目集或者项目在一个单独组织内进行协调?										
16	项目集或者项目将在一个政治和环境稳定的国家里管理?										
17	在整个项目生命周期内,项目集或者项目团队成员将主要以面对面的方式而不是虚拟的方式工作?										
18	在利益相关者和项目集或者项目团队中是开放式的沟通和协作并存在着信任?										
19	项目集或者项目将对一些可管理的来自不同国家、背景、语言和文化的利益相关者有一定的影响?										
20	组织拥有具备必需技能和能力的适当人员,同样拥有工具、技巧或者资源来支持项目集或者项目?										
21	高层管理团队完全致力于项目集或者项目?										
22	项目集或者项目将在一些利益相关者变更可管理的情况下在一个相对短的时间内和实施?										

续　表

复杂性原因→											
评　估　问　题		否定回应	个人行为	团体组织政治行为	沟通与控制	组织设计与发展	关联性	依赖性	系统动态	突现	不确定
23	项目集或者项目有从组织或者职能团体获得支持、承诺和优先权？										
24	项目集或者项目是从一个单独的资源或者赞助者那里获得？										
25	项目集或者项目成功的标准已经被利益相关者定义、记录、达到一致？										
26	对一个跨多个组织赞助的项目集或者项目，所有组织关于项目管理的流程、工具和技巧是达成一致的？										
27	有一些可管理数量的第三方项目集或者项目关系？										
28	组织曾经实施过此种类型的项目集或者项目？										
29	为了变革的实际利率和类型或者倾向是可以管理的？										
30	项目集或者项目有一些可管理数量的问题、风险和不确定因素？										
31	项目集或者项目必须遵守的法律或者法规要求是可以管理的？										
32	供应商将能够满足项目集或者项目的承诺？										
33	对项目集或者项目的完工估算有很高的自信度？										
34	切实的期待已经被制定接近项目集或者项目成功标准？										
35	项目集或者项目将在承诺的时间交付？										
36	委托方准备接受并签发可交付成果？										

续 表

复杂性原因→ 评估问题		否定回应	个人行为	团体组织政治行为	沟通与控制	组织设计与发展	关联性	依赖性	系统动态	突现	不确定
37	项目集或者项目档案和文件(如:计划基准、最终计划、变革授权、支付、信函、合同)保持最新状态放置在团队成员接触到的地方?										
38	所有项目集或者项目相关的合同都免受客户供应商的索赔条款权力主张?										
39	项目集或者项目所有部分都不受任何经济处罚的影响?										
40	达成一致的框架便于工作包级的财务跟踪?										
41	项目集或者项目指标是适当的、稳定的并且定期报告的?										
42	对逐步完善产生的新的信息在项目集或者项目计划中被适当地获取有着比较高的自信?										
43	对相互关联的项目集或者项目组件将以可预知的方式实施有比较高的自信?										
44	当有证据表明期望结果的取得不太可能时,有可能终止、推迟或者取消一个项目集或者项目活动?										
45	团队成员或者利益相关者能够接受违背他们信仰、预期或者观点的项目集或者项目数据或者信息?										
46	在组织内有有效的项目组合管理流程支持战略一致性并使项目集或者项目能够成功交付?										
47	主办单位或者项目组织以在内部和外部相关利益者中推行透明和信任的方式来实施商务活动?										
48	在项目集或者项目中有一些可管理数量的关键路径?										

附录 D 完善后的复杂性 60 个问题评估结果

序号	问 题	是	否
1	现阶段项目集或者项目需求能够被清楚地定义?	√	
2	项目集或者项目范围和目标能够被清楚地定义?	√	
3	仅有几个项目集或者项目需要遵守而不与其他发生矛盾的质量要求?	√	
4	项目集或者项目的设想和限制条件很可能保持稳定?		√
5	利益相关者的需求不太可能频繁改变?	√	
6	在项目集或者项目组件中有有限数量的依赖关系?		√
7	项目集或者项目经理有权限应用内部或者外部资源于项目集或者项目活动?		√
8	有针对客户或者委托方的转变流程或者产品的计划?	√	
9	项目集或者项目可交付成果仅利用几个不同的技术,如:电气的、机械的、数字的?	√	
10	对于项目集或者项目可交付成果,有一个可管理的数量的组件、组件集和相互关联部分?		√
11	项目集或者项目与可能同时进行的其他项目集或者项目和方案已经清楚地定义了边界?	√	
12	客户沟通与客户实际所需是否一致?	√	
13	项目集或者项目团队成员在同一个地区?		√
14	在项目集或者项目生命周期内,自始至终可以取得准确的项目集或者项目状态报告?		√
15	项目集或者项目在一个单独组织内进行协调?		√
16	项目集或者项目将在一个政治和环境稳定的国家里管理?	√	
17	在整个项目生命周期内,项目集或者项目团队成员将主要以面对面的方式而不是虚拟的方式工作?		√
18	在利益相关者和项目集或者项目团队中是开放式的沟通和协作并存在着信任?		√
19	项目集或者项目将对一些可管理的来自不同国家、背景、语言和文化的利益相关者有一定的影响?		√

续 表

序号	问　　题	是	否
20	组织拥有具备必需技能和能力的适当人员，同样拥有工具、技巧或者资源来支持项目集或者项目？		√
21	高层管理团队完全致力于项目集或者项目？	√	
22	项目集或者项目将在一些利益相关者变更可管理的情况下，在一个相对短的时间内实施？		√
23	项目集或者项目有从组织或者职能团体获得支持、承诺和优先权？	√	
24	项目集或者项目成功的标准已经被利益相关者定义、记录、达成一致？	√	
25	对一个跨多个组织的项目集或者项目，所有组织关于项目管理的流程、工具和技巧是达成一致的？		√
26	有一些可管理数量的第三方项目集或者项目关系？		√
27	组织曾经实施过此种类型的项目集或者项目？		√
28	项目集或者项目有一些可管理数量的问题、风险和不确定因素？		√
29	项目集或者项目必须遵守的法律或者法规要求是可以管理的？		√
30	供应商将能够满足项目集或者项目的承诺？		√
31	对项目集或者项目的完工估算有很高的自信度？		√
32	切实的期待已经被制定接近项目集或者项目成功标准？		√
33	项目集或者项目将在承诺的时间交付？		√
34	项目集或者项目档案和文件(如：计划基准、最终计划、变革授权、支付、信函或者合同)保持最新状态，放置在团队成员能够接触到的地方？		√
35	所有项目集或者项目相关的合同都免受客户供应商的索赔条款权力主张？		√
36	项目集或者项目所有部分都不受任何经济处罚？		√
37	达成一致的框架便于工作包级的财务跟踪？		√
38	项目集或者项目指标是适当的、稳定的并且定期报告的？	√	
39	对逐步完善产生的新的信息在项目集或者项目计划中被适当地获取，有着比较高的自信？		√
40	对相互关联的项目集或者项目组件将以可预知的方式实施有比较高的自信？		√

续 表

序号	问 题	是	否
41	当有证据表明期望结果的取得不太可能时，有可能终止、推迟或者取消一个项目集或者项目活动？		√
42	团队成员或者利益相关者能够接受违背他们的信仰、预期或者观点的项目集或者项目数据或者信息？		√
43	在组织内有有效的项目组合管理流程支持战略一致性并使项目集或者项目能够成功交付？	√	
44	主办单位或者项目组织以在内部和外部相关利益者中推行透明和信任的方式来实施商务活动？		√
45	在项目集或者项目中有一些可管理数量的关键路径？		√
46	项目集或者项目合作(或者转移)国家之间有着正常且稳定的关系？	√	
47	项目集或者项目所需的设备、工具等工作条件需求在无需更改的情况下便能够在项目集或者项目工作地工作？	√	
48	项目集或者项目团队成员能够在不同国家、背景、语言和文化的条件下工作或者支援以实现项目集或者项目目的和目标？		√
49	利益相关者之间冲突是可管理的？		√
50	项目集或者项目供应商在同一地区是可管理的？		√
51	项目集或者项目团队是很好地组建的，每个项目集或者项目团队成员的任务和职责被清楚地定义？		√
52	项目集或者项目供应商提供的产品或者服务能够实现本土化？		√
53	影响项目集或者项目的可交付成果的质量因素可以在本地管理？		√
54	物流将能够满足项目集或者项目的承诺？		√
55	项目集或者项目的关键或者主要客户对项目集或者项目合作(或者转移)达成意向或者一致？	√	
56	产品标准、质量标准和工艺标准是可管理的并且不与本地标准冲突？	√	
57	项目集或者项目的核心技术是可以管理的？		√
58	项目集或者项目可交付成果(产品或者服务)能够达到利益相关者的要求或者预期？	√	
59	项目集或者项目将能够按预期纳入组织的正常运营管理中？		√
60	项目集或者项目所需的设备、夹治具等不仅能够满足现有的客户质量或者功能要求外，还有一定的提升空间以满足客户对将来质量或者功能要求的提高改善？		√

附录 E 完善后 12 种情形

复杂性情景	描　　述	可应用的评估问题（否定回应的问题）
1	由于从多方利益相关者那里接收到相互冲突的信息，项目集或者项目需求频繁被改变或者不能被清楚地定义	1，2，3，4，5，6，8，12，18，21，22，24，27，28，32，33，34，35，38，39，40，41，42，43，44，46，49，51，53，55，56，58
2	项目集或者项目已经变得很显然不再能够满足交付给客户的需求	2，3，4，5，6，9，10，12，19，20，21，22，24，27，28，31，32，33，37，38，39，40，41，42，43，44，46，47，48，49，50，52，53，54，55，57，58，59，60
3	组织以前没有遇到过项目集或者项目先进的和技术的特性结合。这种结合有几个相互关联的组件或者流程。除此之外，团队成员不具备必要的技能和经验	1，2，4，6，9，10，20，27，28，32，33，38，39，40，41，42，43，44，47，48，50，52，57，60
4	由于需要新技术来完成可交付成果，在项目集或者项目初期有效的技术逐渐失去有效性	4，5，9，10，22，24，28，32，33，34，38，39，40，41，42，43，44，46，47，57，58，60
5	项目集或者项目团队成员处于在全球各地的分散状态，并且有文化、语言和时差的挑战	13，14，15，16，17，32，42，43，46，48，49，51
6	项目集或者项目有大量来自多个机构不相干的团队和赞助者的利益相关者，每个利益相关者有自己的做事方法和流程。有各种各样的第三方供应商，其管理结构和责任是不清晰的	3，4，5，6，13，14，15，16，17，18，19，24，26，27，28，30，31，32，36，37，38，40，41，42，43，46，49，50，51，54，59
7	需求源自不同的和目标冲突的多种资源。除此之外，法规或者质量要求可能对项目集或者项目产生决定性的影响	1，2，3，4，5，15，18，19，21，23，24，25，26，28，30，31，33，36，37，38，39，40，41，42，43，46，48，49，50，52，53，54，55，56，57，58

续　表

复杂性情景	描　述	可应用的评估问题（否定回应的问题）
8	项目集或者项目遭遇与日俱增不断变化的要求，人们不再受激发而工作。除此之外，有来自供应商、客户或者合同方未解决的权利要求。许多主要绩效指标和其他标准都表明项目集或者项目处于麻烦的趋势中	2，4，5，6，8，10，11，12，20，21，23，24，25，26，28，29，30，31，32，33，34，35，36，37，38，39，40，41，42，43，46，47，48，49，50，52，53，56，57，59
9	由于大量的依赖性和相互关系的存在和缺少供应商或者合同方对完工日期的承诺，项目不太可能达到一致认可的完工日期的要求。这是项目遭遇大量变化的综合结果	1，2，3，4，5，6，8，10，12，15，16，18，19，21，22，24，25，26，27，28，29，30，31，32，33，34，35，36，37，38，39，40，41，42，43，44，45，46，47，48，49，50，52，54，57，58，59，60
10	项目集或者项目遭遇的复杂性程度即将对绩效评估和汇报产生影响	1，2，3，4，5，6，7，11，14，18，21，23，24，25，26，34，35，36，37，38，39，40，41，42，43，46，47，50，56，58，59
11	项目由多方赞助者或者资源投资，每一方都有自己的目标和日程安排	1，2，3，4，5，6，11，18，19，20，21，24，25，26，28，30，31，32，34，35，36，37，38，39，42，43，48，49，51，55，56，59
12	项目集或者项目经理应用和取得组织资源去执行项目集或者项目活动存在一定的困难。除此之外，功能性团体的目标与项目集或者项目的目标和指标不一致	1，2，3，4，5，7，13，15，16，17，18，19，20，21，23，24，25，26，27，32，34，35，36，37，38，39，40，41，42，43，46，48，49，50，51，54，56，57，58，59

附录 F X 公司案例项目复杂性评估结果

Scenario Mapping											
情形 #	2, 3, 5, 6, 7, 8, 9, 10, 11, 12										
可应用的评估问题	4, 6, 7, 10, 13, 14, 15, 17, 18, 19, 20, 22, 25, 26, 27, 28, 29, 30, 31, 32, 33, 34, 35, 36, 37, 39, 40, 41, 42, 44, 45, 48, 49, 50, 51, 52, 53, 54, 57, 59, 60										
复杂性原因分类→			人的行为					系统行为		不确定性	
复杂性原因→											
	评估问题	否定回应	个人行为	团体组织政治行为	沟通与控制	组织设计与发展	关联性	依赖性	系统动态	涌现	不确定
1	现阶段项目集或者项目需求能够被清楚地定义?										
2	项目集或者项目范围和目标能够被清楚地定义?										
3	仅有几个项目集或者项目需要遵守而不与其他发生矛盾的质量要求?										
4	项目集或者项目的设想和限制条件很可能保持稳定?	√	×	×	×	×	×	×	×	×	×
5	利益相关者的需求不太可能频繁改变?										
6	在项目集或者项目组件中有有限数量的依赖关系?	√			×	×	×	×	×	×	×
7	项目集或者项目经理有权限应用内部或者外部资源于项目集或者项目活动?	√	×	×	×	×	×	×	×	×	×
8	有针对客户或者委托方的转变流程或者产品的计划?										
9	项目集或者项目可交付成果仅利用几个不同的技术,如:电气的、机械的、数字的?										

续　表

复杂性原因→											
	评　估　问　题	否定回应	个人行为	团体组织政治行为	沟通与控制	组织设计与发展	关联性	依赖性	系统动态	涌现	不确定
10	对于项目集或者项目可交付成果，有一个可管理的数量的组件、组件集和相互关联部分？	√			×	×	×	×	×	×	×
11	项目集或者项目与可能同时进行的其他项目集或者项目和方案已经清楚地定义了边界？										
12	客户沟通与客户实际所需是否一致？										
13	项目集或者项目团队成员在同一个地区？	√	×	×	×	×				×	×
14	在项目集或者项目生命周期内，自始至终可以取得准确的项目集或者项目状态报告？	√	×	×	×	×				×	×
15	项目集或者项目在一个单独组织内进行协调？	√	×	×	×	×	×	×	×	×	×
16	项目集或者项目将在一个政治和环境稳定的国家里管理？										
17	在整个项目生命周期内，项目集或者项目团队成员将主要以面对面的方式而不是虚拟的方式工作？	√	×	×	×	×				×	×
18	在利益相关者和项目集或者项目团队中是开放式的沟通和协作并存在着信任？	√	×	×	×	×				×	×
19	项目集或者项目将对一些可管理的来自不同国家、背景、语言和文化的利益相关者有一定的影响？	√	×	×	×	×				×	×
20	组织拥有具备必需技能和能力的适当人员，同样拥有工具、技巧或者资源来支持项目集或者项目？	√	×	×	×	×	×	×	×	×	×
21	高层管理团队完全致力于项目集或者项目？										

续 表

复杂性原因→ 评估问题		否定回应	个人行为	团体组织政治行为	沟通与控制	组织设计与发展	关联性	依赖性	系统动态	涌现	不确定
22	项目集或者项目将在一些利益相关者变更可管理的情况下在一个相对短的时间内实施?	√	×	×	×	×	×	×	×	×	×
23	项目集或者项目有从组织或者职能团体获得支持、承诺和优先权?										
24	项目集或者项目成功的标准已经被利益相关者定义、记录、达到一致?										
25	对一个跨多个组织赞助的项目集或者项目,所有组织关于项目管理的流程、工具和技巧是达成一致的?	√	×	×	×	×	×	×	×	×	×
26	有一些可管理数量的第三方项目集或者项目关系?	√	×	×	×	×	×	×	×	×	×
27	组织曾经实施过此种类型的项目集或者项目?	√	×	×			×	×	×	×	×
28	项目集或者项目有一些可管理数量的问题、风险和不确定因素?	√	×	×	×	×	×	×	×	×	×
29	项目集或者项目必须遵守的法律或者法规要求是可以管理的?	√	×	×	×	×	×	×	×	×	×
30	供应商将能够满足项目集或者项目的承诺?	√	×	×	×	×				×	×
31	对项目集或者项目的完工估算有很高的自信度?	√	×	×	×	×				×	×
32	切实的期待已经被制定接近项目集或者项目成功标准?	√	×	×	×	×				×	×
33	项目集或者项目将在承诺的时间交付?	√		×		×	×	×	×	×	×
34	项目集或者项目档案和文件(如:计划基准、最终计划、变革授权、支付、信函或者合同)保持最新状态放置在团队成员接触到的地方?	√	×	×	×	×				×	×

续 表

复杂性原因→ 评估问题		否定回应	个人行为	团体组织政治行为	沟通与控制	组织设计与发展	关联性	依赖性	系统动态	涌现	不确定
35	所有项目集或者项目相关的合同都免受客户供应商的任何索赔条款权力主张?	√					×	×	×	×	×
36	项目集或者项目所有部分都不受任何经济处罚的影响?	√			×	×	×	×	×	×	×
37	达成一致的框架便于工作包级的财务跟踪?	√	×	×	×	×				×	×
38	项目集或者项目指标是适当的、稳定的并且定期报告的?										
39	对在项目集或者项目中逐步完善产生的新的信息能够被适当地获取有着比较高的自信?	√	×	×	×	×				×	×
40	对相互关联的项目集或者项目组件将以可预知的方式实施有比较高的自信?	√	×	×	×	×				×	×
41	当有证据表明期望结果的取得不太可能时,有可能终止、推迟或者取消一个项目集或者项目活动?	√	×	×	×	×				×	×
42	团队成员或者利益相关者能够接受违背他们信仰、预期或者观点的项目集或者项目数据或者信息?	√	×	×	×	×				×	×
43	在组织内有有效的项目组合管理流程支持战略一致性并使项目集或者项目能够成功交付?										
44	主办单位或者项目组织在内部和外部相关利益者中推行透明和信任的方式来实施商务活动?	√	×	×	×	×				×	×
45	在项目集或者项目中有一些可管理数量的关键路径?	√			×	×	×	×	×	×	×
46	项目集或者项目合作(或者转移)国家之间有着正常且稳定的关系?										

续　表

复杂性原因→ 评估问题		否定回应	个人行为	团体组织政治行为	沟通与控制	组织设计与发展	关联性	依赖性	系统动态	涌现	不确定
47	项目集或者项目所需的设备、工具等工作条件需求在无需更改的情况下便能够在项目集或者项目工作地工作?										
48	项目集或者项目团队成员能够在不同国家、背景、语言和文化的条件下工作或者互相支援以实现项目集或者项目目的和目标?	√	×	×	×	×				×	×
49	利益相关者之间的冲突是可管理的?	√	×	×	×	×	×	×	×	×	×
50	项目集或者项目供应商在同一地区是可管理的?	√	×	×	×	×				×	×
51	项目集或者项目团队是很好地组建的,每个项目集或者项目团队成员的任务和职责被清楚地定义?	√	×	×	×	×	×	×	×	×	×
52	项目集或者项目供应商提供的产品或者服务能够实现本土化?	√	×	×	×	×	×	×	×	×	×
53	影响项目集或者项目的可交付成果的质量因素可以在本地管理?	√	×	×	×	×				×	×
54	物流将能够满足项目集或者项目的承诺?	√					×	×	×	×	×
55	项目集或者项目的关键或者主要客户对项目集或者项目合作(或者转移)达成意向或者一致?										
56	职能性部门将能够实现对项目集或者项目的承诺?										
57	项目集或者项目的核心技术是可以管理的?	√		×	×	×	×	×	×	×	×
58	项目集或者项目可交付成果(产品或者服务)能够达到利益相关者的要求或者预期?										

续　表

复杂性原因→			个人行为	团体组织政治行为	沟通与控制	组织设计与发展	关联性	依赖性	系统动态	涌现	不确定
评　估　问　题		否定回应									
59	项目集或者项目将能够按预期纳入组织的正常运营管理中?	√	×	×	×	×	×	×	×	×	×
60	项目集或者项目所需的设备、夹治具等不仅能够满足现有的客户质量或者功能要求外,还有一定的提升空间以满足客户对将来质量或者功能要求的提高改善?	√			×	×	×	×	×	×	×

附录G 评价体系风险措施

复杂性情形 1	可行的行动措施
风险回避	详细检查需求改变带来的影响(如：利益、其他需求的影响)，并且如需要时立即采取步骤调整项目集或者项目
	关注在利益相关者之间音调和沟通背景的细小改变以捕捉潜在问题的早期信号
	时刻记住以成功的思维来管理项目集或者项目，但需一直保持在既定背景和个人责任、职责的伦理界限内
风险降低	分配资源确认收到的信息和建立一个客观基础作为决策依据
	为了使要求稳定，基于项目集或者项目组专家的建议来平衡和协商客户规定的要求
	落实适当的项目集或者项目组织结构促进沟通
	开发和维护一个网站与所有利益相关者分享以达到合作和需求审批的跟踪
	促进面对面社交的方式；帮助针对项目目标、风险和不确定性和对范围改变后果的理解的集体感方面建立信任
	通过大量的技巧(如：讲故事)、机智地交谈来建立对项目的集体奉献感
	与利益相关者组建重要的个人联盟
	建立具有复杂性的项目管理经理的很强的身份，变成一个专家以获得利益相关者的尊重和支持
	安排初始决策的负责人见面和讨论后果，重新评估已经达成一致的项目 KPI 的风险
	当成功随着时间的改变而改变时，频繁地让利益相关者介入到成功的标准上来
	定义利益相关者之间潜在的偏见，理解他们的动机和采取缓解行动
	与利益相关者进行中间时期的经验教训学习，以查明为什么需求没有被清楚定义的原因和管理需求的改变
风险分散	举办研究会邀请利益相关者参加，进而理解和解决关于需求的见解和意见
	取得利益相关者关于共享的项目集或者项目的整体战略的清楚的承诺

续　表

复杂性情形　2	可行的行动措施
风险回避	向团队成员咨询和协调以获得创新性的解决方案
	采取快速行动与客户沟通项目情形和可能的其他的方案
	重新评估项目范围和需求以决定项目集或者项目能够交付的可行结果,寻找客户方面同时可以接受的结果的改变
风险降低	当向专家咨询与协调时,建立一个标准或者引导一个流程或者服务去理解潜在的差距
	当适合的时候，介绍重复性的开发技巧
	评估进程内的改变活动是帮助还是阻碍了项目与客户需求一致性
	举办价值工程研究会
	不管何时,如果可能,与客户当面沟通
	重新评估客户需求怎样与组织战略目标相关联
	评估项目集或者项目可行性
	实施中间时期的经验教训学习,以避免将来不必要的变更
风险分散	与客户一起定义最优的方案
复杂性情形　3	可行的行动措施
风险回避	鼓励团队成员对项目集或者项目的假设和约束提出问题,以提升创造性和创新性
	确保继任计划对关键团队成员是合适的,以便使知识可以保留
	调查其他工业的技巧,以获得创新的技巧和流程
风险降低	编制和分析与其他组件或者流程相互关联的单个影响和他们对取得整个项目集或者项目目标的影响
	直接向项目赞助者和客户咨询以分解相互关联的范围因素到可能的程度。清晰地定义需要协调的产品和数据。重新对最新分解过的范围因素进行排序。
	对团队进行必要的培训和培养,以加强项目集或者项目需求一致性的技能
	频繁举行班组会,认识和庆祝所取得的成绩和分享当前最新的挑战
	鼓励在团队成员之间进行知识分享,使用影子学习和研究会技巧
	利用技术准备评估来理解项目集或者项目利用的技术的成熟度和交付可靠性的影响。开发技术成熟度至一个可接受的使项目集或者项目能够执行的技术准备水平。

续　表

复杂性情形　3	可行的行动措施
风险降低	为过渡到新技术，包括测试新技术的努力和必要的系统回归测试
	坚持不懈地研究已经成功进行相似项目集或者项目类型的外部组织，以发挥好的经验。
风险分散	使来自其他功能部门的领导者参加会议，鼓励通过讨论怎样使每个单位能够一起共事合作和取得成功的项目集或者项目包括组织利益的结果
风险转移	进行关注于团队成员能力的资源差距分析和提供额外的培训或者寻找外部资源
复杂性情形　4	**可行的行动措施**
风险回避	要求技术经理建立一个技术路线图替换即将过时的技术
	开发备选战略（如：重复性的或者平行开发）面对未知的技术变更以取得成功
	评估新技术可能的投资成本和收益以完成交付
	包括介入新技术测试的努力
	关注不仅能覆盖技术的而且覆盖人们行为的间接影响的一个变革管理战略
	为项目团队成员或者利益相关者提供将来要使用的技术的培训机会
	关注重复性和平行的努力以获得快速的经验教训分享，避免不必要的威胁和挖掘潜在的机会
	实施重复性的项目集或者项目环境 SWOT 分析，利用潜在的技术机会
	衡量其他介入使用创新性技术的相似项目集或者项目的机构标准
风险降低	以合适的方式使内部的/外部的专家介入，以获得对任何缺点和机会切实的理解
	鼓励团队成员从个人的知识方面分享相关的智慧
	开发和执行一个沟通管理计划来通知当前的团队成员和其他利益相关者，更新方案
	严格监管风险出现的信号（威胁和机会）
风险分散	使赞助者和客户定期进行关于约束和应急方案的讨论

续 表

复杂性情形 5	可行的行动措施
风险回避	开发、执行和确认有效的虚拟的团队管理方法、流程、工具和系统（如：有效的决策流程）
	定义每个地区的联系窗口人，这些人针对达成一致的通用团队语言具有很好的语言和翻译技能
	对变化的工作时间和假日敏感。制定对团队成员（不仅是实施方的地理位置）方便的会议时间。确保所有的沟通是清晰和简洁的。追踪所有书面沟通的相互影响。使用当被翻译成另一种语言不能被误解的简单文字。避免俚语和简写。
	考虑怎样最大化在不同区域的团队成员间的重叠时间价值
风险降低	包括为有效的团队流程和行为标准的开发所需的努力范围
	确认每个人理解和支持项目集或者项目目的和目标
	学习怎样积极解决冲突
	建立和获得集体决策流程的一般协议
	设置一个虚拟网站让团队成员进行沟通和分享想法
	通过鼓励团体意识培育一个合作的团队环境
	提供文化认知培训
	注意在团队互动中的变化，如：减少参与或者生产力
	帮助团队成员适应团队的多样性和项目集或者项目整体部分的团队合作
	评估已有的文化差异和工作来提升协同和影响力的多样性
	确信每个人可以表达自己的声音和持续鼓励信息分享
	选择以结果为导向的团队成员能独立工作
复杂性情形 6	**可行的行动措施**
风险回避	创建通用条款的词汇表以实现组织或者国家间的分享
	详细检查风险分析中能引起巨大影响的小的参数变化
风险降低	确保利益相关者管理计划在项目集或者项目生命周期内是一个关键关注点
	注意各种各样的利益相关者间沟通的细微差别，这些细微差别可能对项目集或者项目将来产生大的影响
	学习和理解战略或者利益相关者目标以使用正确的沟通技巧

续　表

复杂性情形　6	可行的行动措施
风险降低	在项目集或者项目范围里包括方法、流程和解决方案整合
	在项目组织内应用授权和权力、职责、决策联盟机制
	积极介入与利益相关者的双向沟通(如：倾听、用项目集或者项目愿景的鼓舞)
	进行尽职调查和持续监管外部利益相关者的组织战略和行为，以便与他们有效的合作
	向利益相关者咨询并协作以确保每个人在进程中可以表达自己的观点
	创建管理系统、清晰的期望和氛围以便在分散的利益相关者中获得期待的行为方式
	为团队成员提供冲突管理和协商培训
	为项目集或者项目建立激励措施以鼓励团队工作和取得成功的结果
	确保风险由最合适的利益相关者负责控制
风险分散	确保工作范围包括足够利益相关者介入活动(如：利益相关者评定、入伙、管理战略和持续监管或者跟踪)
	与供应商和关键利益相关者合作以创建计划来沟通和为流程一致性而开发其他基本原则
	在项目管理计划中有效地整合所有利益相关者的需求
复杂性情形　7	**可行的行动措施**
风险回避	确保充分的合法资源介入到项目集或者项目团队，以使回应能够在项目或者其结果介入的区域内匹配法律法规改变。
风险降低	针对最初的项目集或者项目需求评估控制/质量要求和在必要的时候修改
	将不合格项和纠正行动归档到数据库，并与团队成员和相关利益相关者分享
	为了必要的弹性，回顾采购第三方合同
	与供应商重新协商合同以便更有弹性
	向有经验处理在区域内潜在的能被项目影响的监管改变的项目集或者项目经理和团队成员咨询
	实施项目集或者项目事前检查以评估改变监管结构的影响
	确保充分的储备以处理监管改变的影响

续　表

复杂性情形　7	可行的行动措施
风险分散	为了与目标保持和取得一致,平衡和协商需求
	为了认知和行动,当必要时与利益相关者沟通新的监管要求
	在已经付出完成可交付成果的努力之前,与利益相关者执行中间期的可交付成果的回顾以获得认同
风险转移	每个可交付成果完成时,与委托方确认结果是否达到项目集或者项目批准的要求/功能测试标准,并取得批准或者鉴收
	在项目集或者项目的生命周期内,采用严格的门径流程以取得关键项目集或者项目里程碑的鉴收
	与利益相关者取得需求的一致性并归档;为项目集或者项目分享整个战略

复杂性情形　8	可行的行动措施
风险回避	与组织法律和权利主张管理部门回顾项目集或者项目中已经浮现的权利主张要求
风险降低	紧急调查项目集或者项目是否正在接近失控状态
	为了理解问题的原因和变革需求的有效性,委托外部的状态回顾
	咨询和使组织法务部门介入并考虑从外部专业咨询机构获取建议
	建立与团队的对话以提出低效率的原因
	关注团队建设活动来加强团队合作和团队期待
	亲自与团队成员见面讨论变革需求正在怎样影响工作活动和采取适当的行动来排序关注点并解决问题
	沿着中间时期学习到的经验教训,归档并回顾环境改变和潜在的新出现的因素
	把执行利益相关者分析作为一个不间断的活动,而不仅仅是在项目集或者项目的开始阶段
	与利益相关者回顾变更的、设定底线的和批准的项目目标和需求。创建一个改变优先列表,记录付出的努力和计划交付日期。对所有的团队成员维持开放的政策以提出以后的争议、顾虑、问题或者创新
	赞助者和高层管理介入项目集或者项目健康状况的回顾,考虑项目集或者项目目标是否仍然与组织的战略保持一致
	回顾适当的和完工的标准

续 表

复杂性情形 8	可行的行动措施
风险降低	考虑团队成员是否有足够的态度和合适的动力付出创新的贡献
	考虑为取得项目集或者项目成功，团队成员的技能是否适当
	记录和采取行动加强有助于成功的项目集或者项目团队属性和解决引起问题的属性
	记录和管理渗透到整个项目集或者项目中的社会政治因素
	建立 FMEA 定义牵涉的所有有问题的权利主张的潜在的严重度、作用和影响(对组织)
风险分散	回顾和更新项目集或者项目利益相关者介入战略

复杂性情形 9	可行的行动措施
风险回避	评估项目集或者项目网络图和寻找替代方案。替代方案可能包括发生变化的依赖性，改善过的工作包或者更加不连续的可交付成果
	评估能引起经济处罚的合同
	注意法务部门或潜在合同问题的高层管理。应用严格的权利主张管理流程
风险降低	执行严格的变革管理流程和确保每个变革针对其影响被回顾和评估，在达成一致前所有的影响被理解
	确认任务间、活动间和项目间的依赖性和关系的有效性
	针对改善过的工作包和替代方案，从专家那里寻找建议和推荐
	和工作包负责人沟通、讨论和记录关于在完成任务或者活动中遇到的困难，如：障碍、约束、风险、问题和机会。挖掘解决方案，预防措施和恢复选项将项目恢复到达成一致的完成日期
	积极与赞助者介入决定与他们最有效的沟通方法以达成一致。积极与所有赞助者沟通
	与供应商、合同方或者客户回顾合同。法务部门寻找建议，定义可能支持恢复项目交付日期的合同或者法律义务和最佳行动方案
	从相似项目的专家那里获得经验教训和知识
	与其他适当的利益相关者沟通关于可交付成果的变更和到期日
	利益相关者介入确信他们已经提供文档要求的输入，包括成功或者完工的标准
	实施更加频繁的坦率的(或者远程的)会议发现影响达成一致的项目交付日期的风险、问题和机会

续　表

复杂性情形　9	可行的行动措施
风险降低	评估和记录供应商对项目集或者项目缺乏承诺影响的严重性
	决定、记录和执行那些帮助减少供应商对项目缺乏承诺的影响的活动
风险转移	与供应商合作取得承诺的必要日期。开发障碍、约束、风险、替代方案和机会并决定解决方案和补救措施
复杂性情形　10	**可行的行动措施**
风险回避	与利益相关者跟踪成功或者失败时的补救措施；当需要时寻求额外的帮助
风险降低	决定和记录理解项目集或者项目流程而必要的数据和信息。确认工作包、可交付成果和与之相对应的标准被充分定义以决定流程
	决定和记录关于项目集或者项目提供评价和报告或者流程中遇到的困难，如：障碍、约束、风险、问题和机会
	向利益相关者传达坦率正直的会议结果
	与团队实施可交付成果的评估以确保完工和可接受性
	提供关于项目集或者项目汇报和评估流程中的困难信息给适当的利益相关者，寻求他们的帮助并对此情形进行补救
	评估和记录项目缺少流程汇报和评估的影响
	关注学习到的经验教训，以及早建立流程中利益相关者的一致性和接受范围以减少风险
	开发、执行和监管一个行动计划以提高项目集或者项目指标和报告
	实施项目集或者项目同事回顾以获得改善报告方法的深刻见解
	评估项目集或者项目经理和团队的技能水平，以查出弱点和优点并采取适当的行动
风险分散	对近期到期的工作任务或者活动负责的人，实施更加频繁的强制性的坦率正直的（或者远程的）会议，报告、讨论和评估项目状态。一旦达成一致的评估和报告流程充分适当和具备功能性，会议可以在频率上降低
复杂性情形　11	**可行的行动措施**
风险降低	积极与赞助者介入决定与他们最有效的沟通方法以达成一致
	在赞助者之间调解并向所有观点的共同理解方向努力
	实施定期赞助者会议讨论项目集或者项目问题、风险和流程。将在不断增加的预算约束和日程需求方面变得尤为重要

续 表

复杂性情形 11	可行的行动措施
风险降低	对利益相关者的态度和行动一直保持警戒
	密切注意在大量关键利益相关者之间的关系变化和这些项目集或者项目、可交付成果和它的团队成员的关系变化的潜在影响
风险分散	监管赞助者之间的权力和影响变化。在赞助者之间致力于找出方法平衡项目集或者项目目标
	分析和定义项目范围,协商赞助者之间边界和可交付成果。获得和记录赞助者验收
风险转移	和赞助者开发和记录方法以获得在范围变更上的认同

复杂性情形 12	可行的行动措施
风险回避	考虑替代方案以实现期待的结果
	与赞助者接触验证项目集或者项目在组织项目组合中的优先顺序
	评估替代计划阐述资源问题
风险降低	重新进行范围和资源差距分析确保记录不断增加的工作需要以给项目集或者项目充分的资源
	调查获得外部资源的有效性、成本和日程影响
	确保项目集或者项目目标与组织战略保持一致性
	要求执行发起人宣传项目集或者项目对组织的重要性
	加强与控制必要资源的职能经理的沟通途径
	与赞助者和职能经理共同制定定期的日程会议以确保为项目集或者项目提供充分的资源支持
	组织团队建设活动,包括功能性经理
	提供激励措施给职能经理以达到资源需求
	留出额外的应急储备以获得外部资源